雅学堂丛书

刘进宝 主编

悦己集

Yuejiji

卜宪群 著

读者出版传媒股份有限公司
甘肃文化出版社

图书在版编目（CIP）数据

悦己集 / 卜宪群著. -- 兰州：甘肃文化出版社，2023.7
（雅学堂丛书 / 刘进宝主编）
ISBN 978-7-5490-2734-7

Ⅰ.①悦… Ⅱ.①卜… Ⅲ.①史学－中国－文集 Ⅳ.①K207-53

中国国家版本馆CIP数据核字(2023)第103086号

悦己集
YUEJIJI
卜宪群 | 著

策　　　划	郧军涛　周乾隆　贾　莉
项 目 负 责	鲁小娜
责 任 编 辑	王天芹
装 帧 设 计	石　璞
出 版 发 行	甘肃文化出版社
网　　　址	http://www.gswenhua.cn
投 稿 邮 箱	gswenhuapress@163.com
地　　　址	兰州市城关区曹家巷1号 730030(邮编)
营 销 中 心	贾　莉　王　俊
电　　　话	0931-2131306
印　　　刷	广西昭泰子隆彩印有限责任公司
开　　　本	880毫米×1250毫米　1/32
字　　　数	222千
印　　　张	10.25
版　　　次	2023年7月第1版
印　　　次	2023年7月第1次
书　　　号	ISBN 978-7-5490-2734-7
定　　　价	68.00元

版权所有　违者必究（举报电话：0931-2131306）
（图书如出现印装质量问题，请与我们联系）

这一代学人的使命与担当（代序）

一

"这一代学人"是指以新三级学人（77、78、79级大学生和78、79级研究生）为代表的跨越时代和年龄的学人群。他们的年龄可能相差比较大，有的出生于20世纪40年代中后期，有的出生于60年代初，中间相差十几年——如果从年龄看，可说是两代人。从社会阅历看，有的插过队，有的当过兵，有的是工人，有的是农民，还有的是刚刚毕业或在校的中学生，可以说是40后、50后和60后在一起上课、讨论。正因为差别很大，他们对社会的感受和认识不一致，对未来的期待也有异，各种不同的思想碰撞交流，有时在某些问题上争论很激烈。那时还有许多自办的刊物，虽然是学生们自掏腰包，印制也比较粗糙，但包含许多真知灼见。"这一代学人"就是在这样的时代环境下成长起来的。

这代学人学术养成期的社会氛围，诚如中华书局原总编辑傅璇琮先生所说："'文革'结束后最初几年，我们这些学者都有一种兴奋的心情，觉得一场噩梦已成过去，我们已经失去得太多，我们要用自己的努力追回失去的一切。而我们又相信，只要靠勤奋，我们肯定会重新获得。"由此可知，虽然他们的年龄和社会阅历不同，但从他们成长的环境来看，又属于同一代学人。

"雅学堂丛书"的10位作者，年龄最大的方志远、王子今教授，是1950年出生，已经73岁了；孙继民、王学典教授出生于1955、1956年，也都超过了65周岁；中间年龄的荣新江、卜宪群、李红岩，都出生于60年代初；年龄最小的鲁西奇、林文勋教授，出生于1965、1966年，将近60岁。年龄最大和最小的相差十五六岁，但大都是"文革"后恢复高考的本科生和研究生，是"科学的春天"到来后，步入学术殿堂的新一代学人。

这些学人，都学有所成，甚至是某一方面的杰出代表。按照常人的眼光来看，他们已功成名就，根本不需要再追求名誉和地位，应该颐养天年，享受生活了。但为何还非常用功？还在夜以继日地不断探索，不断产出新成果，辛勤耕耘在学术前沿？有次和朋友们聊到学界和学人时，说到王子今、荣新江等人，我表达了这种看法，当时有人就问我，他们为什么还如此用功呢？这是什么原因？我突然冒出了一个词——"使命"，即他们不是为了名和利，而是有一种使命意识。

这一代学人将学术视为生命，甚至可以说就是为学术而生的。当他们把学问当成毕生奋斗的事业时，就会时时意气风发、孜孜以求，不再考虑是否退休，更不会为了金钱、名誉和地位，而是为了做这一代学人应该做的事。

时代在他们身上打下了深深的烙印。这一代学人的学术养成期是在20世纪70年代末80年代初，那是一个充满希望的时代，当时的青年学子都怀有远大的志向，将个人的追求与国家的需要紧密结合。在强烈的爱国主义感召下，他们不仅要将失去的时间夺回来，还要将个人的命运与国家的前途紧密结合在一起，要"团结起来，振兴中华"，就要"从自己做起，从小事做起，从现在做起"，力争为国家的发展贡献自己一份微薄之力。正如荣新江在追念邓广铭先生时说："北大往年的辉煌，并不能映照今日的校园；邓先生等一代鸿儒带走的不仅仅是他们个人的学问，而是北大在学林的许多'第一'……追念往哲，痛定思痛，微薄小子，岂可闲哉！"

二

"雅学堂丛书"的作者，都是很有成就的专家，他们的学术论著，我基本上都阅读过一些，有的读了还不止一遍。他们在从事高深学问研究的同时，还撰写了一些面向大众的学术短文、书序、书评和纪念文章等。数学家华罗庚在西南联大授课时，曾说过这样的话：高水平的教师总能把复杂的东西讲简单，把难的东西讲容易。反之，如果把简单的东西讲复杂了，把容易的东西讲难了，那就是低水平的表现。从"雅学堂丛书"的内容可知，这些文章没有太多的史料引文，语言通俗易懂，适合大众阅读。即这些作者是真正把所关注或研究的问题搞懂弄通了，并咀嚼消化为自己知识的一部分，从而才能化难为易化繁为简，用浅显易懂的语言将高深的理论和丰富的内容表达出来。

各位作者拟定的书名，本身就是学术史的一部分，也可感受到这些学者的意志、视野和思想。王学典先生的书名是本套丛书中最为宏大的——《当代中国学术走向观察》，因为王老师的学术兴趣是"追踪当代学术的演变，探索其间的起伏之迹，解释每次变动由以发生的原因或背景"。从1988年的《新时期十年的历史学评估》开始，几乎每隔十年，有时更短，他"都要总结归纳一番，回顾展望一番。起初是个人兴趣使然，后来则是几家报刊在特定时间节点的约稿"。方志远先生的书名是《坐井观天》。他说："这个集子之所以取名为《坐井观天》，是因为迄今为止，除了一年半载的短期外出求学及讲学，我的一生都是在江西度过的……从这个角度说，我的一生都是在江西这口'井'中。但是，虽说是'坐井'，却时时想着要'观天'。""我想，这些无目的、非功利的阅读，某种意义上奠定了我后来'观天'的基础。""这个集子收录的30篇文章，几乎都想'坐井观天'。"荣新江先生的是《三升斋三笔》，荣老师在读大学时，听到老师讲《汉书·食货志》，其中有"治田勤谨，则亩益三升；不勤，损亦如之"，认为用以比拟治学，也十分合适，便根据古代文人学士起斋名的习惯，将自己的斋号取名为"三升斋"。此前，他已将自己学术论文之外的学术短文、会议发言和书评等汇集为《三升斋随笔》（"凤凰枝文丛"，凤凰出版社，2020年）、《三升斋续笔》（"问学丛书"，浙江古籍出版社，2021年）。荣先生的这两本随笔集出版后，"颇受读者欢迎"，"今择取三四年来所写综述、感言、书评等杂文，以及若干讲演稿，辑为《三笔》"。收入本书的文章，"代表了我近年来对相关学科发展的看法，也有一些自己研究成果的表述和经验之谈，还有一些学术史或学林掌故的记录"。这样的学术随笔，既有可读性，又有学术性，肯定能受到读者的喜欢。

有些书名则是作者生活轨迹的反映，如孙继民先生的是《邯郸学步辑存》。"《庄子·秋水》的'邯郸学步'是知名度和使用率极高的成语典故，其中有云寿陵余子'学行于邯郸，未得国能而失其故行'。笔者生在邯郸长在邯郸，1955年出生，1963年上小学，1971年初中毕业，入职邯郸肥皂厂务工，因为比一般工友多读了几本书，曾有师傅戏称'孙教授'。"1977年恢复高考后才离开邯郸。他的人生起点是从邯郸开始的，而又有著名的成语"邯郸学步"，就将书名定为《邯郸学步辑存》。林文勋先生的书名是《东陆琐谈》，这是因为"云南大学最早名东陆大学，这些文章是我在云大读书求学的点滴记录，故名《东陆琐谈》"。笔者的书名是《从陇上到吴越》，这是因为笔者出生并长期生活在甘肃，1983年大学毕业后即留校工作。甘肃简称"陇"，由于受雄厚的陇文化熏陶，在甘肃（陇上）学习、工作期间，选择以敦煌学、隋唐史和西北史地为研究和教学的重点。在兰州学习、工作了23年后，于2002年调入南京师范大学，2013年又从南京师大调入浙江大学。江苏、浙江原为吴、越之地，文化底蕴非常深厚，从宋代以来，经济发展也一直走在前列。从西北到了东南，从陇上到了吴越，虽然自然环境和文化截然不同，但仍然坚守当年的选择，即教学、研究的重点还是敦煌学、隋唐史、丝绸之路与西北史地。

有的则是自己感情的真实流露，如王子今先生的书名是《天马来：早期丝路交通》，为什么是"天马来"？我去年11月向子今先生约稿时，他正在成都，其间恰好生病，"相继在成都经历了两次心血管手术"，回到北京休养期间整理的书稿，2022年12月9日交稿。去年恰是子今先生的本命年，所以他才写道："今晚交稿。希望'天马来'这一体现积极意义的象征，也可以给执笔的已届衰年的老人提供某种激励。"卜宪群先生为何将书名定为《悦己集》？他认为，自己"所撰写的文章，无论水平高低，都是内心世界的真实表达，集子取名'悦己'，就是认为几十年所从事的史学工作，是自己最热爱最喜欢的一项工作，是取悦于己的工作，没有后悔，至今依然"。

虽然这些作者成果丰硕，成就突出，但又非常谦虚，如李红岩先生解释自己的书名《史学的光与影》时说，"收在这里的文章，大部分是我年轻时撰写的。浮光掠影，波影光阴，不堪拂拭，但大体以史学为核心"，故定为《史学的光与影》。鲁西奇先生将书名定为《拾草》，更是让我们看到了一位学人的坦诚和谦虚："我出生在苏北农村。20世纪六七十年代，农村里缺少柴薪。冬天天冷，烧饭烤火都需要柴草。孩子们下午放学后，就会带着搂草的耙和筐，到田旁路边和荒地上去捡拾枯草或树叶，叫作'拾草'。虽然河岸渠道上也有一些灌木，但那是'公家'的，不可以砍。《诗·小雅·车舝》云：'陟彼高冈，析其柞薪。析其柞薪，其叶湑兮。'我既无高冈可陟，亦无柞木可析作薪，连枯叶都不多，更无以蔽山冈。只有一些散乱的杂草。那就收拾一下吧。烧了，也许可以给自己取一会儿暖。故题为《拾草》。"

地处西北的甘肃文化出版社，近年来在西夏学、丝绸之路、简牍和西北地方文献等方面的学术著作出版中成绩卓著，多次获得国家出版基金资助，取得了社会效益和经济效益的双丰收。在此基础上，他们又计划出版面向大众的高品位、高质量普及著作。郧军涛社长多次与我联系，希望组织一套著名学者的学术随笔，我被军涛社长的执着而感动，于是商量编辑一套"雅学堂丛书"，并从2022年11月19日开始陆续向各位先生约稿。虽然中间遇上新冠感染潮，我本人也因感染病毒而一个月未能工作，但各位专家还是非常认真并及时地编妥了书稿。

在此，我非常感谢方志远、王子今、孙继民、王学典、荣新江、卜宪群、李红岩、鲁西奇、林文勋等诸位先生的信任，同意将他们的大作纳入"雅学堂丛书"；感谢甘肃文化出版社郧军涛社长的信任与支持，感谢甘肃文化出版社副社长周乾隆和编辑部主任鲁小娜领导的编辑团队认真、负责、高效的工作。希望读者朋友能够喜欢这套书。

刘进宝

2023年5月11日

目 录

史论篇

"五朵金花"的影响和地位不容抹杀 …………………003
用马克思主义唯物史观指导中国古代史研究
　　——写给《中国史研究动态》庆祝改革开放40年中国古代史
　　研究专刊……………………………………………008
不断深化中国古代制度史研究………………………018
推进历史学与考古学融合发展的思考………………026
在马克思主义指导下科学发掘中华优秀传统文化……033
在增强历史自觉与历史担当中创造历史伟业…………041
中华文明起源形成发展内在机制的理论思考…………048
郭沫若与中国马克思主义史学体系构建………………052

史鉴篇

"马上"得天下不能"马上"治之………………………065
"富贵未必可重，贫贱未必可轻"………………………069

继承弘扬我国历史上的优秀廉政文化 …… 074
汲取治国理政的历史智慧 …… 084
我国古代社会矛盾突出时期的吏治 …… 092
鉴古知今　学史明智 …… 098
"大一统"和"民惟邦本" …… 105
选贤与能　政在养民 …… 111
从中国历史看对外开放 …… 116
秦代御史大夫制度之历史得失 …… 127
我国历史上的监察法规及其作用 …… 133

史评篇

三十年来的中国古代史研究 …… 145
新中国七十年的史学发展道路 …… 158
新时代中国史"三大体系"建设的回顾与展望 …… 215

缅怀篇

与谢先生一起走过的日子 …… 233
安作璋的治学思想与方法 …… 239
林甘泉史学研究的理论与方法 …… 254
李学勤：一生与历史所结缘 …… 286
张传玺与他的翦伯赞研究 …… 291
"仰之弥高，钻之弥坚"：怀念朱绍侯先生 …… 309
后记 …… 313

史论篇

"五朵金花"的影响和地位不容抹杀

在新中国"前十七年"(1949—1966)中,史学界最引人关注的是围绕"五朵金花"及相关问题展开的深入、热烈讨论。所谓"五朵金花",指的是当时史学界围绕中国古代史分期问题、中国封建土地所有制形式问题、中国封建社会农民战争问题、中国资本主义萌芽问题、汉民族形成问题这五大基本理论问题而展开的讨论和争鸣。1978年党的十一届三中全会后,中国进入"以经济建设为中心"的改革开放新时代,史学研究逐渐多元化,"五朵金花"的讨论变得不再那么耀眼夺目。近年来,它甚至遭到许多学者的质疑。因此,重申"五朵金花"所蕴含的学术价值及其历史地位,很有必要。

首先,它关注长时段

《中国古代史分期讨论五十年》书影(上海人民出版社1982年版)

和历史重大关节点的研究。与最终使史学研究陷入碎片化的"琐碎考据"相比，以"五朵金花"大讨论为代表的中国马克思主义史学更加关注社会形态的变化。殷周之际、春秋战国之际、汉魏之际是中国古史上的几个大的历史关节点，"中国古史分期问题"的讨论是对这些关节点所做的一次透彻考察。围绕这一问题，除了根本否定奴隶制社会存在的观点之外，分别产生了西周封建说、春秋封建说、战国封建说、秦统一封建说、西汉封建说、东汉封建说、魏晋封建说（1978年之后还产生了东晋封建说、中唐封建说）等观点。尽管没有形成完全统一的意见，却深化了人们对中国历史的认识，有助于从宏观上去认识和把握这些历史阶段的进程与变革。历史不是琐碎事件的堆积，离开宏观的理论框架，人们将无法把握历史长线的、有机的整体进程。毫无疑问，以生产力与生产关系及其互动来划分社会形态，重视经济对社会变动及其形态产生的基础性影响，是一种富有解释力和魅力的观点。以这种观点对中国历史作全面重新解释，当然应该主要归功于"五朵金花"问题讨论的深入开展、交锋及其轰动效应。

其次，它运用跨学科方法对历史进行解读和研究。在"五朵金花"讨论中，人们广泛使用了跨学科的研究方法，从社会学、考古学、人类学、民族学、经济学等诸学科中借取理论和方法，剖析中国古代社会。例如，在"汉民族形成问题"争鸣中，史学家们从学理上对该问题予以澄清，并将讨论的范围扩展到历史上的中国及其疆域、历史上的民族关系、历史上民族之间战争的性质、民族融合、民族政策、民族间的"和亲"等问题。这些问题对中国古代民族和国家起源、中华民族多元一体、中华民族的文化认同等问题至今仍有着重要的启发意义与理论价值。这种"跨学科方法"的使用与20世纪世界学术发展趋势相一致,为把中国史学带入社会科学化的新阶段起到了推动作用。

再次,它注重经济史的研究。社会经济史研究的兴起,是20世纪中国马克思主义史学的突出特征。这在"封建土地所有制问题"和"资本主义萌芽问题"的争鸣中得到集中体现。前一个问题主要是通过研究构成与影响中国封建土地所有制的基本形式,来探讨中国古代的土地所有制形式是国有制还是地主所有制。在讨论中,"井田制""初税亩""均田制""地主制""庄园制""农村公社"等经济史上一系列关键史实得以发覆,并对后来学者的研究提供了史料基础和话语体系,具有重要的方法论意义。

中国古代经济史,特别是明清经济史从无到有并获得显著进展,"资本主义萌芽问题"的讨论在其间起到了极大的作用。为了寻找资本主义在何处"萌芽",广大学者几乎翻遍了这一时期丝织业、棉纺业、矿冶业、农业、商业、手工业等方面的有关资料。也正是为了寻找资本主义在何地"萌芽",人们深入开展了明清区域社会经济史的研究,使得对明清社会经济状况的研究大大深化,所取得的成就也得到国内外同行的认可。目前,这门学科依然欣欣向荣,在某种程度上应归功于"五朵金花"的开创之举。

最后,它促进了历史研究从精英史到民众史的结构性转换。"农民战争问题"的讨论,对推动下层社会和大众史研究起过巨大作用，促进了历史研究视角从"自上而下"到"自下而上"的转换，"建立了评估和重现中国过去历史的标准"。这契合了梁启超在20世纪初倡导的研究民史的号召。唯物史观空前重视劳动群众在历史中的作用，给历史学注入了新的活力。"五朵金花"争鸣在全国范围内极大地激发了人们研究农民战争史的热情。学者们收集、整理了下层民众的各种材料，成果数量可谓惊人，并为今天人们对下层社会的研究提供了大量的素材。"农民战争问题"的讨论，是中国史学完成从精英史到民众史结构性转换的一个重要阶段。

中国马克思主义史学从诞生之日起，就与中国的现实紧紧结合在一起。随着新中国的建立，马克思主义史学成为史学研究的主导与主流，这是"五朵金花"产生的历史与时代背景。在追求民族独立和国家富强的语境中，"五朵金花"的提出与争鸣有其现实合理性，为中国革命与新的社会主义建设提供了强有力的思想武器。虽然"五朵金花"具有这种意识形态的属性，并且在理论运用与方法上存在着某些教条化与"左"的倾向，但毕竟绽放在学术领域内，并且参与讨论的绝大多数学者都是治学严谨的史学家，是站在学术研究的立场展开讨论。他们怀着对学问本身的真诚与执着，考证、搜集、整理了大量的史料，在不同见解的交锋中蕴藏了许多崭新的观察视角、理论方法，开辟了诸多新的研究领域，客观上刺激并促进了文献学、考古学、民族学、社会学等学科的进一步发展，为此后的学术研究提供了一大批新的生长点。如果没有"五朵金花"的讨论，就没有20世纪五六十年代历史学向深度和广度的发展，也就没有今天一些断代史和专门史的繁荣局面。"五朵金花"自身蕴含着弥足珍贵的学术内核,其学术史有待进一步深入研究,它的历史地位不容抹杀。

(原载《中国社会科学报》2014年3月31日。杨艳秋、高希中同志参与了本文写作)

用马克思主义唯物史观指导中国古代史研究

——写给《中国史研究动态》庆祝改革开放40年中国古代史研究专刊

今年是改革开放40周年。伴随着改革开放的步伐，中国人文哲学社会科学步入了繁荣昌盛的新阶段，中国古代史研究也同样经历着深刻变化。无论从其发展的内在规律还是外在的社会环境看，这40年都是一个值得认真总结和回顾的时期。《中国史研究动态》编辑部以改革开放40年来的先秦史研究、秦汉魏晋南北朝史研究、隋唐五代史研究、辽宋夏金史研究、元史研究、明清史研究为专题，策划推出改革开放40年中国古代史研究专刊，回顾中国古代史学科的发展脉络，呈现中国古代史研究的成就，展示中国古代史学科的前沿，是一件非常有意义的事。这里，我仅就用马克思主义唯物史观指导中国古代史研究的问题谈一谈自己的看法。

一

习近平总书记指出："历史研究是一切社会科学的基

础,承担着'究天人之际,通古今之变'的使命。"①"究天人之际"是探究事物的本质,"通古今之变"是探讨事物的规律。历史研究对事物本质与规律探究的这种根本属性,决定了它在一切社会科学中的基础性作用,也决定了史学与所有学问一样,是作为一门对人类社会有用的学问而存在,只不过在不同历史阶段其所服务的主体内涵有所不同而已。从一般意义上来说,史学研究由事实判断和价值判断构成,但这二者并不是截然分开的。通常认为,事实判断是寻找个别事物的真实历史状态及其内在联系,具有纯粹的客观性,实际上,我们在承认事实判断具有客观性特点的同时,也应注意到不同历史时期史家对历史事实研究的选择性。史家选择什么样的历史事实作为其关注、研究、分析的对象,是与其历史观、价值观,与其所处的时代相联系的。因此,价值判断与事实判断实际上也很难绝对分离。所以我们说,无论是探讨本质、规律,还是事实判断、价值判断,历史研究本质上离不开理论的指导。

古往今来有很多阐释人类社会历史发展一般规律的历史理论,也有很多阐释史学自身理论与方法的史学理论。就阐释人类社会历史发展一般规律的历史理论来说,马克思主义唯物史观是最为科学的理论,也是历史研究的指导原则。首先,唯物史观的科学性在于把历史的内容还给了历史。唯物史观认为,人类社会的发展历史是一种自然历史过程,是不

---

① 《习近平致第二十二届国际历史科学大会的贺信》,《人民日报》,2015年8月24日。

同个体追求自己目的的活动，但又要受内在的一般规律支配的历史。唯物史观把历史与自然史相区别，把人的历史与神"创造"的历史相剥离，把客观历史与唯心主义哲学家头脑中"想象的活动"的"历史"相分离，而不再被视为检验他们"逻辑结构的工具"，从而将历史的内容还给了历史，肯定了历史不能任意选择。因此，尊重客观历史，尊重人类伟大实践活动所创造的历史，是唯物史观考察历史的最基本出发点。正是在这个意义上，恩格斯说"历史就是我们的一切"。其次，唯物史观的科学性在于揭示了人类历史的客观性。在唯物史观看来，人类的历史是一个无法割断的客观过程，因为"人们无法选择自己的生产力"。物质资料的生产是人类社会生活的全部基础，人们的物质关系是其他一切关系的基础。物质资料的生产方式制约着人类社会的过程及其变化，而生产力是物质资料生产方式的决定性因素。生产力自身的发展，推动着生产方式的不断变革，推动着人类社会逐渐由低级向高级的阶段式规律演进。政治关系、法律形态、思想观念意识的变化，无不从属于这一经济关系的演变。最后，唯物史观的科学性在于指明了历史发展变化的内在动力。历史发展的因素错综复杂，偶然与必然、特殊与一般、现象与本质、整体与局部，诸多因素相互作用、相互制约、相互联系，在矛盾中推动着历史的前进，建立在辩证思维基础上的唯物史观，能够科学地解释历史的变化和发展。

纵观近代中国历史学的发展，唯物史观的传入并被中国史学家所接受，是20世纪中国史学最伟大的进步，而与中国具体历史问题研究相结合的马克思主义史学学派的产生与发展，则是20世纪中国史学最重要的成就。20世纪的中国史学研究就其影响的深度和广度，没有其他学派可以与马克思主义史学相比拟。在中国马克思主义史学发展史上，每一项重要成就的取得，都与人们在唯物史观认识上的进步有关，众多的史学大师，包括郭沫若、范文澜、吕振羽、翦伯赞、侯外庐、胡绳、等等，正是在唯物史观的指导下，不断丰富对中国历史的认识，开拓历史研究的新领域、新境界。

史学研究从来都与其所处时代的环境不可分离。不可否认，20世纪下半叶的一段时期，马克思主义史学也经历了曲折和困顿，这些挫折也让我们清醒地认识到，在坚持唯物史观的同时，也不能教条地对待唯物史观，必须将马克思主义唯物史观的基本原理与中国历史具体实际相结合。改革开放40年来，中国马克思主义史学正是在继承原先的优良传统，但同时又摒弃其僵化、教条化的基础上向前发展的。

二

改革开放40年来，中国历史学界对唯物史观的理解与运用大致经历了三个阶段。

第一个阶段是从1978年到1989年，是在反思与争鸣中对唯物史观的探索。1978年，具有划时代意义的党的十一届三中全会胜利召开，全会提出的解放思想、实事求是的指导方针，以及把全党工作的重点和全国人民的注意力转移到社会主义现代化建设上来的决定，开启了改革开放的新时期。《实践是检验真理的唯一标准》文章的发表，在全国引起了强烈的反响。关于真理标准问题的大讨论，标志着思想理论界拨乱反正的开始。在打破"两个凡是"枷锁、解放思想的大潮中，史学界返本清源，由对"左"倾思想干扰的思考，进而反思将马克思主义和唯物史观教条化、公式化、片面化与绝对化的错误，以及过度强调史学为政治服务而忽略史学内在发展路径探讨所造成的失误，清除"影射史学"的流毒。由此引发了对唯物史观的一些基本理论问题，如历史发展的动力、历史发展的阶段、史论关系的热烈讨论，引出了"生产力动力说""生产关系动力说""合力动力说""物质生产活动和物质生产能力动力说"等多种解读。史学界在探索中国历史发展的动因和规律，以及中国封建社会长期延续和统一多民族国家的形成等重大问题中，逐步克服了对唯物史观的教条化理解，丰富和发展了唯物史观，有力推动了中国史研究的整体进步。

第二个阶段为20世纪90年代至20世纪末，是在史学研究多元格局中的唯物史观探索。受苏东剧变、西方史学理论思潮和方法的输入等诸多原因的影响，史学研究出现了多元化。一方面，包括唯物史观在内的理论研究"冷场"，未能出现像20世纪80年代那样史学理论热点问题的大讨论，史学界出现了一股"回到乾嘉去"的潜流，史学研究也表现出"碎片化"倾向，马克思主义史学及其理论体系受到考验。另一方面，对于唯物史观自身理论内涵的研究也逐步展开，形成世纪末的史学反思与对新世纪史学的展望。《历史研究》陆续发表了林甘泉《二十世纪的中国历史学》（1996年第2期）、马大正《二十世纪的中国边疆史地研究》（1996年第4期)、白钢《二十世纪的中国政治制度史研究》(1996年第6期)、林甘泉《新的起点：世纪之交的中国历史学》(1997年第4期)、戴逸《世纪之交中国历史学的回顾与展望》(1998年第6期)等文章。这些文章在对20世纪史学的回顾与展望中，充分肯定了马克思主义史学的成就，明确了马克思主义史学的主导地位，也进一步探讨了如何将唯物史观与中国历史实际相结合的路径。白寿彝总主编的《中国通史》(上海人民出版社，1999年)是20世纪末压轴性的中国通史作品，全书共12卷，42册，约1200万言，以唯物史观为指导，将学界理论研究的最新成果与中国历史相结合，在多个方面推进了中国通史的撰述，为新时期马克思主义史学研究做出了重要贡献。

第三个阶段为21世纪以来，是在构建中国史学话语体系下的唯物史观探索。2004年，中共中央发布《关于进一步繁荣发展哲学社会科学的意见》，多次强调要大力推进学术观点创新、学科体系创新和科研方法创新，努力建设具有中国特色、中国风格、中国气派的哲学社会科学。2004年4月，中共中央组织实施的马克思主义理论研究和建设工程启动，成为"新时期马克思主义史学理论研究的又一重要推动力"。其中"用科学的态度对待马克思主义"的提出，为马克思主义理论结合新的实际并加以丰富发展指明了方向。构建史学研究的"中国话语"越来越受到史学界的重视。在唯物史观基本原理的指导下，发掘、梳理中国史学的理论遗产，取其精华、去其糟粕，赋予新的内涵和现代表述，使其获得新的生命力，成为构建当今中国历史学学科体系的重要内容①。唯物史观如何解决好自身的创新与发展问题，如何处理好与优秀传统史学遗产，和西方现代史学思潮及流派的关系等问题，成为学界关注的问题。学者们撰文强调中国传统史学的优良传统对构建中国马克思主义史学理论新形态具有重要借鉴意义②，探讨传统思想的精华如何通向唯物史观③，探讨如何以社会形态为核心的唯物史观研究方法继续运用于中国古代史领域，但应更彰显出"有中国特色的社会形态理论"④，这些看法都深化了唯物史观如何与中国历史结合的认识。2016年，习近平总书记在哲学社会科学工作座谈会上的重要讲话明确指出："坚持以马克思主义为指导，是当代中国哲学社会科学区别于其他哲学社会科学的根本标志，必须旗帜鲜明加以坚持。"提出"要按照立足中国、借鉴国外，挖掘历史、把握当代，关怀人类、面向未来的思路，着力构建中国特色哲学社会科学，在指导思想、学科体系、学术体系、话语体系等方面充分体现中国特色、中国风格、中国气派"。习近平总书记的讲话为新时代史学研究如何坚持唯物史观指明了方向。

---

① 瞿林东：《理论研究与学科体系》，见《史学理论研究》2017年第2期。
② 于沛：《〈史学理论研究〉三十年：构建马克思主义史学理论新形态的三十年》，见《史学理论研究》2017年第2期。
③ 陈其泰：《传统思想的精华何以通向唯物史观》，见《史学理论与史学史学刊（2007年卷）》，北京：社会科学文献出版社，2007年。
④ 晁福林：《先秦社会形态研究》，北京：北京师范大学出版社，2003年。

三

改革开放40年来，随着人文社会科学特别是历史学科的调整和学科建设的发展，中国古代史研究呈现出前所未有的广度和深度。研究的纵深和优秀成果的涌现，不仅推动了重大历史问题的研究，也促进了中国古代史研究理论和方法的发展。从本期六位作者的论述中，我们可以看到改革开放40年来中国古代史各断代史的研究都取得了辉煌的成就。然而在看到这些显著成绩的同时，也应看到存在的诸多问题：第一，侧重实证性研究是中国古代史研究的优势，但过多拘泥于具体问题研究，忽略了宏观研究和理论研究，特别是唯物史观基本原理与中国历史相结合的问题研究，导致在诸如社会形态等问题上的误解或曲解。第二，史学研究中的碎片化现象依然普遍，长时段、多维度的历史著作缺乏，个案研究占大多数，缺乏对历史发展的动态把握与规律性总结著作。第三，改革开放以来，西方史学方法大量涌入，许多理论、话语乃至问题意识引进自西方，导致中国学者在国际学界的表述和交流中处于被动地位。

更值得注意的是，唯物史观面临的挑战仍然十分严峻：

1.某些人对新中国建立后十七年史学全盘否定。十七年史学发展中客观存在的问题，导致改革开放以来中国古代史研究领域中对马克思主义唯物史观运用的淡漠。将十七年史学归纳为农民战争史，称为"完全政治化"的时代等说法尽管不符合历史事实，在古代史学界也受到质疑，但是这种说法的影响依然存在。某些学者无论是对马克思主义基本理论的"反思""超越""淡化""回归文本"的种种说法，还是对马克思主义"僵化""教条""政治化"等指责，都削弱了中国古代史学界对马克思主义唯物史观的运用。

2.缺乏对中国古代史宏观问题、结构性问题的探讨与把握，明显呈现出理论基础薄弱的状况。中国古代史研究无论是各断代史还是通史中，都积累了大量需要研究和关注的宏观性、结构性问题，只有对这些问题进行深入探讨，才能够对整个中国古代史及各断代史有相应的把握，从而推进中国古代史研究取得重大突破。但目前相关领域中的一些学者不仅对牵涉整个中国古代史的宏观问题不再关注，即便对其所研究的某个断代史的总体性把握也非常不够。

3.中国古代史研究中也出现了历史虚无主义，研究脱离、远离现实的状况。历史虚无主义的一个重要方法论特征，就是通过历史个别现象而否认历史活动的本质，孤立地分析历史的阶段现象而否定历史运动的整体过程。在中国古代史研究中，历史虚无主义的一个重要表现是不顾历史真实，否认中国文明的本土起源说，试图证明"中国文明西来说"[1]；另一个重要表现是对中华民族优秀民族精神的全盘否定。归根结底，如有的学者所说的那样，历史虚无主义并不是完全虚无，他们本质上虚的是唯物史观，而不是其他。历史虚无主义对研究古代史的学者来说影响虽然并不普遍，

---

[1] 田居俭：《历史岂容虚无——评史学研究中的若干历史虚无主义言论》，见《高校理论战线》2005年第6期。

但如果我们不加注意，放弃马克思主义理论及其研究方法，这股思潮在中国古代史研究中的传播还会扩大。

历史研究不可能离开理论的指导，尽管当今有纷繁复杂的历史理论和史学思潮的存在，但从根本上解释客观历史的发展，其科学性和完整性还没有其他任何一种理论可以取代唯物史观。如同瞿林东在《论史学在社会中的位置——为中国史学步入21世纪而作》（《史学月刊》2001年第1期）所指出的那样，21世纪的中国史学"其基本走向仍将是在马克思主义唯物史观指导下进行创造性研究，开辟新的领域，攀登新的高峰"。我在《30年来的中国古代史研究》（《光明日报》2008年11月16日）中写道："摆在史学家面前的迫切任务是要在马克思主义中国化的理论指导下，解放思想，不仅要从中国历史实际出发提出研究课题，探索中国历史发展的自身特点，而且要在研究方法上体现出中国特色。"如今，中国古代史学者使命光荣，任重道远。

《中国史研究动态》创刊于1979年，伴随着改革开放迎来的"科学的春天"而成长，凝聚着历史所几代学人和编者的心血，寄托着中国古代史学人的殷切希望。在此，也祝愿她的前景更加美好！

（原载《中国史研究动态》2018年第2期）

不断深化中国古代制度史研究

中国在人类社会发展史上曾经长期处于领先地位，在漫长的历史进程中创设了许多值得珍视的制度。中华文明能够长期延续、不断发展的一个重要原因，就在于内涵丰富、各具特色的制度逐步发展成为一整套制度体系，为国家治理提供了制度保障。中国古代制度史一直是历史研究的重要内容。今天，不断出现的新问题、新材料、新方法、新理论推动中国古代制度史研究焕发勃勃生机，呈现繁荣局面。

中华文明素有重视制度建设的传统

制度是指"要求大家共同遵守的办事规程或行动准则"，也指"在一定历史条件下形成的政治、经济、文化等方面的体系"。中华文明素来重视制度建设，重视制度体系与治理体系相统一，重视制度体系与治理体系的继承和创新。

中华文明素来重视制度建设。周灭殷后，殷遗民箕子向周武王提出了"洪范九畴，彝伦攸叙"的制度安排构想。"彝伦"指法则，"攸叙"指正常秩序。"彝伦攸叙"，是指构建合理有序的政治与社会秩序。反之则"彝伦攸斁"，也就是政治与社会秩序遭到破坏。"彝伦攸叙"倡导制度设计要适应常理、施行顺遂的变化观，是历代都遵循的关于制度制定的重要思想。明清之际，思想家王夫之曾总结说："彝伦攸叙，虽有不善者寡矣；彝伦攸斁，其于善也绝矣。"（《读通鉴论·卷二十七·僖宗》）西周开始，关于制度建设重要性的认识史不绝书。如《尚书·周官》说"制治于未乱，保邦于未危"，《管子·法法》说"太上以制制度"，《周易·象辞》说"节以制度"，《左传·襄公二十八年》说"为之制度，使无迁也"，《商君书·壹言》说"凡将立国，制度不可不察也"，《荀子·儒效》说"法先王，统礼义，一制度"，《荀子·王制》说"是使群臣百姓皆以制度行"。约成书于战国时期的《周礼》，本身就是制度思想之作，其开篇"惟王建国，辨方正位，体国经野，设官分职"，讲的也是制度建设的重要性，对中国古代政治制度建设产生了重大影响。先秦的内外服制、分封制、礼制、世卿制、郡县乡里制、军功爵制、官僚制等，都是各种制度建设思想的实践形态。秦汉大一统国家建立后，维护和巩固大一统秩序的各项制度更加

《秦汉官僚制度》书影（社会科学文献出版社2002年版）

完善，构成了中华文明制度体系的核心内容。

中华文明高度重视制度体系与治理体系相统一。制度体系需要通过治理体系体现出来，治理体系是对制度体系完善与否的检验，二者是有机统一的。《尚书·周书·周官》说"议事以制，政乃不迷"，这里的"政"就是治理体系。有了制度，治理才不会迷失方向。中国先秦时期已经有了丰富的"治"与"治理"思想，有了"治"与"乱"的区别。秦汉以后，重视"治理"作为一种政治文化传统，在政治家、思想家那里得到肯定并不断延续，并被更多地引入政治实践领域，形成了富有中华文明特色的治理体系，体现在政治、经济、法令、文化、社会、军事、生态等诸多方面。

中华文明高度重视制度体系与治理体系的继承和创新。《商君书·壹言》说"制度时，则国俗可化，而民从制"，贾谊《过秦论》说"察盛衰之理，审权势之宜，去就有序，变化因时，故旷日长久而社稷安矣"，都是强调制度体系与治理体系在继承的基础上进行创新的重要性。中国古代经历了不同社会形态，也经历了很多次改朝换代，但在制度体系与治理体系上大都能够做到继承与创新的有机统一。以贵族等级分封制为代表的先秦国家制度体系和治理体系，在春秋战国以后已经不适应时代发展的需要，以中央集权制、郡县制为代表的大一统国家制度体系与治理体系应时而生；源自秦汉的中央集权制，在魏晋南北朝、隋唐、宋辽金元明清还在创新发展，不断显示出继承性和创新性有机统一的特点。

制度史研究向为史家所重

中华文明悠久的制度建设史、制度在历史发展进程中发挥的重要作用，都促进了中国古代的制度记录与整理，激发了史家对制度史研究的极大热情，制度史研究一直是我国史学研究的重要领域。

在中国传统文献中，制度的记录与整理是一项重要内容。在反映先秦历史的《尚书》《左传》《国语》《周礼》《逸周书》《仪礼》《礼记》《管子》等书中，就有许多关于制度的记载。中国第一部纪传体通史《史记》中的《礼书》《乐书》《律书》《天官书》《封禅书》等"八书"，记载了不少自先秦至汉初的制度沿革，开创了历代"正史"重视制度记录之先河。《汉书》继承这一传统，以"志""表"的形式，系统记录了西汉一代法律、职官、行政区划、祭祀等制度。补入《后汉书》的"八志"，在制度记录的体例上更加完善统一，具有重大历史价值。"二十四史"中确有部分史书因时代原因而无志书，但统一王朝建立后，往往都会补上这一缺憾。如《晋书》补《三国志》缺"志"之不足，从而使各时期制度状况能够延续不断记录下来。隋唐以后，更加重视制度的记录、整理、研究。唐代杜佑的《通典》、刘秩的《政典》、苏冕的《会要》，开创了典制体政书通史和断代史之先河。《通典》编纂历时30余年，以200篇的鸿篇巨制，分为食货、选举、职官、礼、乐、兵、刑法、州郡、边防等九类，记录了上自轩辕唐虞三代、下迄唐天宝年间（部分延至肃、代之际）的制度演变，影响至巨。此后，南宋郑樵的《通志》、宋元之际马端临的《文献通考》与《通典》并称为"三通"。此后，历代典制体政书编纂续之不绝，至民国时完成《清续文献通考》，被合称为"十通"，与"会要""会典"等体裁互为补充，是反映历代制度沿革的重要史料。

与丰富的制度记录并驾齐驱，中国古代制度史研究也有悠久的传统。古人虽不以"制度史"命名，但从不同角度进行了制度史研究。如《周礼》一书，虽然不能被完全视为周代制度本身，但实际上是一部以自己思想体系研究"制度史"的产物，只不过与我们今天制度史研究的表达方式与范畴有所区别而已。其实，除官府文书档案等直接材料之外，无论正史中的制度记录，还是典制体政书中的记载，都带有史家自己的剪裁选择，不能完全等同于制度本身。还需要注意的是，古今对"制度"的理解固有差异，古人确有"制度"与"人事"不分的特点，但也不可一概而论，诸如《后汉书·百官志》《汉官仪》之类，还是以狭义的制度为主的。同样，近代以来的制度史研究固然有时代赋予的色彩，也存在重制度而轻人事的现象，但并非不重视人事，如钱穆在《中国历代政治得失》前言中就说："要讲一代的制度，必先精熟一代的人事。"再如《隋唐制度渊源略论稿》《东晋门阀政治》等将制度与人事研究相结合的佳作也不少见。

中国古代制度史研究是20世纪以来特别是新中国成立以来我国史学研究的重要内容。改革开放后，因新理论、新方法的引入和新史料的发现，中国古代制度史研究出现了大发展局面。一方面，以政治制度为主体的各项制度研究日益深化、细化，制度史研究的领域大大拓宽；另一方面，对制度史研究的理论方法探讨与存在问题的反思愈益引起关注。"活的制度史"、制度与"日常统治""制度史观"等问题的提出，对深化制度史研究均有启发意义。但正如学者所说，无论哪种思考，"都要坚持以唯物史观为指导"，这是当代中国史学发展的根本方向。

中国古代制度史研究极具当代价值

中国传统史学素有经世致用的特点，制度史研究也不例外。杜佑称《通典》编纂"实采群言，征诸人事，将施有政"；杜佑友人李翰在为《通典》所作序文中认为，《通典》能够"以为君子致用，在乎经邦"，就是阐明制度史研究的现实意义。一个国家选择什么样的制度与其历史底蕴和文化传统有关。中国特色社会主义制度与中国古代制度当然有着本质区别，但中国古代制度及其在传承中华文明方面的历史经验，对今天坚持和完善中国特色社会主义制度、推进国家治理体系和治理能力现代化仍有重要借鉴意义，这也是中国古代制度史研究的当代价值所在。

习近平总书记指出："中国特色社会主义制度和国家治理体系具有深厚的历史底蕴。"[①]深厚的历史底蕴自然涵盖中华民族自古以来逐步形成的一整套国家制度和国家治理体

---

① 习近平：《坚持和完善中国特色社会主义制度推进国家治理体系和治理能力现代化》，见《求是》2020年第1期。

系。探讨中国特色社会主义制度和国家治理体系与中华民族自古以来逐步形成的一整套国家制度和国家治理体系之间的内在逻辑关系，是新时代中国古代制度史研究的新方向、新命题。比如，探讨中国古代德主刑辅与今天坚持依法治国和以德治国相结合、建设社会主义法治国家之间的关系，探讨中国古代尚贤用能与今天坚持德才兼备、选贤任能、聚天下英才而用之之间的关系，探讨中国古代协和万邦与今天构建人类命运共同体之间的关系，探讨中国古代追求天人合一与今天建立和完善生态文明制度体系、促进人与自然和谐共生之间的关系，探讨中国古代坚持"要在中央"与完善坚定维护党中央权威和集中统一领导的各项制度的关系，等等。探讨这些关系，从中国古代制度中汲取智慧，有利于坚持和完善中国特色社会主义制度、推进国家治理体系和治理能力现代化。

制度是中华文明发展的标志性载体，是社会形态与社会阶段划分的重要标志，制度史是中国古代史研究的重要内容。习近平总书记强调："加快构建中国特色历史学学科体系、学术体系、话语体系。"[1]深化制度史研究在加快构建中国特色历史学学科体系、学术体系、话语体系方面具有引领作用。我们要汲取古人在制度史研究方面的优良传统，结合新的时代要求不断开辟制度史研究新境界，充分彰显制度史研究的当代价值。这既是加快构建中国特色历史学学科体

---

[1]《习近平致中国社会科学院中国历史研究院成立的贺信》，新华社，2019年1月3日。

系、学术体系、话语体系的内在要求，也是推动中华优秀传统文化创造性转化、创新性发展的必然要求。

（原载《人民日报》2020年6月22日）

推进历史学与考古学融合发展的思考

一年前的9月28日,习近平总书记在中共中央政治局第二十三次集体学习上,就我国考古最新发现及其意义发表了重要讲话。一年来,历史学界与考古学界一样,对习近平总书记的重要讲话高度重视,认真学习,深刻体会。大家认识到,习近平总书记的这一重要讲话对于建设中国特色、中国风格、中国气派的考古学具有重大意义,同时,对于推进历史学与考古学的融合同样具有重要价值。作为一名中国古代史研究者,同时作为中国社会科学院古代史研究所所长,更应当认真学习、全面领会习近平总书记这一重要讲话的精神实质,并贯彻落实在古代史研究所的研究工作上。这里,我就学习习近平总书记重要讲话,推进历史学与考古学融合发展谈一点自己的看法。

一是建设中国特色、中国风格、中国气派的历史学离不开考古学的坚强支撑。我国古代有悠久的历史学传统,但没有近代意义上的考古学,唐宋以后产生了金石学,有人将其视为中国考古学的前身,但实际上二者有本质区别,金石学在推动古代史学发展的动力和能力上是有限的。我国近代意义上的考古学是20世纪20年代后才开始形成。百年来,特别是新中国建立以来，我国几代考古工作者筚路蓝缕，开辟了我国考古事业的辉煌道路，取得了举世瞩目的成绩。这些成绩不仅表现在我国考古学的学科建设、人才培养和琳琅满目的考古业绩上，也表现在考古学在揭示中国境内远古人类起源、中国文明与国家起源以及补史、证史、纠正历史记载错误等许多方面。历史学离不开考古学的支撑，是一百多年来中国历史学发展的内在要求，也是考古学巨大成绩的客观反映。20世纪上半叶两位史学大家王国维和陈寅恪，对"地下之新材料"和"地下之实物"的重视，推动了史学方法论（二重证据法）和新的史学问题意识产生，影响十分深远，他们所讲的"地下"显然是与考古有密切关系的。人类有文字记载的历史长度有限，更多的是没有文字时期。走出神话传说，用实物资料构建人类的早期历史，没有考古学是不可能完成的。如今，我国旧石器时代考古成绩斐然，考古所的同志指出，我国旧石器遗址发现已达2000余处，"基本勾勒出了我国广袤大地上人类演化的漫长画卷，初步构建了旧石器考古学文化时空框架"。这就是说，历史学已经可以根据考古材料，对我国境内人类起源与区域发展演变有一个初步描述。我国新石器时代考古成绩同样斐然，其发现在揭示农业起源、社会分化、文明与国家起源等许多领域，产生了极为重要的作用。特别是文明与国家起源问题，新石器时代考古实践，使我国历史学有可能走出传说时代，构建起中国特色的文明与国家起源理论，而中国特色的文明与国家起源理论，对阐释中国五千多年的历史发展道路又具有重大意义。这是以往历史学想做但不可能做到的事情。即使是有文字记

2020年10月20日，中国历史研究院学习习近平总书记"9·28"重要讲话精神座谈会

载后的历史，考古学材料仍然是历史学家认识该时期历史的重要依据甚至核心依据。例如，考古学材料在先秦秦汉史研究领域中的证史、补史、纠正错误历史认识等方面所发挥的巨大作用就不胜枚举，而先秦秦汉正是中国统一多民族国家形成的最重要时期，这段时期的历史构建，是中国特色、中国风格、中国气派历史学构建的基础所在。习近平总书记说"认识历史离不开考古学"，这是完全科学、正确的判断。

二是建设中国特色、中国风格、中国气派的考古学离不开历史学的坚强支撑。在"9·28"重要讲话中，习近平总书记对考古学与历史学的关系有非常明确的阐释，提出了非常明确的要求。他指出："当今中国正经历广泛而深刻的社会变革，也正进行着坚持和发展中国特色社会主义的伟大实践创新。我们的实践创新必须建立在历史发展规律之上，必须行进在历史正确方向之上。"要"高度重视考古工作"，"努力建设中国特色、中国风格、中国气派的考古学"，"更好认识源远流长、博大精深的中华文明"，"为弘扬中华优秀传统文化、增强文化自信提供坚强支撑"。这段话非常鲜明地将建设中国特色、中国风格、中国气派的考古学放到了重要位置，但也非常明确地指出了考古学与历史学的关系，那就是考古学要为坚持和发展中国特色社会主义的伟大实践创新探寻历史发展规律，要为认识中华文明、弘扬中华文化、增强文化自信提供坚强支撑。这个功能，显然不是考古学可以独立完成的，必须与历史学相结合。通过历史学的方法，将考古学所揭示的人类活动遗迹，纳入历史研究与历史书写的范畴中来。习近平总书记说："我国考古工作取得了重大成就，延伸了历史轴线，增强了历史信度，丰富了历史内涵，活化了历史场景。""考古发现展示了中华文明起源和发展的历史脉络"，"考古发现展示了中华文明的灿烂成就"，"考古发现展示了中华文明对世界文明的重大贡献"。这是千真万确的，有无数的例证可以印证这一论断的正确性。比如，新石器时代晚期的许多重大考古发现，极大地丰富了中华文明起源问题的认识，极大地促进了对史前文化发展整体格局和中华文明形成过程中各地区互动关系的理解，并在此基础上提出了"多元一体""区系类型""重瓣花朵""中原中心""相互作用圈"等多种模式。这其中如果没有历史学的理论与方法，没有历史学家长期对中国文明起源的理论与实践探讨，也是不可能的。今天，我们仍然不能说古史传说都是信史，也不能说考古发现把古史传说——做实了，但毋庸置疑，与传说时代大体相当的考古学文化存在、实物支撑应该是没有疑问了。这就是习近平总书记所说的"延伸了历史轴线，增强了历史信度，丰富了历史内涵，活化了历史场景"。历史学运用考古成果，在阐释历史活动、增强历史信度、丰富历史内涵、活化历史场景上不仅是史前时期。比如我国考古学界在三代考古上取得了十分杰出的成就，但这些成就依然有赖于历史学对其内涵的深入分析与挖掘。考古所在新中国70年三代考古成就的总结中就曾经谈到，要"主动加强与史学界的交流与合作，共同探讨重大史学课题"，这是完全正确的。历史学对考古学的支撑同样也表现在秦汉考古上，秦汉是我国封建社会君主专制中央集权大一统王朝的初创时期，历史学通过对大量简牍文书、皇宫遗址、皇室贵族官僚墓葬的考古资料解读研究，有力支撑了这些考古发现的重大意义与价值，赋予了这些考古材料的历史学价值。今天，不能设想离开秦汉考古的秦汉史研究，也不能设想离开秦汉史研究的秦汉考古学，二者互为基础。

三是以科学理论指导和"三大体系"构建引领历史学与考古学的融合。首先，必须坚持唯物史观的指导地位。学科融合必有理论基础，历史学与考古学的融合只能是在坚持以唯物史观为指导的科学理论基础上的融合，而不是其他理论上的融合。习近平总书记在全国哲学社会科学工作座谈会上的重要讲话中指出："坚持以马克思主义为指导，是当代中国哲学社会科学区别于其他哲学社会科学的根本标志，必须旗帜鲜明加以坚持。"历史学与考古学都是哲学社会科学的组成部分,也是中国特色哲学社会科学的一部分,史学工作者和考古工作者,都应该坚持以唯物史观指导来探寻历史发展规律。当然,唯物史观不能替代历史学与考古学作为学科的各自理论,而是在唯物史观的指导下,加强对历史学与考古学所具有的共性和个性理论探讨,使其融合更加符合学术规律。其次,以"三大体系"构建引领融合。习近平总书记非常重视历史学科的融合发展,如在给中国历史研究院的贺信中就强调要"推动相关历史学科融合发展",而中国历史研究院的成立,本身就是历史学科融合思想在体制机制建设上的反映。广义上说,考古学也是历史学的一部分,但实际上由于长期学科划分的壁垒,使二者在人才培养、学位授予、教材建设等等方面有相互分化严重的趋势。历史系学生缺乏考古学素养,考古系学生缺乏历史学素养,并非罕见,打通历史与考古二者联系的学者也越来越少。没有二者在学科体系上的融合,历史学与考古学的融合就难以真正实现,加强学科融合是当务之急。在学术体系融合上,历史学与考古学都要按照习近平总书记在哲学社会科学工作座谈会上的重要讲话要求,体现继承性、民族性,体现原创性、时代性,体现系统性、专业性。历史学要充分学习借鉴考古学的成果,运用丰富的考古材料,在阐释中国特色历史发展道路,回答时代提出的重大问题上发挥作用。考古学要充分学习借鉴历史学成果,运用历史学理论与实践,推进考古学在解释人类社会组织、经济发展、思想意识发展演变上的作用。要从话语体系上推进历史学与考古学的融合。历史学与考古学学科体系有别,在话语体系上当然也有差异。比如

"聚落""村落"这些词，在考古学上和历史学上的含义就不尽相同。如何从大量无文字的历史遗迹中归纳总结出概念，从中观察人类社会的历史演进，考古学也需要向历史学学习，将考古成果科学转化为历史学的表达话语。

　　总之，历史学与考古学融合，不是泯灭各自学科特点，不是合二为一，而是一种交互模式、辩证关系，共同促进新的学科生长点培育，为更好地认识源远流长博大精深的中华文明做出贡献。

（原载《中国文物报》2021年10月1日）

在马克思主义指导下科学发掘中华优秀传统文化

在庆祝中国共产党成立100周年大会上的讲话中,习近平总书记提出要"坚持把马克思主义基本原理同中国具体实际相结合、同中华优秀传统文化相结合"①的重要思想。"两个结合"并重,特别是"同中华优秀传统文化相结合"的重要思想,是我们党的又一次重大理论创新,是习近平新时代中国特色社会主义思想的又一次重大发展。同时,也为我们史学工作者提供了新的研究理论与研究方向。

以唯物史观分析人类历史

唯物史观是马克思主义基本原理的核心组成部分,科学揭示了历史发展的普遍规律,坚持把马克思主义基本原理同中华优秀传统文化相结合,首先必须坚持唯物史观。习近平总书记多次强调要学习历史唯物主义,强调善于运用历史唯

---

① 习近平:《更好把握和运用党的百年奋斗历史经验》,见《求是》2022年第13期。

物主义分析看待问题的重要性。他在《关于坚持和发展中国特色社会主义的几个问题》一文中指出:"事实一再告诉我们,马克思、恩格斯关于资本主义社会基本矛盾的分析没有过时,关于资本主义必然消亡、社会主义必然胜利的历史唯物主义观点也没有过时。"在《推动全党学习和掌握历史唯物主义更好认识规律更加能动地推进工作》一文中指出,"马克思主义哲学深刻揭示了客观世界特别是人类社会发展一般规律",而"历史和现实都表明,只有坚持历史唯物主义,我们才能不断把对中国特色社会主义规律的认识提高到新的水平,不断开辟当代中国马克思主义发展新境界"。

坚持把马克思主义基本原理同中华优秀传统文化相结合,必须坚持社会存在与社会意识、经济基础与上层建筑之间的辩证关系。在《推动全党学习和掌握历史唯物主义更好认识规律更加能动地推进工作》一文中,习近平总书记指出,"社会存在决定社会意识","要学习和掌握社会基本矛盾分析法,深入理解全面深化改革的重要性和紧迫性。只有把生产力和生产关系的矛盾运动同经济基础和上层建筑的矛盾运动结合起来观察,把社会基本矛盾作为一个整体来观察,才能全面把握整个社会的基本面貌和发展方向"。在庆祝全国人民代表大会成立60周年大会上的讲话中,他指出:"一个国家的政治制度决定于这个国家的经济社会基础,同时又反作用于这个国家的经济社会基础,乃至于起到决定性作用。"

坚持把马克思主义基本原理同中华优秀传统文化相结合,必须坚持人民是历史的创造者。人民群众是历史的创造者,是马克思主义唯物史观的基本原理之一。党的十八大以来，习近平总书记把人民是历史的创造者这一基本原理放到了前所未有的高度。在《人民对美好生活的向往就是我们的奋斗目标》中，他指出："人民是历史的创造者，群众是真正的英雄。人民群众是我们力量的源泉。"在文艺工作座谈会上的讲话中，他指出："人民既是历史的创造者、也是历史的见证者，既是历史的'剧中人'、也是历史的'剧作者'。""江山就是人民，人民就是江山"[1]，这是习近平总书记从唯物史观基本原理出发，从中华民族5000多年发展史、近代以来180多年斗争史、中国共产党的百年奋斗史、中华人民共和国70多年的发展史中总结出来的历史经验。

坚持把马克思主义基本原理同中华优秀传统文化相结合，必须坚持从社会物质生产，特别是从生产力和生产关系的矛盾运动来把握社会发展方向。在《推动全党学习和掌握历史唯物主义更好认识规律更加能动地推进工作》一文中，习近平总书记指出："要学习和掌握物质生产是社会生活的基础的观点，准确把握全面深化改革的重大关系。生产力是推动社会进步的最活跃、最革命的要素。"在纪念马克思诞辰200周年大会上的讲话中，他指出："马克思主义认为，物质生产力是全部社会生活的物质前提，同生产力发展一定阶段相适应的生产关系的总和构成社会经济基础。"

---

[1]《在庆祝中国共产党成立100周年大会上的讲话》，《人民日报》，2021年7月2日。

全面辩证地看待历史

马克思主义基本原理同中华优秀传统文化相结合，既是一个理论问题，也是一个方法论问题。党的十八大以来，习近平总书记高度重视历史学习、历史思维、历史借鉴，他提出要将马克思主义基本原理同中华优秀传统文化相结合，正是基于他对马克思主义基本原理与方法的深刻认识和理解。

首先，坚持把马克思主义基本原理同中华优秀传统文化相结合，必须坚持实践的观点、历史的观点、辩证的观点和发展的观点。习近平总书记在哲学社会科学工作座谈会上的重要讲话中指出，"马克思主义具有与时俱进的理论品质。新形势下，坚持马克思主义，最重要的是坚持马克思主义基本原理和贯穿其中的立场、观点、方法。这是马克思主义的精髓和活的灵魂"，要"把坚持马克思主义和发展马克思主义统一起来，结合新的实践不断作出新的理论创造，这是马克思主义永葆生机活力的奥妙所在"。

其次，坚持把马克思主义基本原理同中华优秀传统文化相结合，必须正确认识和坚持阶级分析方法，必须坚持实事求是地研究历史。习近平总书记高度肯定十一届三中全会以来，我们党重新确立马克思主义的思想路线、政治路线、组织路线，作出改革开放的重大决策。但他同样强调我们要"坚持和运用马克思主义的实践观、群众观、阶级观、发展观、矛盾观，真正把马克思主义这个看家本领学精悟透用好"①,他十分重视实事求是地研究历史的重要性。在《让历史说话用史实发言深入开展中国人民抗日战争研究》中,他指出:"要坚持用唯物史观来认识和记述历史,把历史结论建立在翔实准确的史料支撑和深入细致的研究分析的基础之上。"实事求是的思想同样贯穿在他对历史人物的评价中。《在纪念毛泽东同志诞辰120周年座谈会上的讲话》一文中,他指出:"对历史人物的评价,应该放在其所处时代和社会的历史条件下去分析,不能离开对历史条件、历史过程的全面认识和对历史规律的科学把握,不能忽略历史必然性和历史偶然性的关系。"

再次,坚持把马克思主义基本原理同中华优秀传统文化相结合,必须坚持以人民为中心的研究方向。习近平总书记在哲学社会科学工作座谈会上的讲话中指出:"我国哲学社会科学要有所作为,就必须坚持以人民为中心的研究导向。脱离了人民,哲学社会科学就不会有吸引力、感染力、影响力、生命力。我国广大哲学社会科学工作者要坚持人民是历史创造者的观点,树立为人民做学问的理想,尊重人民主体地位,聚焦人民实践创造,自觉把个人学术追求同国家和民族发展紧紧联系在一起,努力多出经得起实践、人民、历史检验的研究成果。"

最后,坚持把马克思主义基本原理同中华优秀传统文化相结合,必须旗帜鲜明地反对历史虚无主义。习近平总书记

---

①《在纪念马克思诞辰200周年大会上的讲话》,《人民日报》,2018年5月5日。

多次强调要认清历史虚无主义的本质。在《关于坚持和发展中国特色社会主义的几个问题》一文中，他指出："国内外敌对势力往往就是拿中国革命史、新中国历史来做文章，竭尽攻击、丑化、污蔑之能事，根本目的就是要搞乱人心，煽动推翻中国共产党的领导和我国社会主义制度。"在纪念孔子诞辰2565周年国际学术研讨会暨国际儒学联合会第五届会员大会开幕会上的讲话中，他指出："中国共产党人不是历史虚无主义者，也不是文化虚无主义者。我们从来认为，马克思主义基本原理必须同中国具体实际紧密结合起来，应该科学对待民族传统文化，科学对待世界各国文化，用人类创造的一切优秀思想文化成果武装自己。"从这一基本立场出发，习近平总书记多次指出要从中国的历史传承和文化传统来"探寻适合自己的道路和办法"。

正确对待历史文化传统

马克思主义基本原理同中华优秀传统文化相结合，还有一个重大理论问题，那就是如何正确对待历史文化传统。党的十八大以来，习近平总书记在这个问题上发表了很多重要论述，是我们把马克思主义基本原理同中华优秀传统文化相结合的科学指引。在5000多年的中华历史文化中，既有取之不尽的精华，也有很多腐朽糟粕。因此，习近平总书记始终强调必须正确对待传统文化。

一是要取其精华，去其糟粕。在《牢记历史经验历史教训历史警示为国家治理能力现代化提供有益借鉴》一文中，他指出："我们要对传统文化进行科学分析，对有益的东西、好的东西予以继承和发扬，对负面的、不好的东西加以抵御和克服，取其精华、去其糟粕，而不能采取全盘接受或者全盘抛弃的绝对主义态度。"在《胸怀大局把握大势着眼大事努力把宣传思想工作做得更好》一文中，他指出："对我国传统文化，对国外的东西，要坚持古为今用、洋为中用，去粗取精、去伪存真，经过科学的扬弃后使之为我所用。"

二是要保持自身文化自信，同时学习借鉴世界优秀文化。在同德国汉学家、孔子学院教师代表和学习汉语的学生代表座谈会上的讲话中，习近平总书记指出："在中外文化沟通交流中，我们要保持对自身文化的自信、耐力、定力。"在纪念邓小平同志诞辰110周年座谈会上的讲话中，他指出："中华民族创造了具有5000多年悠久历史的辉煌文明，中国人民在中国共产党领导下创造了建设社会主义的辉煌成就，我们应该在这个基础上继续创造。""不能妄自菲薄，不能数典忘祖。"

三是中华优秀传统文化要创造性转化创新性发展。在《把培育和弘扬社会主义核心价值观作为凝魂聚气强基固本的基础工程》一文中，习近平总书记指出，要"使中华优秀传统文化成为涵养社会主义核心价值观的重要源泉。要处理好继承和创造性发展的关系，重点做好创造性转化和创新性发展"。他在联合国教科文组织总部的演讲中指出，"每一种文明都延续着一个国家和民族的精神血脉，既需要薪火相传、代代守护，更需要与时俱进、勇于创新。中国人民在实现中国梦的进程中,将按照时代的新进步,推动中华文明创造性转化和创新性发展,激活其生命力"。在《大力弘扬伟大爱国主义精神为实现中国梦提供精神支柱》一文中,他指出,"要以时代精神激活中华优秀传统文化的生命力,推进中华优秀传统文化创造性转化和创新性发展"。

马克思主义是指导中国革命和建设的科学理论,是中华传统文化研究的科学指引。脱离了中国实际的马克思主义是空洞教条的,脱离了马克思主义的传统文化会失去灵魂。只有在马克思主义引领下,中华优秀传统文化才能够被激活,才能够科学发掘、科学转化。这是习近平总书记关于马克思主义基本原理同中华优秀传统文化相结合重要思想的核心所在。

(原载《中国社会科学报》2021年10月29日)

在增强历史自觉与历史担当中创造历史伟业

历史自觉体现为在正确把握历史发展规律基础上形成的历史方位与历史使命意识。历史担当体现为抓住时机、顺势而为、奋发有为,将历史自觉转化为推动历史发展的勇气与智慧。中华优秀传统文化中蕴含着丰富的历史自觉与历史担当精神,这种精神是悠久的中华文明留给我们的宝贵遗产。党的十八大以来,习近平总书记在治国理政实践中坚持宽广深邃的大历史观,把握大局大势,彰显了高度的历史自觉和强烈的历史担当。

中华优秀传统文化蕴含着丰富的历史自觉与历史担当精神

历史自觉的程度,是一个民族思想成熟度的体现,也决定着一个国家治国理政能力与水平的高低。中华民族一向注重记录历史、学习历史、借鉴历史,是一个具有高度历史自觉的民族,历史自觉精神是中华优秀传统文化的重要组成部分。同时,在历史自觉的基础上,一代代优秀中华儿女发扬历史担当精神,推动中华文明不断向前发展。

历史自觉精神源远流长。《尚书·洪范》记载了周灭商后,周武王访商遗臣箕子,求教治国方法。箕子借禹夏历史向武王提出了"洪范九畴,彝伦攸叙"的治国之道。周武王访箕子,体现了西周初年统治集团希望从夏商覆亡的历史教训中寻找长治久安之策,体现了一种借鉴历史的自觉精神。《尚书》对夏商两朝灭亡的原因有很多深刻总结,吸取这些历史教训是西周初年统治集团的当务之急,也由此完成了从夏商神本政治向西周人本政治的自觉转化,开启了我国历史上"敬德保民""明德慎罚"的优秀政治传统。

随着历史发展,中华民族历史自觉的内涵也在不断丰富和拓展。一是关于重民本的历史自觉。"人无于水监,当于民监"(《尚书·酒诰》)、"民之所欲,天必从之"(《尚书·泰誓》)……西周春秋之后,重民本不仅成为一种政治理念而被倡导与践行,也成为我国传统历史自觉精神的重要内容。二是关于重政德的历史自觉。"德惟善政,政在养民"(《尚书·大禹谟》)、"为政以德,譬如北辰"(《论语·为政》)、"德,国之基也"(《左传·襄公二十四年》),以"仁政"为主要内容的政德思想与实践具有重大历史意义,重政德的历史自觉成为我国传统政治文明的重要理念。三是关于选贤任能的历史自觉。"夫尚贤者,政之本也。"(《墨子·尚贤》)我国历史上人才选拔分别以春秋战国和隋唐为界限,经历了从世卿制向官僚制的转化,从荐举制、军功制、察举制、九品中正制向科举制的转化,推动这两个转化的根本因素,是各时期政治家、思想家总结历史经验、顺应时代发展要求的历史自觉。四是关于"大一统"的历史自觉。源自先秦的"天下""四海""九州"等观念，历经春秋战国时期的政治实践，形成了"定于一""天下为一"的历史自觉。至秦始皇，创立了"事在四方，要在中央"的中央集权郡县制国家制度与治理体系。此外，我国历史上还有反腐倡廉与严格吏治、平均土地与调节贫富、赈赡穷乏与疏通民情以及德主刑辅、天人合一等历史自觉，彰显出中华民族历史自觉精神的丰富内涵。

仅有历史自觉精神是不够的，还要具备强烈的历史担当精神，才能将历史自觉转化为推动历史前进的强大动力。在中华文明发展史上，每一次文明的巨大进步，都与历史自觉精神的高扬分不开，更与人才辈出并勇于历史担当分不开。正因为有了历史担当，历史自觉形成的思想智慧才能转化为治国理政的实践成果。鸦片战争后，虽然中华文明经历前所未有的磨难，但无数仁人志士奋起抗争、变法图强、革故鼎新，中华民族历史自觉的视野更加宽阔、历史担当精神进一步升华。

历史自觉与历史担当是新时代治国理政的底蕴

中国共产党是中华优秀传统文化的忠实传承者和弘扬者，更是历史自觉与历史担当精神的积极践行者。在百年奋斗历程中，我们党始终以马克思主义基本原理分析把握历史大势，善于抓住和用好各种历史机遇。习近平总书记指出，"我们党的诞生就是顺应世界发展大势的结果""中华人民共和国的成立和巩固，也是顺应时代大潮的产物""作出改革开放的重大决策,也是基于我们党对时代潮流的深刻洞察"[1]。我们党自诞生以来,团结带领中国人民进行的一切奋斗、一切牺牲、一切创造,归结起来就是一个主题:实现中华民族伟大复兴。这是我们党历史自觉与历史担当精神鲜明而集中的体现。

党的十八大以来,中国特色社会主义进入了新时代,这是我国发展新的历史方位。以习近平同志为核心的党中央统筹把握中华民族伟大复兴战略全局和世界百年未有之大变局,带领全党肩负起了实现第一个百年奋斗目标、开启实现第二个百年奋斗目标新征程、朝着实现中华民族伟大复兴的宏伟目标继续前进的主要任务。新时代伟大实践彰显的高度历史自觉、强烈历史担当,体现在习近平总书记治国理政的方方面面。

体现高度的历史自觉。解决现实问题,不仅需要汇聚今人的智慧和力量,也需要汲取古人的智慧和力量。党的十八大以来,习近平总书记深入思考历史,高度重视汲取治国理政的历史经验。在坚定文化自信上,强调要重视对中华民族历史的认知和运用;在推进国家治理上,强调要对我国古代治国理政的探索和智慧进行积极总结;在法治国家建设上,强调要挖掘和传承中华法律文化精华,汲取营养、择善而用;在造就高素质干部队伍上,强调要借鉴我国历史上在吏治问题上形成的正确思想和有益做法;在生态文明建设上,指出绵延5000多年的中华文明孕育着丰富的生态文化;在党

---

[1] 习近平:《在党史学习教育动员大会上的讲话》,见《求是》2021年第7期。

风廉政建设和反腐败斗争上,强调要积极借鉴我国历史上反腐倡廉的宝贵遗产……习近平总书记治国理政新理念新思想新战略,充分展现了大党大国领袖对历史智慧的科学总结、对历史经验的积极运用。

彰显强烈的历史担当。习近平总书记指出:"历史发展有其规律,但人在其中不是完全消极被动的。只要把握住历史发展规律和大势,抓住历史变革时机,顺势而为,奋发有为,我们就能够更好前进。"①党的十八大以来,以习近平同志为核心的党中央,以伟大的历史主动精神、巨大的政治勇气、强烈的责任担当,统筹国内国际两个大局,解决了许多长期想解决而没有解决的难题,办成了许多过去想办而没有办成的大事。比如,我们始终坚持开拓创新,因为它"永远是中国共产党人应该具有的历史担当"。无论是继续推进实践基础上的理论创新,还是以全面深化改革推进国家治理体系和治理能力现代化,新时代的中国共产党人始终保持锐意创新的勇气、敢为人先的锐气、蓬勃向上的朝气,不断彰显强烈的历史担当精神。

在新的征程上不断增强历史自觉与历史担当

习近平总书记指出,全党要"以史为镜、以史明志,了解党团结带领人民为中华民族作出的伟大贡献和根本成就,认清当代中国所处的历史方位,增强历史自觉,把苦难辉煌

---

① 习近平:《在党史学习教育动员大会上的讲话》,见《求是》2021年第7期。

的过去、日新月异的现在、光明宏大的未来贯通起来,在乱云飞渡中把牢正确方向,在风险挑战面前砥砺胆识,激发为实现中华民族伟大复兴而奋斗的信心和动力,风雨无阻,坚毅前行,开创属于我们这一代人的历史伟业"[1]。现在,中国共产党团结带领中国人民又踏上了实现第二个百年奋斗目标新的赶考之路。在全面建设社会主义现代化国家新征程上,全党要更加紧密地团结在以习近平同志为核心的党中央周围,大力发扬历史自觉与历史担当精神,朝着实现中华民族伟大复兴的宏伟目标奋勇前进。

增强历史自觉与历史担当,始终坚持以习近平新时代中国特色社会主义思想为指导。习近平新时代中国特色社会主义思想,是坚持把马克思主义基本原理同中国具体实际相结合、同中华优秀传统文化相结合,深刻总结并充分运用党成立以来的历史经验,从新的实际出发创立的,是当代中国马克思主义、二十一世纪马克思主义,是中华文化和中国精神的时代精华,是全党全国人民为实现中华民族伟大复兴而奋斗的行动指南。习近平新时代中国特色社会主义思想进一步深化了对共产党执政规律、社会主义建设规律、人类社会发展规律的认识。只有始终坚持以习近平新时代中国特色社会主义思想为指导,我们才能树立大历史观,把握历史方位,形成符合历史发展规律的历史自觉,真正担当起党和人民赋予的历史重任。

增强历史自觉与历史担当,进一步坚定历史自信。增强

---

[1] 习近平:《在党史学习教育动员大会上的讲话》,见《求是》2021年第7期。

历史自觉与历史担当，是以坚定历史自信为基础的。习近平总书记指出："在新的赶考之路上，我们能否继续交出优异答卷，关键在于有没有坚定的历史自信。"①中国共产党人坚定历史自信，不仅包括坚定对奋斗成就的自信、对奋斗精神的自信，还包括坚定我们党在中国执政并长期执政的历史自信、团结带领人民继续前进的历史自信。新的赶考之路上，我们要深入学习党的历史，更好认识和把握党的百年奋斗重大成就和历史经验，看清楚过去我们为什么能够成功、弄明白未来我们怎样才能继续成功，深刻领悟我们党几代中央领导集体在不同历史时期的高度历史自觉和强烈历史担当，进一步做到学史明理、学史增信、学史崇德、学史力行。

增强历史自觉与历史担当，要深化史学研究。要深化我国历史上的历史自觉与历史担当精神研究，发掘历代政治家思想家和人民群众在不同历史时期增强历史自觉与历史担当的深刻内涵，以及在推动历史前进中发挥的作用，进而从丰厚的历史实践中汲取治国理政的智慧和力量。要加强对习近平总书记关于增强历史自觉与历史担当精神重要论述的学习研究，深刻认识到重要论述精神既是对中华优秀传统文化的传承弘扬，又体现了新时代中国共产党人勇担使命的历史自信。

（原载《人民日报》2022年2月7日）

---

①《弘扬伟大建党精神坚持党的百年奋斗历史经验增加历史自信增进团结统一增强斗争精神》，《人民日报》，2021年12月29日。

中华文明起源形成发展内在机制的理论思考

深入研究中华文明起源形成发展的内在机制，是贯彻落实习近平总书记"5·27"重要讲话精神的重要方面，我就这个问题谈几点不成熟的看法。

首先，研究中华文明起源形成发展的内在机制具有重大学术意义。所谓中华文明起源形成发展的内在机制，就是要回答中华文明如何起源、如何形成、如何发展等重大问题，尤其是要阐明中华文明从起源到形成发展之间的内在联系与内在因素，以及中华文明起源形成发展过程中的物质形态、制度形态、精神形态及其主要表现形式。回答好这个问题，不是一件轻而易举的事情。比如，"文明"的概念就是一个问题。我国古典文献《尚书》《周易》中多处有"文明"一词，其意或指光明普照、万物萌生，或指人的高尚情操、纯正品德，形容词的特征明显，与我们探讨的作为人类社会组织进步形态的"文明"在概念上有重大区别。解决文明起源及其形成发展道路问题，必须从考古学入手。自20世纪前半叶开始，我国考古工作者经过艰辛努力，至少到20世纪七八十年代，已经取得了丰硕成果。在中华文明起源问题上，不仅获得大量第一手材料，而且总结提炼出了很多理论认识。

比如，夏鼐先生构建了中国史前考古学文化的时空框架年代，苏秉琦先生提出了中国史前考古学文化的六大区系类型说与中华文明起源"满天星斗说"，严文明先生提出了中华文明"重瓣花朵"模式，费孝通先生提出了中华民族"多元一体"格局说，张光直先生提出了"中国相互作用圈"模式，等等，这些都极大丰富了中华文明起源的理论。之后，良渚、陶寺、石峁、红山等一大批新石器时代中晚期重要文化遗址的发现和深入发掘，又为中华文明起源研究提供了新的实证材料。在此基础上，中华文明探源工程历经20年的探索，在继承前辈学者学说的基础上，总结提出了关于中华文明起源的一系列重要理论，如进入文明社会标准的中国方案，中华文明起源、形成和早期发展过程的阶段性认识，中

2022年6月9日，中国历史研究院学习习近平总书记"5·27"重要讲话精神座谈会

华文明起源多元一体格局形成过程中的共同文化基因，等等。这些都是十分重大的学术问题。而研究中华文明起源形成发展的内在机制，正是把这些问题贯穿起来的基础理论。

其次，研究中华文明起源形成发展的内在机制还有许多尚待攻克的重大理论问题。这里我只谈一点，即进入"文明"社会的标准问题。探源工程认为西方学者提出的以文字、冶金术和城市作为进入文明社会标准的看法不是唯一的，判断进入文明社会的中国标准应当是：生产发展，人口增加，出现城市；社会分工，阶层分化，出现阶级；形成礼制，出现王权和国家。这个标准在我国的考古材料中能够得到一定程度的验证，也具有很强的中国特色，但是也还值得深入研究。世界上各民族各地区进入文明社会的时间和标志可能是各不相同的，很难用统一的标准来衡量，但这不意味着文明没有标准或只根据本民族本地区的情况而给文明概念下结论，尤其是把文明要素与文明社会不加区别。不能根据别国的标准而推后自身文明社会的形成时间，但也不能把文明形成前的各种要素汇集简单地看作文明形成的标志。比如，我国新石器时代中晚期遗址中有大量的精美玉器和祭祀遗迹，如何解释玉器的广泛出现及其性质，如何解释大规模的祭祀遗迹及其作用，考古学界对此也有不同意见。这些都需要我们认真思考。怎样思考？我以为还是要认真学习马克思主义关于国家的理论。恩格斯说"国家是文明社会的概括"，是说文明社会的形成是以国家的产生为标志，国家是文明社会的普遍表现形式。恩格斯还指出国家与氏族的区别是按地区划分国民和公共权力的设立，那么我国考古发现的物证材料怎样才能证明当时社会具有上述特征？如何从考古发现的物化材料中提炼出能够概括国家权力出现的标志物，以及提炼出反映社会分层分工、生产力发展、阶级分化的标准模式，仍然任重道远。此外，马克思主义国家理论非常强调社会分工、社会职能在国家产生中的作用，也应当引起文明起源研究者的重视。

最后，研究中华文明起源形成发展的内在机制应当走考古学与历史学相互融合的道路。今天，我们对中华文明起源形成发展有了很多认识，如"满天星斗""多元一体""重瓣花朵"等形象概念，但是这些还不能圆满解释中华文明起源形成发展的内在机制，还需要更多的历史学工作者努力向考古工作者学习，结合考古发现，从文明理论、国家理论、历史发展过程多层面，科学阐释究竟是什么样的要素与机制在推动着中华文明的产生，中华文明产生后又沿着一条什么样的道路前进。中华文明起源形成发展的内在机制研究还是关系到中华文明的特质与形态的重大问题，这就更需要历史学的参与。中国古代为什么从万邦走向一统、从多元走向一体，怎样理解亚细亚生产方式与东方文明起源及东方社会特点，都是与中华文明起源形成发展的内在机制紧密相关的问题。中华精神文明的基本形态是什么时候奠定的，讲仁爱、重民本、守诚信、崇正义、尚和合、求大同的理念是什么时候形成的，中国人的宇宙观、天下观、社会观、道德观是怎样确立的，都需要考古学与历史学结合，甚至与多学科结合研究来回答。

（原载《中国社会科学报》2022年7月11日）

郭沫若与中国马克思主义史学体系构建

史学体系是史学学科体系、学术体系、话语体系的综合体现，也是社会需要在史学教育、研究与人才培养上的客观反映。古往今来，社会性质不同、社会发展阶段不同、社会需要不同，史学体系经历了不同的历史时期，内涵也各不相同。20世纪初，风雨如晦，鸡鸣不已，中国史学体系经历了从传统史学体系向近代史学体系的转化；与此同时，马克思主义传入中国，其学说同正在发生深刻变化的中国实际相结合、同中华优秀传统文化相结合，催生了中国马克思主义史学的诞生，推动了近代史学体系向马克思主义史学体系的转化。新中国建立后，马克思主义史学体系在这个古老的史学

纪念郭沫若诞辰130周年留影

大国的史坛上占据了主导地位，中国史学体系发生了千古以来根本性的变化。郭沫若既是这两个转化的亲历者，又是实践者。作为中国马克思主义史学的开拓者和奠基人，郭沫若为中国马克思主义史学体系建设做出过重大贡献，也为今天中国特色历史学"三大体系"构建留下了丰厚遗产。

一、关于史学的性质、任务与指导思想

在长期的史学研究实践中，郭沫若对史学性质、任务与史学指导思想、史学学科规划发展均有系统思考。

第一，关于历史学的性质。史学的性质是史学体系的核心问题之一，对这个问题的不同认识，是区分不同史学体系的关键。20世纪初，梁启超倡导"新史学"，将史学视为一门独立的学科体系并试图用进化论的观点解释历史发展过程，得出了不同于传统史学体系对史学性质的全新认识，具有重大进步意义。但梁启超在历史观上最终还是陷入了主观唯心主义，并没有能够给中国近代史学体系奠定科学的理论。近代中国对史学性质的理解，是以胡适、王国维、陈寅恪、顾颉刚、傅斯年等为代表的实证派占据主导，而真正开始构建科学的史学体系的是李大钊。李大钊在《史学要论》这本书中，以马克思主义唯物史观为指导，对史学的学科性质、架构、作用，以及史学与社会、史学与其他学科的关系等作了系统分析，构建出马克思主义史学体系的基本框架。由于李大钊为革命牺牲较早，他的很多思考没有能够继续下去，郭沫若继承了他的遗志，承担起这项事业并为之奋斗终

生。郭沫若对历史学的性质有着唯物史观的科学认识,并随着时代的发展而不断前进。1929年9月,他在为《中国古代社会研究》一书所写的《自序》中说:"认清楚过往的来程也正好决定我们未来的去向。"又说:"我们的要求就是要用人的观点来观察中国的社会。"①1950年,他在《中国奴隶社会》一文中指出:"旧的历史家对于历史的看法,认为历史是过去的,固定的,死的东西,或者把过去看成比现在还好。他们不知道历史是向前发展的,用新的历史观来看,'历史'就等于'发展'。"②历史学的性质是以人为主体研究对象的学科,历史是不断向前发展着的,历史学应当面向未来,这些都十分准确地概括出马克思主义史学不同于其他学派的本质特点。

第二,关于历史学的任务。为人民研究历史、研究人民的历史、站在人民的立场研究历史,始终被郭沫若视为历史学研究的重要任务,也是他史学思想的鲜明特点。他强调他是在"人民本位的标准下边从事研究"③,他认为学术研究总的方向"应该是为人民服务,为社会主义服务。史学研究的任务自然也不能例外"④。比如在历史人物的评价上,他认为"特别是要看他对于当时的人民有无贡献"⑤。他写曹操、写王安石,写李自成、写李岩,观点未必都十分完美,但都是

---

①《郭沫若全集·历史编》第1卷,北京:人民出版社,1982年,第6页。
②《郭沫若全集·历史编》第3卷,第422页。
③《郭沫若全集·历史编》第4卷,第3页。
④《郭沫若全集·历史编》第3卷,第477页。
⑤《郭沫若全集·历史编》第3卷,第470页。

出于"人民本位"这一思想。特别是他的《甲申三百年祭》一文,不仅运用唯物史观探讨了明朝灭亡与李自成起义失败的教训,也被当时的中国共产党人作为避免骄傲自满的生动教材,要求全党学习,充分发挥了史学的经世致用功能。

第三,关于历史学的指导思想。学科理论是学科体系的基石,只有科学的理论指导才能保证学科体系方向的正确。郭沫若是一位坚定的马克思主义史学家,他确立的史学体系指导思想就是马克思主义唯物史观。郭沫若真诚信仰唯物史观,早在20世纪20年代,他就翻译、研读过马克思、恩格斯《政治经济学批判》《家庭、私有制和国家的起源》《德意志意识形态》《资本论》等重要著作,并将日本著名学者河上肇阐释唯物史观的著作《社会组织与社会革命》翻译成中文,从而奠定了他坚实的马克思主义理论基础。社会形态理论是唯物史观的核心,郭沫若始终将社会形态研究作为观察分析中国古代社会的一把钥匙。他在《中国古代社会研究》的导论《中国社会之历史的发展阶段》中指出:"人类社会的发展是以经济基础的发展为前提,这已经是成了众所周知的事实了。"[1]"经济基础"一词正是社会形态理论的核心观念。此外还在《奴隶制时代》一书的开篇中说:"中国历代的生产方式,经过了原始公社制、奴隶制、封建制等,一直发展到现阶段,在今天是无可争辩的事实了。"[2]这样的叙述贯穿在他很多论著中。

---

[1]《郭沫若全集·历史编》第1卷,第13页。
[2]《郭沫若全集·历史编》第3卷,第14页。

第四，关于历史学的学科规划。1949年前由于政治原因，马克思主义史学不可能登上讲坛，学科规划更无从谈起。1949后不久的1954年，郭沫若不仅提出要加强研究汉民族史、少数民族史、亚洲各民族史和世界史，还提出要研究通史和专门史。他说："我们在目前还得不到一部完整的通史或其他各文化部门比较精密的专史。"①1959年，他在《关于目前历史研究中的几个问题》一文中，又对通史、断代史、专业史、专题史以及历史研究所的研究方向提出了更加具体的意见。关于通史，他指出："一部中国通史，是中国整个社会的全面发展史。以马克思列宁主义的观点，编写出一部完整的中国通史，这是大家所一致期待的。"通史要搞，断代史也要搞，断代史研究的根本不是看以不以朝代为段落，"重要的是看站在什么立场、用什么观点方法去研究"。旧的方法是以朝代为段落，而新的方法"是根据社会发展的五个时期来划分段落"，也就是把断代史放在五种社会形态演变中来研究。郭沫若的这个看法既保留了断代史的传统方法，又赋予了断代史研究新的内涵，十分有新意。文章中他特别提到要重视思想史、经济史、文化史、文学史、戏剧史、诗歌史、小说史、工艺史等专门史的研究，对"最近出现的崭新的事物"如工矿史、公社史研究也要重视，"并且尽可能把它们写好，这是很有价值的"。但是他又指出，撰写这些工矿史、公社史的目的是"提供材料"，不能代替通史、专业史的研究，更不能与通史、专业史对立起

---

① 《郭沫若全集·历史编》第3卷，第442页。

来。这是十分有见地的看法。关于历史研究所的工作，他认为应当扩大业务范围，应该"从文献中研究以前的历史"转而"侧重到修史方面来"。在研究的组织形式上，他"欢迎个人撰述"，但他更主张"以任务带动科学研究"，"如果脱离任务，孤立地进行研究，是不容易搞出成绩来的"①。实际上，在郭沫若的领导下，历史研究所自20世纪五六十年代启动的一批集体性质的大课题，如《中国史稿》《甲骨文合集》等，其成果不仅奠定了历史研究所近70年来在国内外学术界的地位，更培养了一大批人才，这是任何不带有偏见者都应该承认的事实。尤其是郭沫若对历史研究所工作性质与方向的界定，今天仍有深刻的借鉴意义。

二、关于史学研究的理论与方法

史学体系建设除了科学的理论指导外，还需要有自身的研究方法，有明确的研究方向，郭沫若在理论与实践上都做过许多探讨。他强调史学研究必须实事求是，必须重视史料。众所周知，在撰写《中国古代社会研究》之前，他不仅广泛涉猎传世文献资料，也阅读了大量新发现整理的甲骨金石文献。在该书《自序》中，他说："大抵在目前欲论中国的故学，欲清算中国的古代社会，我们是不能不以罗、王二家之业绩为其出发点了。"②所谓"罗、王二家之业绩"，指

---

①《郭沫若全集·历史编》第3卷，第477—480页。
②《郭沫若全集·历史编》第1卷，第8页。

的就是罗振玉、王国维在史料学上的贡献。该书1954年的新版引言中，他把这个思想表达得更加充分："研究历史，和研究任何学问一样，是不允许轻率从事的。掌握正确的科学的历史观点非常必要，这是先决问题。但有了正确的历史观点，假使没有丰富的正确的材料，材料的时代性不明确，那也得不出正确的结论。"他还特别强调："地下发掘出的材料每每是决定问题的关键。"[①]1959年，他在答《新建设》编辑部问而作的《关于目前历史研究中的几个问题》一文中，专门列有"史料、考据和历史学的关系问题"，更加完整系统地表达了自己的看法。他指出历史研究应当分为三个步骤：第一步是"尽可能地占有大量资料"，并对资料进行辨别，去其糟粕，取其精华。但他同时强调"没有史料固然不能研究历史，专搞史料也绝不能代替历史学"，那种"整理史料即历史学"的观点"显然是错误的"。第二步是整理史料。整理史料时要分清主次，"要引导大家从大处着眼，把精力集中在大的事业上"。他特别强调："对民族的发展、经济的发展、文化的发展等有关的史料是头等重要的，应该尽量搜集，优先整理。"不仅要重视文字资料，物质资料也要重视，"劳动人民直接创造的东西，比文字记载还可靠"。第三步是运用史料。他认为如何运用史料"这是历史研究中更重要的问题"。"有了史料，如果没有根据辩证唯物主义和历史唯物主义的方法加以处理研究，好像炊事员手中有了鱼、肉、青菜、豆腐而没有烹调出来一样"。但是他决不主张以

[①]《郭沫若全集·历史编》第1卷，第4页。

论带史，他指出："固然，史料不能替代历史学，但在历史研究中，只有历史唯物主义的一般原理而没有史料，那是空洞无物的。"[①]我们很少在郭沫若的论著中看到单纯抽象地谈理论，正是他践行这一原则的反映。郭沫若是最早科学阐释理论与史料关系的马克思主义史学家。在郭沫若的史学论著中，"二重证据法"以及跨学科的研究方法随处可见，因为新史料的发现，郭沫若多次修改自己的看法也是大家知道的事实，有人说郭沫若是"史观派"，其实这个看法未必完全符合他的本意，也未必符合他的研究事实。史料是史学的基础，但历史学的方向并不只是追求史料，不能只是"知其然"，而是要"知其所以然"，探寻历史发展的规律才是历史学的真正目标。郭沫若在《中国古代社会研究》中引用了马克思《政治经济学批判·序言》中的那段话："亚细亚的、古典的、封建的和近代资产阶级的生产方法，大体上可以作为经济的社会形成之发展的阶段。"进而指出："这样的进化的阶段在中国的历史上也是很正确的存在着的。"[②]新中国成立后，他又明确指出："研究历史的目的，是要用大量的史料来具体阐明社会发展的规律。"[③]既反对以"国情的不同"拒绝承认中国历史与唯物史观所发现的人类历史普遍规律相吻合的错误观点，又从中国历史实际出发，积极探讨符合中国实际的历史发展规律，是郭沫若一生在历史学上的追求。正是秉持这种观点，郭沫若在中国历史研究上做了许多开创

[①]以上引文见《郭沫若全集·历史编》第3卷，第483—486页。

[②]《郭沫若全集·历史编》第1卷，第154页。

[③]《郭沫若全集·历史编》第3卷，第485页。

性的研究，林甘泉、黄烈主编的《郭沫若与中国史学》①，谢保成撰写的《郭沫若学术思想评传》②等论著对此作了很好的总结，这里不再一一叙述。

郭沫若在中国马克思主义史学体系构建上的贡献当然远远不止以上内容。譬如说，他将马克思主义唯物史观基本原理结合中国具体实际，考证史料中记载的殷周直接生产者的社会身份，首次提出了中国存在奴隶制社会形态说。他从物质生产条件的变化考察社会制度的变迁，提出了划分中国奴隶制社会向封建制社会转化的具体时间，即所谓古史分期说。他把马克思关于亚细亚生产方式的论述断定为原始社会，并强调中国也经历了这一阶段，肯定了中国历史上社会形态演变的完整性。他科学区分了三代的"封建"与秦汉以后封建社会的联系与区别，用马克思主义唯物史观辨析清楚了"封建"的名与实问题。他既运用唯物史观歌颂劳动人民的活动，又认为不能盲目否定王朝体系，不能不写历史上统治阶级的活动，坚持了历史研究实事求是的态度。他既汲取中国传统史学考据学的精华，又重视批判借鉴西方学者的有益成果，开辟了中国马克思主义史学的新境界。郭沫若这些史学思想都极大丰富了中国马克思主义史学体系内涵。如果没有郭沫若以及以他为代表的一大批马克思主义史学工作者的不懈努力，我们对中国历史的认识不可能有今天这样深入，中国历史学也不可能在世界历史学界拥有今天的地位。

---

① 林甘泉、黄烈主编：《郭沫若与中国史学》，北京：中国社会科学出版社，1992年。

② 谢保成：《郭沫若学术思想评传》，北京：北京图书馆出版社，1999年。

最后，我谈一点郭沫若在中国马克思主义史学体系构建上的杰出贡献及其与新时代中国特色历史学学科体系、学术体系、话语体系建设的关系。其实，如同历史上一切优秀的史学家一样，其史学精神总是会随着时代变化而不断散发出新的魅力，郭沫若也是一样。习近平总书记在《致中国社会科学院中国历史研究院成立的贺信》中对新时代中国历史学提出要求，这就是要加快构建中国特色历史学学科体系、学术体系、话语体系，坚持历史唯物主义立场、观点、方法，立足中国、放眼世界，立时代之潮头，通古今之变化，发思想之先声，推出一批有思想穿透力的精品力作，培养一批学贯中西的历史学家，充分发挥知古鉴今、资政育人的作用。郭沫若就是一位坚持唯物史观立场、观点、方法，立足中国、放眼世界，立时代潮头，通古今变化，发思想先声，学贯中西，知古鉴今，资政育人，推出有思想穿透力的精品力作的马克思主义史学家。他为构建中国马克思主义史学体系所做出的杰出贡献，与新时代习近平总书记所要求构建的中国特色历史学学科体系、学术体系、话语体系在精神实质、内涵要求上是完全一致的，我们仍然要认真学习，继承弘扬郭沫若留给我们的这份珍贵遗产。

（原载《中国史研究》2022年第3期）

史鉴篇

"马上"得天下不能"马上"治之

汉高祖刘邦刚刚夺得天下,还没有从喜悦的心情中走出来,陆贾便常常在他的耳边唠叨《诗》《书》如何如何好,应当读一读,惹得这位出身亭长的新皇帝不耐烦了,龙颜大怒,破口大骂:老子在马背上夺得天下,读这些书干什么。陆贾也毫不相让:你从马背上夺得天下,难道你还要在马背上治理天下吗?古代的圣贤治国哪个不是"逆取而以顺守之"?如果秦始皇夺得天下后不任刑法,而是认真总结前贤的治国之道,以仁义道德行之天下,你今天还能登上皇帝的宝座吗?刘邦听后虽然不高兴,但面有"惭色"。于是他下令陆贾总结秦亡汉兴以及历史上国家兴衰的经验教训。陆贾撰成一篇便上奏一篇,史称"高帝未尝不称善,左右呼万岁,号其书曰《新语》"(《史记·郦生陆贾列传》)。陆贾的思想终于获得了高层的赞赏,他的文章也被汇编成《新语》一书。陆贾的文章被称为"新语",说明它与当时流行的思想是不同的。

《史记·郦生陆贾列传》记载这段君臣思想的激烈交锋,并达成"马上"得天下不能"马上"治天下的共识是人们耳熟能详的故事。大概陆贾是以"客"之身份相随刘邦的缘故,他们之间的对话也不甚拘谨。陆贾不相信所谓赤帝子杀白帝子的神秘力量，直指汉得天下依靠的是武力，是秦政的失误，进而指出"马上"得天下，绝不能再"马上"治天下了。而刘邦不以真命天子自命，既不否认武力夺天下的事实，也最终承认了不能"马上"治天下的道理，说明双方都是很坦诚的。这个辩论的结果对汉初统治集团的思想转变起了极为重要的作用。《汉书·高帝纪》把陆贾著《新语》与萧何次律令、韩信申军法、张苍定章程、叔孙通制礼仪并论，可见这件事情在汉初历史上占有何等重要的地位。

放弃"马上"治天下对汉初统治阶层来说并不是一件很容易的事，因为"马上"治天下的思想在当时绝不仅仅左右着刘邦一个人的思维。汉初重军功，官爵合一，通过战功获得爵位再任行政官吏者比比皆是，所以史书一再强调的汉初"公卿皆军吏""吏多军功"的确是事实，也被出土材料所证明。想要这些人在巨大的历史惯性推动下，放弃刀枪，更换思维，转变统治方法，是一件很困难的事。而对于最高统治者来说，汉初又面临许多复杂的矛盾，如诸侯王的问题、六国旧贵族的问题、匈奴问题、社会残破问题，等等，哪个是主要的，哪个是次要的，需要做出准确的判断。陆贾恰恰在这个问题上给最高统治阶层的决策提供了帮助。

陆贾的思想属于儒家还是道家，学者们还有争论，我们也不必细究。从体现他思想的《新语》一书来看，其大意是指统治者要善于学习和总结历史的经验。例如他说"善言古者合之于今，能述远者考之于近"（王利器：《新语校注·术事》），这虽有些比附的味道，但却表明了他是为了现实而总结历史的。在这部书中，陆贾反复强调道德仁义、清静无为对于统治者，对于国家的重要意义，并以秦政和历史的经验为例证作了充分的对比说明。他还提出要"表定六艺，以重儒术"，是董仲舒之前赋予儒家思想崇高地位的第一人。我们知道，战国以来，新的统治秩序在"硬件"上有了充分的发展，但在社会统治的"软件"上却有很大的缺憾，其重要原因之一是指导思想有失片面，陆贾的言论对于汉初统治集团的提醒是及时的。在《至德》篇中，陆贾描绘了这样一种场景："是以君子之为治也，块然若无事，寂然若无声，官府若无吏，亭落若无民，闾里不讼于巷，老幼不愁于庭，近者无所议，远者无所听，邮无夜行之卒，乡无夜召之征，犬不夜吠，鸡不夜鸣，耆老甘味于堂，丁男耕耘于野。"这是陆贾的理想国，也给汉初统治集团描绘了一个国家建设的目标。

钱鹤滩云："陆贾所论，多崇俭尚静，似有启文、景、萧、曹之治者。"（转引王利器：《新语校注·术事》）此论甚确。当然，陆贾的思想在汉初统治集团中是怎样具体贯彻实施的我们已无从考察，可是汉初统治集团的为政风格有了很大转变却是事实。如刘邦在位期间除了剪灭异姓诸侯王外，对其他各种社会势力保持了极大的忍耐、融合精神。他不再像秦始皇那样追求绝对的"同"，而是要求在尊重统一的中央集权的前提下，允许其他地域性的社会管理方式的存在，包括独立性很强的诸侯国。他在戎马倥偬之际，还有过多次减轻百姓负担、安定社会、除去苛法之举。临终前，刘邦推举曹参作为萧何的继任，足见他把与民休息、保持社会的安宁放在了未竟的事业之中。他的后继者孝惠、高后时期虽然政治斗争十分复杂，但在社会治理上，"君臣俱欲无为"，形成了"天下晏然，刑罚罕用，民务稼穑，衣食滋殖"（《汉书·高后纪》）的局面。此后，文、景二帝遵循了这一方针，史称："汉兴，扫除烦苛，与民休息。至于孝文，加之以恭俭，孝景遵业，五六十载之间，至于移风易俗，黎民醇厚。周云成康，汉言文景，美矣！"（《汉书·景帝纪》）这就是历史上著名的"文景之治"。

那么汉初的几位丞相与陆贾的思想有无共识呢？我们以为是有的。《史记·萧相国世家》引太史公云："及汉兴，依日月之末光，（萧）何谨守管籥，因民之疾秦法，顺流与之更始。"这里的"顺流"与陆贾的"顺守"含义一致，都是指要顺应民意，有所更张。这个思想在曹参身上表现得更为极致。他任齐国丞相九年，治用黄老术，"齐国安集，大称贤相"。后继萧何为相国，"举事无所变更，一遵萧何约束"，"休息无为，故天下俱称其美矣"（《史记·曹相国世家》）。曹参原为一名武将，他决然放弃"马上"治天下的思想恐怕与高祖以来整个统治集团的思想转变不会没有关系。而这个转变的直接推动者就是陆贾。

武力夺得政权的统治者不能够"马上"治天下包含着丰富的思想内容，认识到这个问题重要性的在汉初显然也不只是陆贾一人，但我们如果把这件事情看成中国古代大一统专制主义中央集权国家建立后知识分子与政治家之间的一次成功对话、思想家对历史经验的一次成功总结、政治家治理社会的一次成功实践，它的历史意义又是深刻而久远的。

（原载《光明日报》2006年2月28日）

"富贵未必可重,贫贱未必可轻"

汉末的世风,特别是交际之风的盛行引起了许多有社会责任感的思想家的焦虑,王符就是其中的代表之一。王符,字节信,安定临泾(今甘肃镇原)人。大约生活于东汉和、安至桓、灵之间。这正是汉代历史上政治黑暗、人欲横流、社会诚信丧失殆尽的时代。王符坚守自己"耿介不同于俗"的个性,终身不仕,以一个思想家的眼光冷静地审视社会,并以一个隐居者的口吻写下不朽名著《潜夫论》,表达了他对东汉中后期政治与社会弊端的无情批判。《潜夫论》讥评时政,所涉及的内容十分广泛,但与其他许多思想家一样,王符对当时社会上盛行的交际之风尤为关注,在《潜夫论》中独辟《交际》(下引此篇文字,不再注明)一篇,予以评论。"富贵未必可重,贫贱未必可轻"的交际观即出于此篇。

交际是人与人之间交流的一种形式,是人类天然的社会属性之一。但在汉末,交际的内容与性质却发生了巨大的变化,即向富贵权势倾斜,人际交往充满了欲望色彩。

其一,交于富者。道理很简单,富人有钱,与富人交往可以有"货财之益",至少不会像与穷人交往那样"大有赈贷之费,小有假借之损"。与富人交往还有更多的好处,即可以借助富人的钱财在政治上飞黄腾达。《后汉书·方术列传》记载，有位富翁名王仲，看中了家贫而有志于学术的公沙穆，对他说："'方今之世，以货自通，吾奉百万与子为资，何如？'对曰：'来意厚矣。夫富贵在天，得之有命，以货求位，吾不忍也。'"公沙穆拒绝"以货求位"固然显示了他的人品高尚，但也说明以金钱而取官位显然是当时一条可以走得通的路。更有甚者，与富人的交往还是获得社会保护的重要手段。《后汉书·党锢列传》记载，陈留有两家富人高氏和蔡氏，同郡之人皆"畏而事之"，但与他们为邻的夏馥"比门不与交通，由是为豪姓所仇"。这样看来，汉代的富人享有独立的社会权威也是无可争辩的事实。

其二，交于贵者。权贵是传统社会政治资源的垄断与分配者，因而，与权贵交际，可以获得更为直接的好处。王符称这种交际有"称举之用"。"称举"，大意是举荐、称赞，是汉代任用官吏的一种方式。而在交际之风盛行的影响下，"称举"也变成了权贵们相互请托的手段。《后汉书·史弼列传》记载，史弼任河东太守时，诏书举孝廉，由于权贵请托太多，史弼不得不"断绝书属"，即在选举期间断绝与别人的通信联系。采取这样过激的手段说明，像史弼这样的人终究还是个别的，更多的所谓"人才"，是权贵们相互"称举"出来的。这种"称举"的背后自然是密切的人际交往。

在这样一种观念和社会现实的引导下，汉末的交际之风形态各异，愈演愈烈。年少之人"不复以学问为本，专更以交游为业"（《日知录·两汉风俗》）。《后汉书·王符列传》说："自和、安之后，世务游宦，当途者更相荐引，而符独耿介不同于俗，以此遂不得进升。""世务游宦"，是指通过交游、交际而获得官职，已经成为社会风气。王符不谙此道，自然也就与仕宦无缘。豪强凭借财富和社会势力既成为其他社会阶层交往的对象，也是活跃在交际场上的主体。他们通过交际获得更广泛的社会资源、政治保护和政治晋升。史书说这些人"好请托"（《后汉书·蔡邕列传》），正是他们看到了交际与请托是何等的重要。而即便是当途官僚，为了向更高职务的升迁，为了个人或家族利益，也无不施展自己的交际"才华"，争相结交富贵之人。可见，不懂

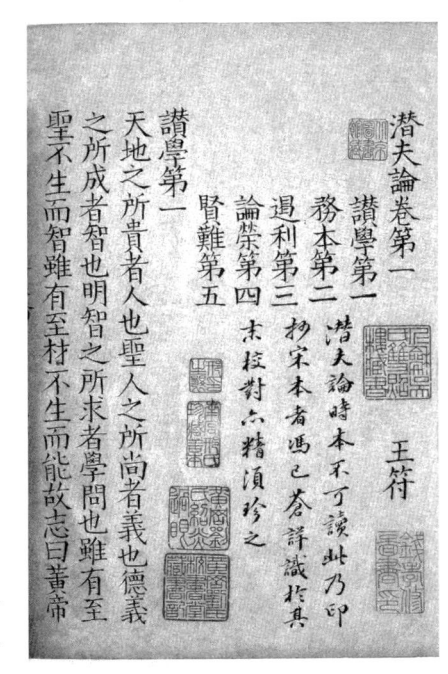

国家图书馆藏《潜夫论》书影（清顺治五年冯舒家影宋钞本）

交际之术，在汉末官场上就难有立足之地。

于是，一种可悲的交际观念诞生了。《交际》说："急于目前，见赴有益则先至，顾无用则后背。是以欲速之徒，竞推上而不暇接下，争逐前而不遑卹后。"就连皇帝也跟下面人说要"善事上官"（《后汉书·循吏列传·任延》）。这些观念用我们现在的话来说就是用人则前，不用人则后，只一心巴结权势而无心体恤下情。王符还举例说，韩安国送贵戚田蚡"五百金"，却不能救济一个穷人；翟方进举荐外戚淳于长，却不能荐举"一士"，这两个在西汉被称为忠良的人尚且如此，更何况汉末这样的"末途"社会呢？王符认为这种交际的本质特点是"交利"或者"利交"，即交际的目的完全是从自身利益出发的。

以"交利"为特点的交际之风究竟给社会带来了什么样的危害呢？史籍班班可考。首先，官场上的衮衮诸公醉心于交际而使公务荒废殆尽。《后汉书·郭躬列传》说："是时三府掾属专尚交游，以不肯视事为高。"徐幹《中论·遣交》说："自公卿大夫、州牧郡守，王事不恤，宾客为务，冠盖填门，儒服塞道，饥不暇餐，倦不获已。"其结果是"文书委于官曹，系囚积于囹圄，而不遑省也"。其次，使有才华者被埋没，而投机钻营者显赫于世。由于交际形成了特殊的社会舆论，形成了交际者相互支撑、相互吹捧的氛围，结果造成了"洁士""独隐翳"，而"奸雄""党飞扬"的局面。王符本人终身不仕就是例证。再次，整个社会的道德价值观念严重滑坡。当人们把交际中亲情、友情的内涵抽掉，把交际作为谋取个人或者集团私利的手段时，交际中的道德水准也就荡然无存。王符深有感慨地说："呜呼哀哉！凡今之人，言方行圆，口正心邪，行与言谬，心与口违；论古则知称夷、齐、原、颜，言今则必官爵职位；虚谈则知以德义为贤，贡荐则必阀阅为前。"

我们不能说汉末没有抵制这种风气的正直之士，如李膺"性简亢，无所交接"（《后汉书·党锢列传》）、乐恢"闭庐精诵，不交人物"（《后汉书·乐恢列传》）、名士蔡邕"不交当世"（《后汉书·蔡邕列传》），他们都为当时的社会树立了楷模。甚至国家也试图从制度上阻止这种风气的蔓延。如汉末实行的"三互法"规定，"婚姻之家及两州人士不得对相监临"，目的就是为了防止"州郡相党，人情比周"的交际之风破坏国家政治（《后汉书·蔡邕列传》）。而汉末诸多思想家则是在深刻思考的基础上对此风予以无情批判，如王符、徐幹都在自己的论著中专辟章节讨论当时的交际之风。

在汉末，人们似乎都不再安心于本业，学者"好语虚无之事，争著彫丽之文"，农民"去农桑，赴游业"，百工"好造彫琢之器，巧伪饬之"，商人"竞鬻无用之货、淫侈之币"（《潜夫论·务本》）。更为可怕的道德观是"富者竞欲相过，贫者耻不逮及"（《潜夫论·浮侈》），这就犹如笑贫不笑娼。因此，在这样的氛围中，以投机钻营为目的的交际之风变成了许多人实现理想的手段，而东汉政权也在这种畸形的人际关系中走向灭亡。

（原载《光明日报》2006年6月19日）

继承弘扬我国历史上的优秀廉政文化

中国是一个历史悠久的大国，有着深厚的历史积淀与文化传承，政治文化是中华文明的重要组成部分。历代廉政建设的思想、制度、实践所形成的廉政文化，是我国传统政治文化中的珍贵遗产。在反腐倡廉形势严峻和迫切的今天，为推进反腐倡廉建设，实现中华民族伟大复兴的"中国梦"，借鉴我国历史上的优秀廉政文化仍然不失为一条重要途径。

一、腐败与历代王朝的衰亡

自夏商周时期开始，我国历史上王朝的周期性兴衰便成为一种常见现象。有的骤兴骤亡，有的盛极而衰，有的名存实亡，但最后都逃脱不了人亡政息的命运。面对这种客观存在的历史现象，春秋时期的鲁国大夫臧文仲从"汤、禹罪己"而兴盛，"桀、纣罪人"而速亡的观察中，总结出"其兴也勃焉"，"其亡也忽焉"的经验（杨伯峻：《春秋左传注·庄公十一年》）。此后，无论是唯心还是唯物的解释，王朝兴衰论在我国历史上的各个时期均不罕见。这些理论是总结历史经验以巩固新政权的需要，也是对王朝合法性解释的需要。虽然王朝的交替性兴衰，以至每一个王朝灭亡的具体原因至今仍是复杂的历史问题，但这并不妨碍我们看到其中的普遍规律，即腐败而导致灭亡。

腐败是以权谋私的行为，腐败是历代王朝的痼疾。普遍而严重的腐败导致吏治混乱、制度瓦解、纲纪不肃、人心涣散、精神颓废是不争的事实。这些腐败上自皇帝、公卿等最高统治集团，下至一般小吏。表现形式虽然五花八门，但最终将汇聚成引发王朝灭亡的各种矛盾的焦点。人们在回顾王朝灭亡的历史时，也往往将其与腐败相联系。

《中国历史上的腐败与反腐败》书影（鹭江出版社2014年版）

1.用人不公。用人不公是最大的腐败。我国历史上用人不公一是表现为用人重亲属、重门生、重朋党、重同乡，选拔出于个人爱憎、私利而非公心。汉代吏治废弛时，选举不实，被选举者多出自权势之家；地方长官选人，或选自己的亲戚，或选贿赂者，或选一些年纪轻、将来能报答自己的人为官；真正的贤才被遗忘在乡间。即使在科举时代，官吏的铨选仍然摆脱不了这些因素的干扰和影响。二是表现为制度上的不公。魏晋南北朝九品中正荐人制推行后期，中正荐人根本不考虑才能,只看家世门第,德才抛在一边,造成"世胄蹑高位,英俊沉下僚","公门有公,卿门有卿"的典型的制度层面用人不公。不学无术、崇尚空谈、跑官要官、巧言令色、欺上瞒下等用人恶习,更是历代的普遍现象。严重时,导致国家与社会甚至统治阶级阶层之间矛盾的激化,危及政权的稳固。人们说东汉亡于议论就是例证,而议论的内容正是用人。

2.权钱交易。私有制下商品经济发展所导致的金钱崇拜和价值观扭曲,始终是历史上统治集团的腐蚀剂。权力可以换来金钱,金钱可以换来权力、地位乃至生命。权钱交易随处可见。齐国社会上流传着"千金之子不死于市"的谚语。吕不韦用金钱为自己获得了相位,为子楚获得了王位。还有公开卖官鬻爵的,东汉桓帝、灵帝设机构标价卖官,是东汉政治黑暗的典型表现。以财买官,代有潜规;以权敛财,代不乏人。南宋秦桧,贪得无厌,吏部所选官员必先要给他送足后才可上任。

3.贪婪奢靡。贪婪,表现为对钱财物的渴望,本质上是私欲;奢靡,是追求物质享受,为了满足耳目声色口腹之欲。贪婪无度、奢靡腐化、无所作为是我国历史上许多王朝腐败的突出特征。西晋重臣何曾性格奢豪,一掷千金,"犹曰无下箸处";他的儿子何劭更甚,每顿万钱还觉得没什么可吃的。石崇与王恺斗富,穷极奢侈,王恺虽然得到了其外甥晋武帝的资助,却还是斗不过石崇。整个统治集团的贪婪奢靡,使西晋官场后期毫无正气可言。身居高位的南朝门阀士族,占山固泽,纵情享乐;"熏衣剃面,傅粉施朱",却连马都骑不上去，基本的公务都不会处理，面对危难，只能坐以待毙。清王朝取得中原后，原本声名赫赫的八旗子弟，养尊处优、骄横偷安、聚赌挥霍、嫖妓放浪，到后期成了"不仕、不农、不工、不商、不兵、不民"的"六不"寄生虫。

4.正气不张。权钱交易、用人不公、贪婪奢靡的结果是整个社会道德沦丧，正气不张。在这样的社会里，人们崇拜的是金钱和能换来金钱的权力。著名的《钱神论》就形成于西晋时期，此文愤世嫉俗，是西晋后期"纲纪大坏"的写照，也是王朝将倾的征兆。南朝太守鱼弘经常对人说，我做官所到之地要"四尽"："水中鱼鳖尽，山中麋鹿尽，田中米谷尽，村里民庶尽"（《梁书·鱼弘传》），人生如此短暂，不追求富贵欢乐还等到何时呢！"总是战争收拾得，却因歌舞破除休"，因贪图享乐而亡国者何止一朝一代！

这种风尚下，踏实做事的人受到歧视和冷落。许多官吏以勤政为俗务，以空谈、交际为高尚，以享受、实用为标准。这些人不仅不按律法政令行事，甚至丧失了做人做事的基本原则，忠信不守、弄虚作假、寡廉鲜耻、纵欲无限、昏聩自傲、唯利是图。这样的腐朽统治即使不被人民起义的洪流推翻，也会因异族的入侵而灭亡或被统治阶级中的有识阶层所更新换代。

二、反腐倡廉的政治智慧

历史是在辩证中发展前进的。有腐败，必然有反腐败的思想与制度。我们的祖先在创造政治文明的同时，从很早开始就着手反腐倡廉的制度建设，也积累了丰富的思想经验；历代政治家、思想家等统治阶级中有识之士的思考总结，人民群众对腐败的嫉恶及其所表现出来的爆发力，是我国历史上反腐倡廉政治智慧赖以产生的源泉。正因为此，历代涌现出许多品德高尚、勤政爱民的廉吏。他们的事迹，与腐败形成了鲜明的对比；他们的行为，是中华优秀廉政文化的组成部分。

（一）反腐倡廉的思想。自古及今，人们都深刻认识到腐败的危害性。早在先秦时期，我国思想家就将"廉"放在"政之本"的位置上来看待，同时也认为，廉不仅仅是个人的品德，还应包括多方面的为政能力。为政必须"以廉为本"，这就是《周礼》一书及其注家提出的"六廉"说，突出反映了我国历史上关于官僚队伍廉洁从政的整体要求。如何做到廉洁为政，思想家们从理论思想、道德修养、制度建设诸多层面都作了深入思考。

廉洁政治的本质目的是服务人民、造福人民。因此，民本思想是我国传统政治思想中的珍贵遗产，也是我国历史上统治阶级宣扬反腐倡廉的一种手段。统治阶级重视民本思想的本质当然是为了维护剥削制度的长治久安，论证其统治的合法性。但民本思想中所强调的国以民为本、施行仁政、顺应民心，主张轻徭薄赋、节俭慎刑、勤政爱民等等内容，也因儒家主流意识形态地位的确立而渗透到政治文化与社会文化的方方面面，成为历代廉政政策、行为产生的重要理论基础。尽管历史上的统治阶级不可能真正做到以民为本，但民本思想所蕴含的忧患意识、重民意识，塑造出许多受人民尊敬传颂的清官廉吏，也巩固了统治政权的基石。

拒绝腐败、廉洁从政必须要树立高尚的道德情操，具备为政的能力。我国历史上反腐倡廉思想中有许多关于正身律己、公私分明、勤俭节约的内容，是传统优秀廉政文化价值观的集中体现。正身律己是典范。孔子多次说过"政"与"正"的关系，"其身正，不令而行；其身不正，虽令不从"（《论语·子路篇》）。为政者应当有"自省""见贤思齐"的精神，用自身的表率和楷模作用引导廉洁政风的形成。公私分明是原则。一个公私不分的人绝对谈不上廉洁为政。我国历史上的公私观很复杂，这里不作讨论，但在个人、家庭之私与国家、社会之公的关系上有严格区分。这种区分认为，无论君主还是普通官吏，都应当"任公而不任私""居官无私"。"公廉"一词，自秦汉以后逐渐形成。鞠躬尽瘁、死而后已的蜀国丞相诸葛亮，就是这样一位公私分明、公廉的典范。勤俭节约是美德。我国历史上的思想家将"俭"视为德的普遍表现形式，强调"成由勤俭败由奢""生于忧患，死于安乐"的朴素真理。为官者仅有俭是远远不够的，还要勤和能。周公"一沐三握发，一饭三吐哺"（《史记·鲁周公世家》），刘晏"质明视事，至夜分止，虽休澣不废。事无闲剧，即日剖决无留"（《新唐书·刘晏传》），司马光"欲以身徇社稷，躬亲庶务，不舍昼夜"（《宋史·司马光传》），他们都以勤奋的精神和杰出的才能为国家做出了贡献。我国历代的官箴家训中，除去其落后腐朽的部分，也保留着很多为官勤政的内容。

"国家之败，由官邪也。"廉洁政治的推行离不开用人和管理。我国历史上的"尚贤"与"循名质实"思想，与反腐倡廉有着内在的紧密联系。尚贤就不能任人唯亲，贤能之才犹如珍宝，要把他们辨识出来。围绕如何选拔贤能之人，思想家们提出了德、才与功、能的标准，总结出倾听民众舆论与在实践中考察的方法，提出了知人善任、用人所长与不拘一格的建议。当然，无论何时，为官者都不可能全是贤能之人。"循名质实"就是要对选拔出来的官吏进行管理，严格考核，反对图慕虚名、名实不符。根据考核结果，依据能力大小分配权力与责任。

（二）反腐倡廉的制度建设。我国历史上反腐倡廉思想主要形成于先秦时期，秦汉以后这些思想逐渐丰富，并随着中央集权官僚制度的建立而向制度层面转化，构成制度设计的深层次文化背景。将廉政道德诉求由思想文化向制度的转化，是反腐倡廉的历史性进步。漫长的中国封建社会里，在杰出的政治家、思想家与人民群众的共同作用下，构建出颇具特色，而又较为严密、系统的我国历史上反腐倡廉体制机制。自秦及清，虽然有一朝一姓的兴亡变革，但这种体制的基本精神没有变化。

从官吏选拔任用上看，以察举、九品中正、科举为代表的选拔制度确立并完善，在一定程度上克服了用人中的散漫与唯亲；用人必须德才并重、以德为先的历史经验，被贯彻到实际选拔制度中；基层经历在任职中受到重视，舆论评价也影响到被选拔者的政治命运；选人不再是个人的随意好恶，选举不实要承担法律连带责任。选拔与任用的分离，显示出用人上的慎重；任用中的避籍、避亲、避近原则，在一定程度上防止了亲属、同乡、同僚对政务的干扰。

从官吏管理上看，秦汉以后，部门考课、中央对地方考课制度化、专门的考课机构和条例形成、考课的具体细密是历代显著特点。考核的结果与官吏的奖惩有直接关系。加强考课是我国历史上整顿吏治的有效方式之一。道德考课与能力考课并行，道德考课重于能力考课，是用人德才观在管理上的反映。

从监察监督上看，与行政相分离的监察监督制衡制度，自汉代中期已经形成。监察机构的专门化、监察条规的产生及其指向性、监察官选用的慎重与重用，在很多时期有效地遏止了官吏滥用职权、贪赃枉法与胡作非为。我国历史上的许多监察官以天下为己任，刚直高节，志在奉公，其出行"动摇山岳，震慑州县"，是弘扬正气的代表，其事迹在民众中广为流传。

从法律制度上看，我国历史上反腐倡廉的法律建设起步早，内容细致完善。这些法律对官吏的日常行政与日常行为规定细密、审计严格，对贪污行贿受贿惩罚严厉；既用"身死而家灭"的高压使官吏"不敢为非"，同时也通过法律告诉他们不应该做什么。

我国历史上反腐倡廉的政治智慧丰富多彩，也由此形成了较为浓厚的反腐倡廉社会氛围。廉洁高尚、贪腐可耻、淡泊明志、视富贵如浮云、修身齐家治国平天下等基本理念，深入到社会大众和日常生活。在制度文化、思想文化、社会文化的共同作用下，曾经出现过许多循吏廉吏群体。他们发展生产，造福百姓；赈灾济贫，为民解难；蠲除苛政，为民请命；兴办学校，传播文化；锄强扶弱，保民平安。不仅被历代统治阶级树为楷模，也得到人民的拥护爱戴。

三、历史的经验值得重视

今天的中国是历史的中国发展而来，今天的反腐倡廉依然不可能完全离开这个历史环境的影响。我们的祖先在数千年的政治文明发展史中，积累了丰厚的反腐倡廉文化遗产，值得我们思考与借鉴。

首先，从历史的经验中坚定反腐倡廉的决心与信心。腐败是一种历史现象。受史学家们推崇的汉唐明清鼎盛时期，腐败甚至严重的腐败都不罕见。但这些王朝也都延续了数百年，作为一种体制更是延续了两千多年，究其原因，是统治者能够及时调整政策、完善制度，用各种手段遏止腐败的泛滥与蔓延。腐败不可怕，不反腐败、反腐败不力以至无力反腐败才真正可怕。当整个社会对腐败习以为常、司空见惯时，腐败所形成的矛盾焦点就会更加多元化，无论集中在哪一点上都可以危及王朝统治。这是历史的经验教训。

其次，继承与弘扬我国历史上优秀的反腐倡廉思想文化。我国历史上反腐倡廉优秀文化多姿多彩。在个人的道德操守上，提倡淡泊寡欲、宁静致远的情趣培养，提倡"先天下之忧而忧、后天下之乐而乐"的高尚志节，提倡简朴生活与远大理想相结合的人生追求；在为政风格上，提倡鞠躬尽瘁、死而后已、公私分明的工作作风，提倡尚贤用能、求贤若渴、德才并重、以德为先的用人原则；以民本思想教育官吏廉洁从政。在官吏管理上，提倡循名责实，严格考核，奖勤罚惰，奖廉惩贪；提倡从实践中、从基层中选人用人；提倡听取民众的舆论，监督官吏的选拔与为政行为；提倡防微杜渐，健全制度，以法治手段反腐倡廉。长久以来，我国历史上的优秀廉政思想文化与社会大众相结合，形成了具有浓郁特色的反腐倡廉社会文化，通过史学、文学、戏剧、绘画、民歌民谣等多种形式广为流传，在人民群众中塑造出朴素的廉洁价值观。这些都是我们今天仍然可以汲取的宝贵精神财富。

最后，认真总结借鉴我国历史上反腐倡廉的制度措施。反腐倡廉是一个复杂的系统工程。我国历史上的政治实践中，官吏选拔与任用制度、审计与考核制度、奖励与养廉制度、监察与权力制衡制度、法律惩戒与舆论监督制度，都积累了许多经验。这些经验植根于民族文化传统，符合历史实际，其中的精华，我们仍然可以借鉴运用。

如同对待一切历史文化遗产一样，我们既不能采取历史虚无主义，也不能不加分析地全盘接收，而是要勇于继承、善于继承、批判地继承。我们党领导下的反腐倡廉与历史上剥削制度下的反腐倡廉有着本质区别，二者不可相提并论。我们面临的形势与任务也与历史上的其他时期不同。但优秀的廉政文化遗产，仍然是我们建设具有中国特色反腐倡廉体系，做到干部清正、政府清廉、政治清明的廉洁政治的不竭源泉。

（原载《光明日报》2013年5月23日）

汲取治国理政的历史智慧

党的十八大以来，习近平总书记就国家治理问题发表了系列重要讲话，中共中央政治局还专门就此问题进行了集体学习。习近平总书记在主持学习时发表了牢记历史经验、历史教训、历史警示，为国家治理能力现代化提供有益借鉴的重要讲话[1]。认真学习领会这一讲话的精神实质，对于我们进一步贯彻党的十八届四中全会精神，推进当前法治中国建设，具有十分重要的意义。

一、学习历史上的国家治理经验是历史唯物主义者的科学态度

国家治理是文明社会以来国家的基本社会职能。马克思主义国家理论认为，国家是阶级统治的机器，具有鲜明的阶级属性，它是从社会中产生的，是社会分化、社会分工、社会经济关系发展到一定历史阶段的产物，"是社会在一个有

---

[1]《牢记历史经验历史教训历史警示 为国家治理能力现代化提供有益借鉴》，新华社，2014年10月13日。

形的组织中的集中表现"①。国家治理，正是国家社会职能的一个重要体现。人类在几千年的国家治理中，留下了丰富的经验，对此，我们必须坚持历史唯物主义的科学态度，认真学习总结。

正确对待传统文化与当前国家治理的密切关系。习近平总书记指出，我国传统思想文化根源在社会生活本身，是人们思想观念、风俗习惯、生活方式、情感样式的集中表达。习近平总书记强调，我们不是历史虚无主义者，也不是文化虚无主义者，不能数典忘祖、妄自菲薄；历史虽然是过去发生的事情，但总会以这样那样的方式出现在当今人们的生活之中；古代思想文化对今人仍然具有很深刻的影响。我们要对传统文化进行科学分析，对有益的东西、好的东西予以继承和发扬；对负面的、不好的东西加以抵御和克服，取其精华、去其糟粕，而不能采取全盘接受或者全盘抛弃的绝对主义态度。如何正确对待传统文化，不仅是一个历史问题，也是与我们的发展道路和方向紧密相连的问题。我们开辟中国特色社会主义道路不是偶然的，是由我国历史传承和文化传统决定的。我们必须坚定走中国特色社会主义道路的历史自信、文化自信。

充分肯定中华文明历史智慧在治国理政上的重要意义。习近平总书记指出：历史是人民创造的，文明也是人民创造的。对绵延5000多年的中华文明，我们应该多一份尊重，多一份思考；在漫长的历史进程中，中华民族创造了独树一帜

---

① 《马克思恩格斯选集》第3卷，北京：人民出版社，2012年，第812页。

的灿烂文化，积累了丰富的治国理政经验；要治理好今天的中国，需要对我国历史和传统文化有深入了解，也需要对我国古代治国理政的探索和智慧进行积极总结。这些论述表达了习近平总书记对人民群众是历史创造者这一唯物史观基本原理的深刻理解，也表达了对传统文化的尊重与敬意。

深刻阐述借鉴历史上治国理政的基本内容。习近平总书记指出，我国历史上的国家治理，既有成功经验，也有失败教训，不仅民惟邦本、政得其民，礼法合治、德主刑辅，为政之要莫先于得人、治国先治吏，为政以德、正己修身，居安思危、改易更化等思想值得我们借鉴，而且中华民族历久弥新的精神世界、积极向上向善的思想文化等内容也应当充分继承与弘扬，为实现中华民族伟大复兴的中国梦服务。

辩证处理本国传统文化与借鉴他国经验的关系。习近平总书记指出：怎样对待本国历史？怎样对待本国传统文化？这是任何国家在实现现代化过程中都必须解决好的问题。每个国家和民族的历史传统、文化积淀、基本国情不同，其发展道路必然有着自己的特色。一个国家的治理体系和治理能力是与这个国家的历史传承和文化传统密切相关的。解决中国的问题只能在中国大地上探寻适合自己的道路和办法。习近平总书记的讲话，指明了推进国家治理体系和治理能力的现代化是具有中国特色的现代化，我们既要学习借鉴人类文明的一切优秀成果，但又不能照搬照抄他国的政治理念和制度模式，决不能脱离本民族的发展道路，而是要从我国的现实条件出发来创造性前进。

二、我国历史上的国家治理蕴含着博大精深的内容

习近平总书记指出,"治理国家和社会,今天遇到的很多事情都可以在历史上找到影子,历史上发生过的很多事情也都可以作为今天的镜鉴";"中华传统文化源远流长、博大精深,中华民族形成和发展过程中产生的各种思想文化,记载了中华民族在长期奋斗中开展的精神活动、进行的理性思维、创造的文化成果,反映了中华民族的精神追求,其中最核心的内容已经成为中华民族最基本的文化基因"。在漫长的历史长河中,我们的祖先在国家治理上积累了丰富的经验,留下了宝贵的物质文化、制度文化与精神文化遗产。

统一多民族国家是中华民族长期历史发展的伟大创举。我国历史上统一多民族国家形成的时间比较早,这是我国历史发展道路决定的,不是某一个人的主观选择。各种因素导致我国历史上也出现过多次分裂,但最终还是走向统一。这说明,统一得人心,是趋势,是潮流,符合我国国情。世界历史上也出现过不少盛极一时的强盛帝国,但最终都走向分崩离析,根本原因在于它们缺少我们这样共同的经济联系和文化认同。历史反复证明,统一多民族国家的完整与安定是国家治理的前提条件。任何分裂与动荡,都会导致国家与人民陷入灾难。

统一多民族国家的治理制度体系体现了中华民族杰出的政治智慧。我们的祖先在长期的历史发展中,融合各民族智

慧，在政治、经济、文化、社会、生态、边疆、民族等一系列国家治理制度体系建设上都有缜密的思考。这些思考及制度安排虽然是以维护剥削阶级的统治利益为根本出发点，但在治理制度体系建设的配套完善和提高治理能力的方式方法上，都积累了许多经验。特别是在制度建设上所贯穿的大一统、民本、德主刑辅、选贤任能、反腐倡廉、社会治理、赈灾济困、民族融合、生态保护等思想尤为突出，其历史智慧、进取精神乃至某些具体措施，至今仍值得我们借鉴。

统一多民族国家在核心价值观创造上给我们留下了丰富遗产。我们的祖先早就认识到"是非不乱则国家治"的道理。无论是奴隶社会的礼治，还是封建社会的德主刑辅，国家治理都很重视核心价值观的提炼、树立与传播，重视各民族间的历史文化认同，以凝聚国家、凝聚社会、凝聚民心。其中的爱国主义精神、居安思危精神、正己修身精神、变革进取精神、勤劳事功精神、仁义诚信精神、和而不同精神，等等，都是传统文化留给我们的宝贵财富。正是这些精神，使我们的祖先在国家治理上力图将政治秩序与社会秩序、文化秩序、自然秩序相统一，维护国家的长治久安，形成了富有鲜明特色的中华文化与历史智慧。

三、积极借鉴我国历史上国家治理的有益经验

中华民族在漫长的文明发展进程中，积累了丰富的治国理政经验，为人类文明进步做出了杰出贡献。今天，我们在推进国家治理体系和治理能力的现代化过程中，必须积极汲

取中华优秀传统文化，努力实现其创造性转化、创新性发展。

积极借鉴我国历史上的国家治理经验必须坚持符合最广大人民的根本利益。国家治理有一个以谁为主体、为了谁的问题，建设富强民主文明和谐的社会主义现代化国家，实现中华民族伟大复兴，是近代以来中国人民最伟大的梦想，是中华民族的最高利益和根本利益。最高利益不同，治理的制度体系就不同；治理的主体是谁、根本利益为了谁，治理的方向和目标也会不同。世界上没有"放之四海而皆准"的治理体系，关键是各国如何根据国情、根据人民的意愿选择决定自己的道路。走中国特色社会主义道路，推进国家治理体系和治理能力现代化，符合最广大人民群众的根本利益。因此，离开中国特色社会主义道路，离开人民的主体性、主动性、创造性，离开最广大人民的根本利益要求，我们推进国家治理体系和治理能力现代化的命题就成为无源之水、无本之木。

积极借鉴我国历史上的国家治理经验必须坚持党的领导和社会主义制度。推进国家治理体系和治理能力现代化，是坚持党的领导、人民当家作主、依法治国有机统一的治理，是坚持中国国情和中国基本经济政治制度相结合基础上的治理，而不是治理的西化。橘生淮南则为橘，生于淮北则为枳。古人的观察雄辩地说明，由于各国历史传承和文化传统不同，经济社会发展水平相异，在一个国家成功的制度，到另一个国家不一定成功。因此，在引进和吸收西方治理理论时，要警惕治理的西化以及由此带来的价值观侵袭。要立足当代中国的基本国情,不能盲目"嫁接"和"移植"西方国家治理制度。要树立与当前政治、经济、社会、文化发展水平相适应的价值理念和目标体系,以提高党的执政能力为目标,以革除体制机制弊端为重点,不断改进和完善我国的国家治理体系。

积极借鉴我国历史上的国家治理经验必须坚持依法治国。"法者,治之端也。"依法治国是古往今来国家治理取得成功的历史经验。以宪法和法律体系、法治精神为基础的治理是现代化国家治理的基本要求。一个现代化的国家治理一定是法治的治理。为此,要建设法治中国,进一步健全宪法法律实施监督机制和程序,把全面贯彻实施宪法法律提高到一个新水平,从制度上确保任何组织或者个人都不得有超越宪法法律的特权,从法律上确保一切违反宪法法律的行为都能够得到追究、惩处。要使治理者运用科学、民主和法治思维,依靠法律制度来治理国家,实现中国特色社会主义的制度优势与国家治理效力的相互结合。加快建设公正高效权威的社会主义司法制度,更好发挥我国司法制度的特色,更好促进社会公平正义。

积极借鉴我国历史上的国家治理经验必须坚持人民创造历史这一唯物史观的基本原理。人民群众是历史创造者。我国历史上的治国理政经验中含有丰富的民本思想。我们党的成长壮大、社会主义事业的胜利与发展,都离不开人民的支持和创造。改革开放之所以取得伟大成绩,根本原因在于能够得到广大人民群众的积极支持。我们党推进任何一项重大改革,制定任何一项重大措施,都是以人民的根本利益为出发点的。古人说:"事先大功,政自小始。"我们要推进国家治理体系和治理能力现代化,必须坚持以民为本的方向,坚持一切为了人民、一切依靠人民的根本宗旨,充分发挥人民群众在治国理政体系中的伟大创造力。

(原载《求是》2015年第16期)

我国古代社会矛盾突出时期的吏治

社会矛盾是社会历史发展过程中的普遍现象，也是我国古代王朝统治过程中常遇到的问题。统治者如处理得当，会化解矛盾，转危为安；如处理不当，也会激化社会矛盾，引发政治危机。面对突出社会矛盾，统治者的吏治状况与吏治手段如何，在缓和社会矛盾或激化社会矛盾中起着重要作用，其经验和教训值得重视。

我国古代社会矛盾凸显的主要原因

政策法令制定不当。一般来说，王朝建立初期百废待兴，如果统治者能够顺应民心，政策法令得当，国家很快就能出现一派兴旺气象。后几十年，随着功臣元老凋落，官吏新陈代谢加速，如又能适时调整统治思想，改变治理策略、用人策略，又可以渡过各种矛盾突出的危机，使王朝能较长延续，汉、唐、明、清都是案例。反之则会激化矛盾导致王朝覆没。秦初即推行沉重的赋税徭役政策和严酷的法律，是陈胜吴广在秦朝建立十余年后即揭竿而起的直接原因。东汉波及全国的党锢之祸，起源于乡里两股势力的一次争论，但在舆论的推动下争论流向洛阳太学，由局部突发事件形成全国性社会危机。这种社会矛盾的激化，基于东汉王朝对整个形势判断错误，制定政策失误，致使朝廷几乎与整个社会直接对立冲突。历代中原王朝大都与周边少数民族政权共存，一旦政策失误引起民族冲突，也会激化社会矛盾。

横征暴敛引发农民起义。获得天下后如不能及时恢复经济与民休息，仍然赋税徭役沉重，就会积累甚至激化社会矛盾。历代农民身上的负担主要是赋税、人头税和徭役。唐中叶以前，我国封建社会矛盾激化所引发的农民起义，主要针对国家经济暴政，矛头直指官府。中唐以后的农民起义和农民战争，农民朴素的平均平等思想更为明确，争取自身经济地位的要求更为强烈。农民战争的主要对手虽仍是封建王朝官府，但封建财产关系和地主阶级所受到的冲击，远比先前激烈得多。

社会矛盾突出与吏治的关系

用人不当，加剧矛盾激化。秦二世昏庸，重用赵高，"税民深者为明吏""杀人众者为忠臣"，使秦始皇以来积累的社会矛盾迅速激化。东汉中晚期皇权衰弱，外戚宦官专权，政治全面黑暗，士大夫没有出路，人民负担沉重，正常社会秩序严重破坏。明朝后期，阶级矛盾、民族矛盾、统治集团内部矛盾日益激化，皇权面临严重危机，而腐败无能的明熹宗重用宦官魏忠贤，把中国历史上的宦官专权推到登峰造极的地步，成为晚明社会矛盾激化的焦点。用人不当还表现在当时统治者不能知人善任，不能把合适的人用在合适的位置上。

官僚队伍腐败。古代官僚队伍腐败是常见现象，其引发社会矛盾激化是一个过程。《太公阴符》一书中托周武王问姜太公"治乱之要"，姜太公列举了十种情况：吏做事苛刻；吏不公平；吏贪污腐败；吏以权力胁迫民；官与吏合伙做坏事；吏缺乏人情；吏监守自盗；吏经商贱买贵卖给民；吏把负担转嫁给民；吏对民声色严厉。这十种腐败中如有三种情况，就会"国乱而民愁"；如果"尽有之，则民流亡而君失其国"。这基本上概括了官僚腐败的状况与结局。这种腐败如果与某种突发事件相关联，就会使社会矛盾激化加剧。

缓和社会矛盾的吏治手段

知人善任，用人所长。知人善任、用人所长是统治者化解局部社会矛盾的常用手法，效果也很明显。汉代薛宣善于理政，史称他"白黑分明""政教大行"。任临淮太守期间，陈留郡社会矛盾激化，汉成帝将其调往陈留，激化了的社会矛盾很快被平复，原因是老百姓"敬其威信"。薛宣后任左冯翊，其管辖范围内频阳县矛盾突出，难治；粟邑县民风淳朴，易治。但频阳县令是因"孝"被选拔出来的，凭年资而升迁，缺乏处理复杂社会矛盾的方法；粟邑县令尹赏出身郡吏，善于理事。薛宣上报批准后将两县令互换，数月后"两县皆治"。无论制度如何，官吏的个性差别始终存在，有的善于"破坚理烦",有的较为因循;有的注重道德感化,有的唯法至上。官吏个人为政风格不同,各有优劣,根据不同情况调节使用,对区域性的社会矛盾化解有益。针对不同的社会矛盾选派不同的官吏去处理,这种例子在历史上很多,但主要取决于用人者的识见,也取决于整个政治环境的优劣。

调整结构,缓和矛盾。对于全局性的社会矛盾,需要统治者从宏观角度调整吏治。汉初,官僚队伍结构仍以秦代文法吏为主体,以法家为指导,为政严酷,社会矛盾再度突出。萧何、曹参等以黄老思想为指导,选用"讷于文辞,谨厚长者"为吏,对"文景之治"局面的形成有很大作用。汉武帝时又吸收儒学之士参政,不仅强调以法治国,而且强调以德治国,大量选拔在基层社会道德声誉良好的人为官吏,使政风得以部分改观,矛盾有所缓和。东汉初年,刘秀"退功臣而进文吏",避免功臣占据行政岗位,重用儒学之士,使东汉初年社会矛盾相对缓和。我国历史上官吏选拔制度的变化,实际上也是调整官僚队伍结构的重大举措。广泛吸收社会各阶层人物参与国家管理,是缓和、解决社会矛盾的一种手段。

实施改革,起用人才。改革是缓和社会矛盾的常用方法,成功与否,均与统治者用人关系极大。在特殊历史条件下,改革用人不受资历、年龄、秩别限制,能够破格选拔杰出人才来处理复杂的社会事务。战国是社会矛盾激化时期,也是破格用人的主要时期,列国主持变法人物大都来自于他国,国君看重的只是其政治主张和能力。秦汉之际社会矛盾复杂，刘邦知人善任、任人唯能，是他最终在群雄逐鹿中获胜的重要原因。汉魏之际的曹操，用人"各因其器""不念旧恶"，唯才是举，网罗了大批人才。当然，破格起用是在关键时期的关键位置上，也不宜泛用。

善用勤勉，化解矛盾。历代王朝多重视从基层选用官吏，从郡县选用官吏，朝官更需有地方为政经历。汉代选拔人才，很注重乡里的评价，因为乡里是一个人生长的地方，其评价有一定的准确性。"乡论"如果不好，其人很难为官。乡里有较高道德威望的吏员，一般出自本地，尽管他们级别不高，但也拥有上升通道。汉代朱邑原本是名乡官，后升任大司农（位列九卿）。他为人廉洁公正，从不粗暴无礼对待别人，经常抚恤慰问老人和孤寡无依的人，深得吏民敬爱，自然也化解了不少社会矛盾。为化解矛盾，朝廷也采取各种措施鼓励官吏在复杂时期勤勉工作，如增秩、赐爵，给予其更高的待遇。而对处理不好事务的官员，则采取降低秩次、调离等措施。

"久任"与"便宜从事"。对那些善于处理复杂社会矛盾、深得百姓爱戴的地方官吏，国家不轻易调动，让他们"久任"。明代宣德年间，苏州、吉安等九府难治，朝廷一次性从各部员外郎中选9位任知府职，给予他们特殊权力。其中况钟任苏州知府13年，陈本深任吉安知府18年，治绩突出。晚明学者韩邦奇说："官不久任，虽欲言治，皆苟而已。百弊皆生于不久任，百利皆生于久任。"（《钦定四库全书·春明梦余录卷三十四》）此言虽绝对，但不无借鉴。"便宜从事"是古代官吏在遇到应急事务或突发事件时，可以不拘条规，无须请示处理。汉宣帝时，渤海郡大乱，龚遂出任太守，他向宣帝请示："臣闻治乱民犹治乱绳，不可急也；唯缓之，然后可治。臣愿丞相御史且无拘臣以文法，得一切便宜从事。"（《汉书·循吏传·龚遂》）在特定时期给特定的地方官吏相对自主的权限，对及时处理问题有益，也是古代国家处理社会矛盾激化的有效办法之一。

严厉惩处腐败官吏。为防止社会矛盾扩大，历代统治者很注重对腐败官吏的惩治。在社会矛盾激化时期，惩治腐败的力度大，可以平息民怨，昭示公正。东汉初年，国家为增加收入而"度田"，有的官吏不敢得罪权贵，把地主的租税负担转嫁到农民头上，引起农民的反抗。光武帝知悉度田不实的情况后，对舞弊官吏进行严厉惩罚，大司徒欧阳歙、河南尹张伋及诸郡守等人，皆下狱处死，使民怨得到暂时缓解。用人失察，即被任用者出现贪赃枉法、失职渎职的行为，用人者也要承担一定的责任。即使非其所举，如果辖下腐败，监察官也要受牵连。汉代规定："长吏赃满三十万而不纠举者，刺史二千石以纵避为罪。"（《东汉会要·职官三》）

（原载《学习时报》2019年3月25日）

鉴古知今　学史明智

新中国成立70年来，在党的领导下，中国古代史研究者坚持以马克思主义唯物史观为指导，取得了丰硕研究成果，为揭示中国历史的独特发展道路与规律、深化全社会对中国古代历史文化的认识、服务我们党治国理政的需要、向世界展示悠久灿烂的中华文明都做出了独特贡献。

唯物史观指导地位的确立使中国古代史研究不断谱写新篇章

中国古代史是指从原始社会到1840年鸦片战争爆发为止的中国历史。中华民族5000多年文明史留下的史料浩如烟海，众多史学家撰著了汗牛充栋的史学典籍。1949年新中国成立后，中国古代史研究不断焕发新的生机、取得新的成就。改革开放前，中国古代史研究取得的重大成就主要可以概括为以下三个方面。

确立唯物史观的指导地位。新中国成立后，马克思主义经典著作更多更系统地被翻译和引进，马克思主义唯物史观成为史学研究的指导思想，进入科研机构和学校讲台。在郭沫若、吕振羽、翦伯赞、范文澜、侯外庐等马克思主义史学家艰辛探索的基础上，更多史学工作者开始自觉学习研究唯物史观，并以这一科学理论为指导，研究中国历史上的重大问题。与此同时，一大批坚持唯物史观的研究和教学机构、学会和刊物纷纷创立，对中国古代史研究产生了重要促进作用。例如，中国科学院历史研究一、二所和中国史学会成立，《历史研究》《史学月刊》《安徽史学》《文史哲》《史学集刊》《历史教学》等杂志创办。这一时期，坚持以唯物史观为指导的研究人才队伍也逐步建立起来，新的学术生态开始形成。

　　探讨中国历史上的重大问题。中国古代史分期问题、中国封建土地所有制形式问题、中国封建社会农民战争问题、中国资本主义萌芽问题、汉民族形成问题，这五个重大问题研究以马克思主义社会形态理论、阶级分析方法等为指导，关注中国历史上长时段、重大历史时期的政治、经济、社会、思想变化，探寻这些变化与现象背后的深层原因，揭示其性质与意义。五个重大问题研究讨论的主题主要集中在中国古代史领域，这些讨论大大深化了人们对中国古代历史的认识，推动马克思主义与中国历史具体实际的结合，有助于人们从宏观上、理论上把握中国历史的发展规律。五个重大问题研究以及由此引发的中国封建社会长期延续原因、亚细亚生产方式、历史主义与阶级观点、历史遗产继承、历史人物评价、史论关系等理论问题的大讨论，在中国历史资料挖掘、中国古代历史问题研究意识培育方面都达到了前所未有的高度，并初步构建起新中国中国古代史的学科体系、学术体系、话语体系，其所关注的问题与积累的资料成为后来中国古代史很多分支学科的生长点。

大量学术成果为中国古代史奠定了较好学科基础。唯物史观的指导地位确立后，众多历史学名家和史学新晋撰著、编辑、校订出版了大量学术著作，诸如：范文澜的《中国通史简编》修订本第一、二、三编出版，翦伯赞主编的全国高等学校文科教材《中国史纲要》出版，吕振羽的《简明中国通史》修订出版，郭沫若主编的《中国史稿》启动编写，尚钺的《中国历史纲要》出版，侯外庐主编的多卷本《中国思想通史》出版，对"二十四史"进行整理。此外，相关断代史、专门史论著也不断涌现，如杨宽的《古史新探》和《战国史》、唐长孺的《魏晋南北朝史论丛》和《魏晋南北朝史论丛续编》、王仲荦的《魏晋南北朝隋初唐史》、谷霁光的《府兵制度考释》、韩国磐的《隋唐的均田制度》、傅衣凌的《明代江南市民经济试探》、史念海的《河山集》等，史学领域呈现百花齐放的局面。这些学术成果为中国古代史奠定了较好学科基础，其中很多都是经典之作，是我们今天研究中国古代史仍然要学习参考的内容。

改革开放让中国古代史研究迎来新的春天

1978年党的十一届三中全会后，在解放思想、实事求是思想路线指引下，经过拨乱反正，广大史学工作者不断开拓创新，中国古代史研究迎来新的春天。改革开放40多年来，党对历史研究的高度重视、国家经济实力的不断增强，为中国古代史研究提供了政治和经济上的保障,中国古代史在学科建设、人才培养、对外交流、成果出版等方面都取得了更加骄人的成就。

对唯物史观的理解更加全面深刻。在社会形态理论上,学者们认识到人类社会历史发展过程的复杂性与多样性,对包括中国在内的许多国家的社会形态作出了更加合理、更有说服力的解释。在强调历史唯物主义是中国古代史研究理论指导的前提下,中国古代史研究者深入中国历史实际,从具体史料出发研究具有中国特点的历史发展道路,构建自身的史学理论体系。改革开放后,围绕五个重大问题研究,围绕亚细亚生产方式、中国封建社会长期延续、历史人物评价、民族关系等问题的再探讨,无论是对唯物史观的认识,还是将唯物史观与中国历史实际相结合,都较之前有了明显进步。

研究理论和方法日益完善。改革开放后,中国古代史研究不断向纵深发展。在马克思主义历史理论和史学理论指导下,在科学汲取古今中外优秀史学理论和方法的基础上,在新资料大量发现、整理、刊布的情况下,政治史研究、经济史研究、社会史研究、思想史研究、文化史研究、民族史研究、史学理论与史学史研究、中外关系史研究、历史地理研究、边疆史地研究等都开始形成自身的研究理论和方法。以甲骨文、简帛、敦煌吐鲁番文书、徽州文书、碑刻与图像资料以及众多民间文书为代表的新出文献,极大丰富了中国古代史的史料。环境史、医疗史、疾疫史、社会生活史等新兴学科、交叉学科异军突起,让中国古代史学科体系日益完善。

学术成果极为丰硕。通史编纂反映着一个时代整体的历史认识水平。郭沫若去世后由尹达主持的《中国史稿》全部出齐，范文澜去世后由蔡美彪主持的《中国通史》顺利完成，白寿彝主编的《中国通史》在20世纪末圆满完成，中国社会科学院历史研究所编纂的面向社会大众的五卷本《中国通史》获得良好反响，曹大为等总主编的《中国大通史》也已面世。这些通史在编纂理念与方法上都有创新之处。此外，政治史、经济史、社会史、思想史、文化史、史学史等领域也都有专门性的通史出版。断代史研究反映着历史研究的深度与厚度，自先秦至明清大都有相关著作问世，而且很多是奠基之作，极大丰富了我们对相关断代史的认识。

肩负起新时代的学术使命

党的十八大以后，中国特色社会主义进入新时代。习近平同志强调："新时代坚持和发展中国特色社会主义，更加需要系统研究中国历史和文化，更加需要深刻把握人类发展历史规律，在对历史的深入思考中汲取智慧、走向未来。"[①]新时代新使命，中国古代史研究者要肩负起自己的学术使命，为实现"两个一百年"奋斗目标、实现中华民族伟大复兴的中国梦贡献力量。

坚持唯物史观在中国古代史研究中的指导地位。习近平同志指出："坚持以马克思主义为指导，是当代中国哲学社

---

① 《习近平致中国社会科学院中国历史研究院成立的贺信》，新华社，2019年1月3日。

会科学区别于其他哲学社会科学的根本标志。"[1]从时间上看,在中华民族5000多年文明史中,中国古代史占据着主要时间段,中国古代史研究在中国历史研究中有着特殊地位。新时代的中国古代史研究必须坚持以唯物史观为指导,深刻揭示中国古代历史的丰富内涵与发展规律。这不仅是党和国家事业发展的需要,也是提升我国哲学社会科学整体发展水平的需要。为此,中国古代史研究者应继续在唯物史观的学习上下大力气,掌握唯物史观的核心要义,真正将唯物史观与中国历史实际紧密结合起来。

自觉将中国古代史研究与新时代党和国家需要、人民需求结合起来。习近平同志指出:"历史是一面镜子,鉴古知今,学史明智。重视历史、研究历史、借鉴历史是中华民族5000多年文明史的一个优良传统。"[2]新时代中国古代史研究者的重要职责,就是要从历史的角度阐释好走中国特色社会主义道路的历史必然性,从历史中汲取智慧、把握规律,为坚持和发展中国特色社会主义发挥自身的学科作用;就是要坚持史学研究为人民服务的导向,把中国古代史研究与广大人民群众的精神文化需求紧密结合起来。

为构建中国特色哲学社会科学学科体系、学术体系、话语体系贡献力量。中国特色哲学社会科学学科体系、学术体系、话语体系建设离不开历史科学"三个体系"建设。中国

---

[1]《习近平在哲学社会科学工作座谈会上的讲话》,《人民日报》,2016年5月19日。
[2]《习近平致中国社会科学院中国历史研究院成立的贺信》,新华社,2019年1月3日。

古代史研究者要按照习近平同志"立足中国、借鉴国外,挖掘历史、把握当代,关怀人类、面向未来"[1]的要求,坚持以马克思主义为指导,汲取中华优秀传统文化资源,借鉴国外哲学社会科学资源,努力构建起体现继承性、民族性,体现原创性、时代性,体现系统性、专业性的中国古代史学科体系、学术体系、话语体系。

(原载《人民日报》2019年8月26日)

---

[1]《习近平在哲学社会科学工作座谈会上的讲话》,《人民日报》,2016年5月19日。

"大一统"和"民惟邦本"

今天的中国,是由历史的中国延续而来,疆域、人种、民族、文化、社会和山川风貌,都是我们祖先的遗产。独特的文化传统形成了中国区别于其他国家和民族的独特历史发展道路。国家治理与道路选择、文化传统都是不可分离的。我国在国家治理上积累了不少经验。中国特色社会主义道路是中国人民自己的选择。1949年后,特别是改革开放以来,我们党逐步探索建立符合我国国情的社会主义国家治理体系,展现出令世人瞩目的治理能力。但面对快速变化的当代社会,无论在治理体系还是在治理能力上,都还有不完善和有待提高的地方,还需要我们付出更加艰苦的努力。

我国历史上的国家治理可以总结出六大方面的特点。

大一统的一元行政思想与措施

在我国历史上,大一统不仅始终是有为的政治家们的梦想,是国家治理的目标方向,也深深固化为我们民族精神的一个重要方面。大一统是我国历史上国家治理的突出特征。自春秋战国后,以血缘认同、文化认同、政治认同为标志的大一统思想深入人心。孔子的"王道"思想奠定了大一统的理论基础,董仲舒及其生活的汉武帝时代,是大一统的理论与实践成熟期。

当然,大一统国家的产生并不是思想家观念的实现,而是随着社会经济发展、地主阶级登上历史舞台后的必然政治要求。当战国中期梁襄王问孟子"天下恶乎定"时,孟子说"定于一"。这个"一"已不是指要不要统一,而是指要统一在什么样的治理理念之下的问题了。在儒家理念中,"大"意味着重视、尊重;"一统"并不仅指领土统一,更重要的是国家秩序与社会秩序的构建,蕴含着政治清明、社会稳定、经济文化繁荣,没有这三点,就不是完整理想的大一统。秦统一后,"海内为郡县,法令由一统",大一统政治开始形成,大一统国家治理也随之成为历代王朝面临的重大问题。

中央集权是两千多年封建国家治理的最基本理念和制度要素,"要在中央"是其基本形式,文书律令与官僚行政是其基本手段。中央集权国家治理体系下,各行政区划的主要官吏由中央直接任命,直到县一级。地方严格服从中央,按照中央统一的政令执行各项政策,无独立的政治、财政、军事、司法自主权。当然,历代中央集权并非一味地追求整齐划一,也有高度的灵活性,如适度地保持自治、分治,根据不同地区的具体情况采取灵活措施等,都有成功的一面。

国家统一是大一统中央集权国家治理体系的基础。国家统一是历代统治者不懈追求的目标,秦灭六国、西晋灭吴、前秦伐东晋、东晋北伐、隋灭陈等等都是例证。统一还是分裂割据，这是我国历史上国家治理不可回避的问题。历代曾数度出现过分裂割据状况，带给国家和社会的更多是灾难。但是，无论怎样的分裂割据，也无论分裂割据的主体来自哪个民族、哪种势力，但最终还是走向统一，这是我国历史发展进程中一个鲜明特点。

郡县体制是中央集权治理体系的行政区划基础。由中央将全国划分为若干层级不同的行政区划进行管理，如道、路、州、府、省、郡、县等，历代尤以县这个层级最为稳定。县之下，又有传统的乡里村落，用户籍等制度将民众纳入国家管理之下。郡县体制使先秦宗法血缘等级分封体制演变为秦汉以后的中央集权体制，这是巨大的历史进步。郡县制的形成，是不随人的主观意志为转移的历史规律，历代政治家、思想家对郡县治理体制表现出高度的认同。

"要在中央"、国家统一、郡县体制是我国古代大一统国家治理理念和治理体系的三大要素。统一的中央集权治理体系，符合我国疆域辽阔、人口众多分散、民族复杂的实际，为维护多民族国家统一、开展大规模公共工程建设、促进各地经济文化交流与民族融合、自然生态环境保护等提供了有利条件，不仅发挥出政治功能，也发挥出经济、社会与文化功能。

实现大一统中央集权国家治理的重要任务之一是处理好中央与地方的关系。历代主要表现在三个方面：一是高度重视地方行政层级划分、权力分配和对地方官吏的监督与管控，使行政区划有效适度，权力分配轻重相宜，官吏管控有章可依。我国历史上在汉唐前期这个问题处理得比较好，在后期则严重失调。二是处理好郡县与分封的关系。分封在历代郡县体制下仍有一定程度的保留,但主要是一种经济权益和身份待遇,受封者并无直接治理民众的权力特别是军权,一旦突破这个原则,就会出现中央与地方关系的严重失衡,甚至导致国家陷入混乱。西汉初年的"七国之乱"、西晋的"八王之乱"、清初的"三藩之乱"都是证明。三是维护中央权威,保持政令畅通。我国历史上中央权威丧失、政令不通的原因很复杂,但根本原因是中央管控能力削弱造成的,行政体制设置不当或官僚腐败严重也有重要影响。地方抗衡中央也屡屡出现,其最危险因素是军权与财权扩张,汉末刺史演变为州级行政机构,进而掌握军政大权,是三国分裂的重大原因;唐后期至五代长达两个世纪的中央权威不振,与握有军权财权的藩镇节度使有因果关系。

"民惟邦本"的思想与措施

"民惟邦本"的民本思想是我国历史上政治家、思想家从"水可载舟,亦可覆舟"的王朝兴亡历史经验中总结出的国家治理重要理念,起源于商周时期。春秋战国时期,被儒家学说的创立者孔孟所吸收,得到进一步的发展,并为秦汉以后的封建统治阶级所继承光大。民本思想强调国家治理要亲民、重民、顺民。君与民、政与民的关系如何,是决定国家兴衰的关键。我国第一部历史文献《尚书》中说:"民可近,不可下,民惟邦本,本固邦宁。"我国春秋时期的政治家、思想家管子说:"政之所兴,在顺民心;政之所废,在逆民心。"（黎翔凤撰、梁运华整理：《管子校注·牧民》）国家强盛，必须"以人为本。本理则国固，本乱则国危"（《管子校注·霸言》）。唐太宗说："为君之道，必须先存百姓。"（吴兢：《贞观政要·君道》）"以百姓之心为心。"（《贞观政要·政体》）"民本"的呼声在我国数千年的历史上史不绝书，是我国封建统治阶级宣扬的官方意识形态之一，也是许多思想家的理想政治。民本思想在一定程度上被历代政治家转化为具体治理措施，主要有以下两大方面。

轻徭薄赋与劝民农桑。大乱之后或社会矛盾突出时，统治阶级往往以减轻农民赋税徭役负担的方式推行民本措施。"文景之治""昭宣之治""光武之治""贞观之治""洪武之治""康乾之治"等所谓盛世，都是农民负担相对比较轻的时期。统治阶级还采取兴修水利、授田、推广农技、借贷土地种子、鼓励多种经营、招揽流亡人口，甚至由循吏一家一户的具体指导等方式劝民农桑，鼓励发展生产，提高农业生产率。值得一提的是，中国是东亚农业起源的中心。前近代以前，我国农业在土地利用方式、改善农业生产环境和多种经营、提高农业生产技术和能力以及精耕细作上，都走在世界前列，这与劝民农桑的民本政策有直接关系。

重农抑商与调节贫富。重农抑商是秦至清的基本国策，调节贫富是历代统治者试图缓和阶级矛盾、社会矛盾的做法，背后都有民本的影子。战国初的滕国国君曾请教孟子如何治理国家，孟子回答："民之为道也，有恒产者有恒心，无恒产者无恒心。"（《孟子·滕文公上》）"恒产"，主要指土地。我国封建社会前期，国家通过土地分配，保障个体小农拥有一小块合法土地，抑制土地兼并。封建社会后期，国家掌握的土地减少，但也通过调整税收政策以调节贫富差距，避免农民负担过重；也用各种方式垦荒拓地，使民有所归，不致流亡。值得注意的是，"富者田连阡陌，贫者无立锥之地"（《汉纪·孝武皇帝纪》）的土地不均，"朱门酒肉臭，路有冻死骨"的贫富失衡，引发了历史上许多严重社会矛盾，是改朝换代的重要诱因。而农民失去土地是我国历史上社会动荡、国亡不治的重要因素。我国历史上贫富分化的主要表现是土地占有的不均。当贫富分化的状况恶化时，揭竿而起的农民起义口号就是以"均田"为中心的"均贫富"。

民本思想是我国传统政治思想的精华。尽管民本思想与封建政治制度和政治生态存在着不可调和的矛盾，但对于某些时期统治者减轻压迫的政策制订、部分官吏施政措施中的宽缓养民，都有积极促进意义，是衡量我国历史上统治者是否顺应规律治国理政的重要标志之一。

没有正确处理好农业与工商业的关系，是我国古代国家治理举措中一条重要的历史教训。我国自战国时期开始就出现了工商业经济比较繁荣的情况，城镇与市场、对外贸易、技术与资本都曾经发展到一定高度，甚至在明清局部地区的行业中，出现过资本主义生产关系的萌芽。历代也有鼓励工商、工商皆本的呼声，一些改革家曾经借助工商来理财，也取得一些成绩，但总体看，自商鞅变法后，抑制工商政策是主流，这对传统经济结构的突破性发展起到阻碍作用。

（原载《学习时报》2019年12月2日第3版）

选贤与能　政在养民

选贤任能思想与措施

选用统治阶级所需要的人才是国家治理能力高低的关键。我国历史上关于选贤任能的思想和措施在春秋战国之际兴起，在秦汉以后日渐成熟。优秀的思想家、政治家懂得"官人，国之急也""天下治，必贤人"的治国道理；懂得德先才后、选贤不易、用人所长的道理；在选贤任能上，不断根据社会阶级变化与实际需求调整用人策略。

我国历史上的选贤任能有三个方面值得注意。

完善吏制。商周时期是世袭性的世官制；春秋战国时期是自荐与他荐相结合的荐举用人制；战国至秦汉初期还存在以二十等爵制用人的功劳用人制；汉武帝以后至隋唐是察举制、九品中正制，这是一种上下结合、主要依靠舆论评价推荐的用人制；隋唐至明清是以科举制为主体的考试用人制。从总体上看，选官从散漫走向系统，从主观认定走向客观考试，用人逐步制度化；三国以后吏部形成，选人与用人开始分离。

德先才后。"才者，德之资也；德者，才之帅也。"（《资治通鉴·周纪·威烈王》）封建统治阶级清楚认识到"心术不善，纵有才学何用"的基本道理，逐步摸索出德先才后的用人经验，并贯彻到选人、用人、考核过程中。

人尽其才。没有永久的人才，也很少有全才。以一代之才理一代之事，以非常之才理非常之事，以合适之才理合适之事就是成功。唐太宗在与封德彝的著名对话中提出"君子用人如器，各取所长"（《资治通鉴·唐纪·太宗文武大圣大广孝皇帝上元上》）的观点，是非常明智的用人方略。招募与自荐相结合，定向选拔国家急需人才，也有成功一面。毛遂就是自荐的，丝绸之路的开辟者张骞是招募来的。将突出人才与一般人才区别开来管理也很有必要，我国历史上"以日月为功"的资历性升迁，是稳定那些无突出贡献但也无大过错官吏的一种方法。将政务与事务从岗位性质上区分是发挥不同人才作用的又一种方式，秦汉以后，官与吏开始分途，吏承担了各级机构中大量事务性的工作。

我国历史上形式多样的选贤任能方式，自战国秦汉以后推动了阶级、阶层的流动，囊括了许多优秀人才服务于国家。选贤中的考试方法逐步形成与完善是成功经验，特别是科举制，被视为"天下之公"，推动了社会的学习风气，对维护社会稳定、形成社会公平观有极大意义。任能中的循名责实、严格考核与问责制，是管理人才、提高国家治理能力的重要手段。但用人不公、任人唯亲、任人唯近、用人体制涣散以至国家用人权力的丧失也是王朝不治而乱的历史教训。以经学诗赋为主体的考试内容，以八股为形式的考试方法，使人才知识结构单一、形式僵化，不能适应近代以来国家治理的新需求而显得暮气沉沉。清代中期的思想家、文学家龚自珍"不拘一格降人才"的诗句，正是对那个状元辈出但人才缺乏时代的绝望呼唤。

社会治理思想与措施

社会治理是国家的职能之一，也是我国历史上国家治理的基本内容。

乡村治理。"天下之治，始于里胥，终于天子，其灼然者矣"（顾炎武撰、黄汝成集释：《日知录集释·乡亭之职》），"治天下，必治一国始；治一国，必自治一乡始"（《保甲书·广存》）。我国历史上中央直接任命的官吏一般虽止于县一级，但乡里纳入了国家行政治理体制。乡里行政组织及其吏员大体以唐宋为界，分为"乡官制"和"职役制"两个阶段，其地位前期高于后期。乡里基层组织兼有民间社区特征，如依靠乡里代表性人物、宗族乡绅力量，乡规乡约协同国家治理；通过树立乡村道德人物形象，建立以年齿为中心的礼制秩序，听取并选拔乡村舆论所称颂人物担任官职等多种手段，以贯彻国家意志。一些参与乡村治理的人物，非国家正式吏员编制，体现出一定的自治性，他们对国家力所不及的乡村事务进行补充，在许多时期发挥出较好的功能。但乡村治理并不能称为自治，因为无论在哪个时期，国家对乡村都有绝对的支配权，这突出反映在司法权被控制在县一级。

知晓民情。"防民之口,甚于防川"是历史经验。秦王朝严厉的舆论控制,是其速亡原因之一。顾炎武认为:"'天下有道,则庶人不议。'然则政教、风俗苟非尽善,即许庶人之议矣。"(《日知录集释·直言》)又说:"天下风俗最坏之地,清议尚存,犹足以维持一二。至于清议亡,而干戈至矣。"(《日知录集释·清议》)历代统治者采取派出风俗使者、巡视官员,邀请民间人士顾问对话,甚至微服私访等方式,了解地方官治理下的社会状况,为国家决策提供咨询。汉代著名的"盐铁会议",就邀请了社会上的文学贤良参加,就盐铁是否官营等问题与官方公开辩论。而历代地方民众亦有向各级政府上诉、上告、举报的权利。汉代有"自言""诣阙"上书制度。晋、唐、宋等朝代设有登闻鼓、诽谤木、华表木等,以接纳、知晓民意。明代朱元璋甚至规定人人都有至御前奏闻的权利,以达到"广耳目,防壅蔽,而通下情"之目的。当然,关于相关程序历代也有制度规定,如需要逐级上诉、严控越诉等。

社会救助。在《周礼》《礼记》等传统典籍中,已有政府应当承担社会救助的思想与救助内容和制度的设计。儒家的"大同""仁政"思想,墨家的"兼爱"思想,是我国社会救助思想的理论基础。我国是一个多灾国家,据学者不完全统计,从秦汉到明清,各种灾害与饥荒有5079次。鳏寡孤独废疾贫等弱势群体的存在是社会常态。养老长幼、救灾济贫及相关社会保障制度建设,是思想家和历代政府关注的问题。不晚于秦汉,政府在养老、救灾、济贫等方面都有相关制度措施。宗族与民间的互救互助是国家救助的补充,也是我国特色。历史上曾有采取以年龄分层的政府养老救助制，但效果不是非常理想。大力提倡以孝为中心的家庭伦理，政府给予老人较高的社会地位，鼓励家庭养老的办法，显然是比较好的经验。

(原载《学习时报》2019年12月6日第7版)

从中国历史看对外开放

历史是一面镜子,鉴古知今,学史明智。正如习近平总书记所指出的,历史是最好的老师,它忠实记录下每一个国家走过的足迹,也给每一个国家未来的发展提供启示①。以数千年大历史观之,对外开放一直是中华民族的主流和趋势。自古以来,中华民族就以"天下大同""协和万邦"的宽广胸怀,自信而又大度地开展同域外民族交往和文化交流,谱写了"万里驼铃万里波"的浩浩丝路长歌,创造了"万国衣冠会长安"的盛唐气象。中华民族以开放的姿态继续走向未来,有着深远的历史渊源、深厚的文化根基。

中国历史上对外开放的演变

中国历史上的对外开放经历了漫长的演变过程,也经历了不同的历史阶段。

秦汉是中国历史上对外开放的奠基时期,大一统王朝的建立使国家在对外开放中的角色日益凸显,并逐渐成为主导

---

① 《习近平在德国科尔伯基金会的演讲》,《人民日报》,2014年3月30日。

力量。统一后的秦王朝在对外交流上有了长足进步。徐福东渡尽管不是主观上的对外交流，但这种大规模的人员和物资远洋航行在中国历史上尚属首次，客观上使秦的文明远播异域，也为此后与东亚的交流开辟了道路。秦与朝鲜、越南之间有丝绸、漆器、铁器等贸易往来，与西域也有民间交往。

汉代是对外开放的大发展时期。公元前138年，汉武帝遣张骞出使西域，带来了关于西域较为全面、细致的报告，被称之为"始开西域之迹"。张骞通西域，是中原王朝首次以官方名义与西域的接触，其所开辟的道路为东西方经济文化交流奠定了坚实基础。沿着这条道路越葱岭向西或西南，可抵达中亚、地中海东岸和南亚。这条道路被后世称为"丝绸之路"。两汉之际，因战乱和匈奴势力的扩张，中原与西域隔绝60余年。东汉明帝派班超出使西域，在东汉政府尤其是班超艰苦卓绝的努力下，西域诸国与汉重新建立了联系，丝绸之路再次被打通。班超派属下甘英出使大秦（罗马），至地中海东岸而返，进一步加强了东汉政府对中亚、西亚以及罗马帝国的了解。

魏晋南北朝是中国历史上对外开放的发展时期，各政权在对外开放上积极主动，民间交往则更趋活跃。朝鲜半岛的高句丽、百济、新罗与魏晋南北朝的使节往来不断，中国史书中对这三国的丰富记载，是双方交往的见证。日本的邪马台、大和国与曹魏、东晋、南朝都有频繁往来。与西域的关系持续保持，与南亚、西亚各国如大宛、粟特、贵霜、波斯均有往来。继东汉之后，东吴、西晋、北魏与大秦往来未断。天竺各国与中国的来往也很多。东晋僧人法显由陆路赴

敦煌莫高窟第323窟《张骞出使西域图》

天竺，经狮子国，取海路而还，足以证明当时陆上与海上交通的通畅。鲜卑人建立的北魏也不闭关自守，《洛阳伽蓝记》记载北魏都城洛阳"自葱岭以西，至于大秦，百国千城，莫不款附"，反映了当时的盛况。

隋唐是中国历史上对外开放的高潮时期，中国与域外交流的频繁成为这一时期对外开放的显著特征。隋代奉行积极的对外开放政策，隋炀帝派裴矩驻张掖经营西域，自此"西域诸蕃，往来相继"（《隋书·食货志》），"故诸国之事罔不遍知"（《隋书·裴矩传》）。隋代通过海路与东亚、东南亚、西亚、欧洲的交通也通畅，海上丝绸之路上的政治、经济、文化交往繁盛。唐代继续奉行对外开放政策，强盛的国力与发达的交通使唐与当时世界上70多个国家建立了通使友好关系，如统一后的新罗王朝与唐朝贸易十分活跃，唐朝许多地方设有新罗馆、新罗坊、新罗村供新罗人居住。日本与唐朝的交往空前繁荣，日本的遣唐使人数众多，络绎不绝。唐朝与东南亚、南亚的林邑、真腊以及今印尼苏门答腊均有海路往来。鉴真东渡日本与玄奘、义净西行印度和南洋，证明东西方陆海交通的便利。

宋元是中国历史上对外开放的发展繁荣时期，这一时期对外开放的重心逐渐从陆路转向海洋。五代与两宋时期的战争对峙，使西北陆路交通阻断，通往西域、中亚的交通时断时续。政治经济中心的南移，造船业的技术进步与指南针的使用，大大促进了东南海上贸易的繁荣，杭州、广州、泉州、明州都是对外贸易的重要港口。五代两宋与朝鲜半岛的王氏高丽政权，与日本的镰仓幕府，与东南亚、南亚的越南、印尼以及印度的经济文化交流十分频繁，与阿拉伯、非洲的交流也有进一步发展。南宋赵汝适的《诸蕃志》、周去非《岭外代答》中的《外国门》，记载了当时东南亚、南亚以至波斯、大秦、非洲、南美洲的一些情况，涉及50多个国家和地区。两宋政府鼓励对外开放，在多地设置驿站，保护外国商人与商船。元代的大一统打通了陆上丝绸之路和海上丝绸之路，元统治者的政策有利于对外开放的开展。如元世祖忽必烈鼓励对外交往，对各国来者尤为礼遇，下诏令"其往来互市，各从所欲"。元朝是中国历史上对外开放口岸最多的政权之一。

明清是中国历史上对外开放的持续发展与转折时期，对外开放的领域和规模一度空前扩大，但政策却趋向保守。明的统一与社会经济繁荣奠定了对外交流的基础。明成祖朱棣鼓励发展对外关系，派遣郑和七下西洋，历时29年，跨越东南亚、南亚、阿拉伯半岛，远至非洲东海岸。郑和下西洋促进了中国与亚非各国的联系，是15世纪初中国对外开放的重要象征。遗憾的是，这样的局面没有长久延续，周边国家的变化与世界格局的转换，封建专制体制的固化、腐化与僵化，使对外开放渐渐步履蹒跚。由于倭寇侵扰，朱元璋撤废市舶司，禁止商船贸易和人民通藩下海。清朝建立后，沿袭了明朝的海禁政策，康熙年间再次颁布"禁海令"后，对海外贸易的限制越来越严，对外开放的门户越来越小。乾隆年间，清政府以英商不遵守中国法律为由，下令沿海只准广州一口与外国通商，同时还颁布了一系列严格限制外商来华贸易的法令，清朝进入了较为严厉的闭关时期，直至1840年鸦片战争爆发，列强用坚船利炮打开了古老中国的大门，教训十分深刻。

中国历史上对外开放的启示

从中国历史上对外开放的实践中可以发现，对外开放绝不是简单地打开国门，也不是简单地对外交流。对外开放的格局和水平与整个国家、民族乃至整个世界格局的发展状况息息相关。

强盛的大一统国家是对外开放的基本前提。中国历史上对外开放繁荣发展的时期，往往是大一统王朝的巩固时期。西汉王朝经过60多年的休养生息，积累了雄厚的经济实力，至汉武帝时国力强盛，大一统局面形成。正是在这个基础上，雄才大略的汉武帝开通西域，打通了东西方交通道路。同时，与东亚、东南亚、南亚的陆上、海上交通联系也更加紧密。东汉的统一，结束了两汉之际的纷乱局面。也是在统一的政治局面下，汉明帝派班超出使西域，不仅恢复了过去的陆上丝绸之路，还开辟了一条新的通往西域的道路——"大海道"，即敦煌至哈密至吐鲁番的一条近道。隋唐的大一统，结束了魏晋南北朝数百年的分裂割据状况，统一局势下的陆上、海上交通道路发达，经济文化高度发展，对外开放呈现出强劲势头。唐朝是当时世界上最先进的国家，长安是国际性大都市，这都与唐朝大一统的强盛国力有着不可分割的关系。历史证明，社会经济文化的发展并不是对外开放的充分条件，国家的独立自主才是对外开放取得成效的前提。

明代中叶以后，在外部势力紧逼下，统治者在对外开放上不仅采取保守遏制的政策，也拒绝政治上的自我革新，最终在列强的枪炮下丧失了国家独立自主的地位。历史也一再证明，独立自主和对外开放是相统一的，没有国家的独立自主，真正意义上互惠互利的对外开放就无从谈起。

有效的国家治理是对外开放的基本保障。中国历史上，历代王朝对国家的有效治理为对外开放提供了基本保障。汉武帝开通西域后，设置了武威、酒泉、张掖、敦煌四郡，为丝绸之路东段的畅通提供了保障。汉宣帝时，在乌垒城（今新疆轮台）设西域都护府，确立了对西域的治理，为丝绸之路的西段畅通提供了保障。东汉班超经营西域30年，恢复西域都护府，使东汉通往西域的大门再次打开。唐代击败西突厥后，在西域设立安西都护府和北庭都护府作为最高管理机构，分别管辖天山以南、葱岭以西、楚河以南的中亚地区和天山以北及巴尔喀什湖以东、以南的广大地区。西域政治上的统一和有效管理，有力保障了丝绸之路的畅通。明代，西北地区虽不畅通，但东北地区管理加强，明成祖设立奴尔干都司，管辖西起鄂嫩河、东至库页岛、北到外兴安岭、南濒日本海的广大地区，对于东北亚丝绸之路的开辟和保护有着重要作用。

严密的制度设计是对外开放的重要条件。对外开放是一个系统工程，不仅需要国家的强盛、统一和有效治理，还需要一系列细致严密的配套制度设计。秦汉以来，中央政府就设有掌管对外的机构和官员，如秦汉的典客、大鸿胪，魏晋隋唐以后的鸿胪寺、礼宾院。为适应对外贸易不断发展的需要,宋代在广州、杭州、明州、泉州等地专门设置市舶司或市舶务,管理海上贸易。元朝继续宋代的市舶制度,还制定了《市舶法则》二十二条,管理更加规范。明代延续市舶司制度,但海禁政策使这一制度时断时续。对外开放的前提是互惠互利,政府除了政治上的管理外,还要为对外开放提供各种便利条件,为外来使者、商人、学者等提供必要的交通和生活保障,如划定特定区域居住、提供食宿便利以及相应的政治待遇等。敦煌悬泉汉简确证张骞开拓西域之后,中亚国家的使者、商人进入汉朝管辖范围后,就受到官方邮驿系统的热情接待。对外开放不是无原则的开放,在涉及国家主权和安全问题上,历代王朝都坚持自己的原则,而对原则的坚持又透过相应的制度设计表现出来。如汉在与匈奴的贸易中,铁器、兵器、钱币、马匹就受到相关法律管控。唐代也是如此。宋元以后的市舶法则,就是政府制定的对外贸易规则。

和谐的外部环境是对外开放的重要基础。汉武帝解决了匈奴问题之后,西域较为稳定,陆上丝绸之路得以开辟。王莽新朝对匈奴实行贬抑政策,汉匈关系恶化,匈奴不断侵扰北边,中原与西域隔绝长达60余年。直至东汉班超出使西域,陆上丝绸之路才被重新打通。隋唐时期,对外开放出现高潮,特别是与日本、朝鲜等周边国家官方高层次交流往来的频繁,也与这一时期周边国家局势的相对稳定有着直接关系。日本大化二年,孝德天皇进行"大化改新",效法唐制,实行中央集权,日本走上稳定和发展之路,先后派遣十三批遣唐使,掀起了唐朝与日本交流的高峰。朝鲜半岛也在此时由新罗实现统一,统一后的新罗王朝与唐的贸易和人员交流空前活跃。五代与两宋时期,西北陆路交通因战争阻断,陆上丝绸之路发展再次受阻,而此时东南沿海及周边国家局势相对稳定,海上丝绸之路便迅速发展起来,与日本、越南及印尼、印度等国的交流达到新水平。明代,郑和下西洋的壮举也与当时较为稳定的周边环境有着密切关系。可以说,对外开放的发展不仅取决于国内环境,也与外部环境关系紧密。

中国历史上对外开放的意义

历史证明,什么时候坚持开放,中华文明就会繁荣发展;什么时候固步自封、闭关锁国,中华文明就会停滞不前甚至倒退。对外开放在中华文明的形成与发展过程中发挥了重要的积极推动作用。

促进不同国家和民族间的物质文明交流。汉代张骞通西域后,"商胡贩客,日款于塞下","殊方异物,四面而至"。中亚、西亚的诸多物产,如葡萄、苜蓿、芝麻、胡桃、石榴、胡萝卜等陆续传入,丰富了人们的物质生活;毛毡、毛布、汗血马等引进到内地,促进了纺织技术的改进和马的品种改良。宋元明清以后,物品的输入无论是品种还是规模都上了一个新台阶。特别是宋以后,对外贸易中的税收在国家财政中的作用更加凸显,不仅具有政治意义,更具有经济意义,宋高宗就说过"市舶之利,颇助国用"。中国历史上的物质文明交流,既有大规模的引进,也有远距离的传播。中原的穿井术传到西域,推动了西域灌溉技术的进步;中国的丝织品享誉各国，从秦汉至明清始终是对外贸易的大宗；中国的铁器及冶炼技术广传周边国家和民族，甚至遥远的欧洲。

促进不同国家和民族间的制度文明互鉴。历代王朝的政治制度都不排斥其他民族与国家的优秀人才。汉代中央政府就有匈奴人任职，唐代中央政府和地方政府也有外国人任职。日本人阿倍仲麻吕历任光禄大夫、御史中丞、秘书监、安南都护等要职，印度裔天文学家瞿昙罗曾任唐朝太史，越南人姜公辅甚至做过唐朝宰相，阿拉伯人后裔蒲寿宬曾担任过南宋泉州官员等。中国古代的政治制度也因其先进性被周边国家所借鉴。唐代的制度文明对新罗和日本产生了很大影响。新罗的中央和地方行政组织不仅与唐朝很相似，而且科举方式与科目设置也仿照唐朝。日本"大化革新"中的经济制度、职官制度、律令制度、教育制度都受到唐制的深刻影响。

促进不同国家和民族间的思想文化交流。中国历史上与其他国家和民族的思想文化、艺术、宗教交流从未中断。从汉代开始，儒家思想开始向周边传播，西北汉简中《论语》《孝经》等残片的发现，朝鲜平壤贞柏洞汉墓中《论语》的发现，证明汉代儒家思想沿着东西两个方向向外传播。张骞通西域后，西域的箜篌、琵琶、胡笳等乐器与舞蹈，黎靬人的幻术等传入中原。东汉初年，产生于古印度的佛教开始传入中国，并与中华文化相融合，对中国人的思想信仰、文化艺术产生了重大影响。此后，佛教由中国传到东亚，而印度本土佛教却日渐衰落。隋唐是中国历史上对外思想文化交流的一次高峰，世界各地的学者、僧侣、艺术家纷纷来到中国求学或交流。宋元时期，中外思想文化交流频繁且深入，宋代的活字印刷术约在13世纪传入高丽，高丽在此基础上又发明了铜活字印刷。宋元与西方的科技交流逐渐深入，中国的造纸术、火药、指南针等经阿拉伯人传到欧洲，对西方近世文明发展起到重大影响。伴随着交往的增多，明清中外文化交流也更加系统频繁。传教士出于布道需要，将更多的西方自然科学知识介绍到中国，利玛窦、庞迪我、汤若望、南怀仁等都是著名代表。中华文化通过传教士的介绍和政府间的交流大量传往西方，引起了18世纪西方启蒙思想家的注意，许多人盛赞中华文化，如孟德斯鸠就对中国的"礼"称赞有加，认为中国人正是在礼教精神的熏陶下养成了宽仁温厚、尊老爱幼、勤奋俭朴、勇敢耐劳、酷爱和平等高尚品格。

开放带来进步，封闭必然落后。当今世界，开放融通的潮流滚滚向前。世界已经成为你中有我、我中有你的地球村，各国经济社会发展日益相互联系、相互影响，推进互联互通、加快融合发展成为促进共同繁荣发展的必然选择。党的十八大以来，习近平总书记关于构建人类命运共同体的理念，"一带一路"倡议，自由贸易试验区的建立，放宽市场准入、改善投资环境、加强知识产权保护、主动扩大进口的措施，粤港澳大湾区的建设等，正是习近平总书记对外开放思想的实践转化。新时代的中国共产党人汲取历史经验，站在时代前沿，继承与弘扬中华民族数千年来对外开放的优秀品质，中国开放的大门不仅不会关闭，而且只会越开越大，在不断走向世界的过程中实现中华民族伟大复兴的中国梦。

（原载《红旗文稿》2020年第7期。梁仁志同志参与了本文写作）

秦代御史大夫制度之历史得失

公元前221年，秦统一六国。统一后，秦始皇断然否定分封制，采取郡县制的国家治理形式。从此，"海内为郡县，法令由一统"，建立了中国历史上第一个君主专制中央集权的统一王朝。为了巩固统一王朝，强化君主专制中央集权，肃清吏治，保障政治有效运行，秦王朝统治者高度重视监察制度建设，创设了从中央到地方的监察体系。秦朝的监察制度，开中国两千多年大一统封建王朝监察制度之先河，既取得了积极成就，但也留下了深刻教训。

前世今生——御史大夫官职如何确立

监察制度是与国家治理形式变化紧密相连的一项制度。战国时期，随着郡县制、官僚制替代分封制和世袭制的国家治理形式，一种新的监察制度也在各国开始替代旧的监察制度。据《商君书·境内篇》记载，秦军在攻城时，领兵的将军要搭建木台，与国正监、王御史共同观察攻城情况，以评定士卒的殿（差）、最（优）。这固然是评定战功的需要，但也包含着对各级将士监督监察的目的，"国正监""王御史"

应当就是秦早期的中央监察官。商鞅变法后，秦建立了县乡制、军功爵制，随着秦领土的不断扩大，又完善为郡县制，陆续制定了一系列有关郡县、军功、官员管理的法令。

秦统一后，从中央到地方建立起比较完备的监察制度。《汉书·百官公卿表》明确记载："御史大夫，秦官，位上卿，银印青绶，掌副丞相。"可知御史大夫不仅是最高的监察官，而且地位显赫。从相关文献碑刻记载看，御史大夫在实际政治活动中的官位排序上，仅次于丞相。秦统一前已有御史掌监察，统一后更名为御史大夫，加上了"大夫"二字，显然是其地位极大提高的标志。御史大夫下设两丞，其中御史中丞又称"御史中执法"，其职责是"受公卿奏事，举劾按章"，所领侍御史等负责具体事务。据《史记·秦始皇本纪》记载，秦统一后将全国划分为三十六郡，郡中设置郡守、郡尉、郡监。郡监，就是郡中掌管监察的官员。郡监又称"监御史"，表明是从中央御史系统派生出来的。根据最新发现的里耶秦简记载，郡监有专门的官署，称为"监府"，说明秦的监察与行政可能已经分

北大汉简《赵正书》中的"御史臣去疾"简文

开。郡对县也有监察,其官员在秦统一前称为"乘传客",统一后称为"都吏"。

秦的监察官员如何选拔尚不十分清楚,但从源远流长的"御史"名称看,无疑是从史官分化出来的。张家山汉简《二年律令》中有一篇《史律》,是汉初关于"史"的教育、考试、入仕的法律规定,秦也应该如此。"史"是一种世代相传的职业,史的儿子在17岁需要进入"学室",称为"史学童",经过三年学习,经过考试才能成为史。御史也应当是从这些史中选拔出来的佼佼者。汉初,丞相张苍明习天下图书计籍,善用算律历,在秦时曾担任御史,这与他的文化水准是有关的。

听命皇帝——御史大夫有哪些职权

秦的最高监察官御史大夫"掌副丞相",说明其职责并不仅仅是监察,还有行政职能,所以我们在《史记》中看到御史大夫在秦朝参与诸多重要的政务活动。如始皇二十六年下令群臣议帝号时,就有御史大夫(冯)劫的建议;秦二世时,有御史大夫德参议刻石颂德之事。还有一些碑刻铭文,也录有御史大夫参加政务活动的情况。御史,君主之史,本为君主左右演化而来,秦朝御史大夫掌管图籍,熟悉律令,同样表现出与皇帝的亲近关系。《汉书·朱博传》记载汉高祖刘邦设置御史大夫,其职责是"典正法度,以职相参,总领百官,上下相监临",反映出御史大夫虽然"位次丞相",但实际上对包括丞相在内的百官都有监督权。《汉书·高帝纪》记载皇帝的诏书，往往是由御史大夫下发丞相，再由丞相下发各地，也佐证了御史大夫地位之高。刘邦的制度，当承秦而来。

监察是秦御史的主要职能，文献多有记载。如秦始皇三十五年，侯生、卢生求仙药不得后逃亡，秦始皇"于是使御史悉案问诸生"。三十六年，东郡刻石出现咒秦始皇死之语，秦始皇"遣御史逐问"。秦二世杀害大将蒙恬，也是"遣御史曲宫乘传之代"。这些都说明御史直接听命皇帝，行使职权。元朝胡三省注《通鉴》时说："秦置御史，掌讨奸猾，治大狱，御史大夫统之。"御史大夫是各类御史的统领。根据新发现的岳麓秦简，秦御史的权力涉及中央禁钱的调拨、官员的任免、刑狱的考课等，御史不少提议经过皇帝批准后成为国家法令。例如，有条令文说："材官、趋发、发弩、善士敢有相责入舍钱酉（酒）肉及予者，捕者尽如此令，士吏坐之，如乡啬夫。赀丞、令、令史、尉史各一甲。丞相下，尉布，御史议，吏敢令后入官者出钱财酒肉，入时共分饮食及出者，皆【赀】二甲，责费。"①

在地方监察制度上，郡监对郡内案件的判决结果，有发回重审的权力；对犯错的官员，有举劾、调查权；收缴犯罪二千石官员的官印时，也需要郡监参与。睡虎地秦简《语书》记载南郡的郡守腾曾"令人案行之，举劾不从令者，致以律，论及令、丞"。《语书》当是腾派遣乘传客循行前发布的公告。从岳麓秦简中的律令和汉初《二年律令》看，都吏

---

① 陈松长主编：《岳麓书院藏秦简（肆）》，上海：上海辞书出版社，2015年。

的主要职责是举劾地方上不服从法令的官员，以及复核、判决地方的案件。从都吏的职责看，他们当从郡长官的亲信椽属且熟悉律令者中选任。秦朝县级官府的监察任务主要是由令史承担；监察的对象是官啬夫，即县属各部门的长官；监察的内容主要是公家财物的出入状况。岳麓秦简《关市律》规定，县官有买卖，须有令史监督。里耶秦简记载，秦始皇三十五年八月七日这天，因为县里官员的炊事员士伍得告发成卒恶有赎耐罪，迁陵县少内沈从县府中出三百五十钱悬赏了他，令史华监督。简文将出钱数、时间、负责人、收款人、事由、监督者、书手一一记录，以备查核，从此可窥秦监察职能。

总之，秦朝建立后，随着政治控制的强化、行政管理事务的复杂、官员数量的激增，监察成为国家治理的必要手段。因此，秦朝逐步建立起了从中央到地方的监察体系。尽管我们对秦朝监察系统的认识还不十分清晰，但通过文献和新出简牍材料，也能够看出其运行的大致情况。

历史局限——御史大夫制度的贡献与宿命

秦朝是中国历史上第一个统一的封建王朝，在继承战国以来监察制度的基础上，初步构建出一套监察体系，不仅极大丰富了秦朝政治制度的内涵，也具有深远的历史意义。首先，秦王朝统治者高度重视监察制度建设。御史大夫官职的创设以及御史大夫政治地位的提高，说明秦充分认识到监察在国家制度中的重要性。此后，历代王朝无不将监察制度作为国家制度建设的首要任务之一。后人说"二千年来之政，秦政也"，当然也包括监察制度在内。其次，秦王朝的监察制度指向明确。从现有材料看，加强君主专制中央集权，保障政治运行，肃清吏治，是秦朝监察制度的核心。为保障监察的有效性，秦王朝已经初步将监察与行政在职官设置、职能划分上做了区别，这是非常重大的制度设计创新。再次，秦王朝的监察内容细密。从出土简牍材料来看，秦王朝对各级官吏的监察内容十分仔细，不仅有政治监察，也有各项行政监察，几乎涵盖了官员的一切事务。

秦朝虽创设了较为完备的从中央到地方的监察制度，但却没有避免二世而亡的命运。貌似强大的秦王朝，只存在了十五年，留下了各方面的历史教训。从监察的角度审视，也有值得总结的地方。监察是政治的延伸，秦王朝执行毫无弹性的法家路线，秦始皇本人"刚毅戾深，事皆决于法，刻削毋仁恩和义"（《史记·秦始皇本纪》），秦朝的御史们也一定如此。这样的"急法"，越是认真执行，越容易加剧社会矛盾的积累。特别是秦二世上台以后，面对农民起义，闭目塞听，自欺欺人，听到假话，怡然自得，说真话的人反而下狱；有时御史甚至与昏庸的政治沆瀣一气，如御史大夫盲目颂德就是例子。这样，再精致的监察制度也不能挽狂澜于既倒，甚至会起到加速政权灭亡的反作用。

（原载《中国纪检监察》2020年第19期）

我国历史上的监察法规及其作用

监察是上层建筑自我调整的一种手段，是国家对公权力使用者的权力监督制衡，监察法规就是将这种调整手段、监督制衡制度化的一种措施。我国历史上的监察制度不是从来就有的，而是随着君主专制中央集权政治形态的产生而出现，大体萌芽于战国时期，奠定于秦汉并延续两千多年的封建社会，监察法规也大体与这个时间相伴随。监察法规是监察活动的基础，在我国两千多年的封建国家监察史、政治史上占有重要地位，是中华制度文明的突出表现之一，积累了很多经验，也留下了不少教训。本文即以历代监察法规为对象，探讨其形成发展过程中的一些基本内容、特点与作用。

我国历史上监察法规的产生与发展

战国以后，随着贵族等级分封制的国家治理方式向君主专制中央集权制国家治理方式的转变，中央直接统辖地方的郡县制度成为中央集权的主要行政方式。战国时期，秦楚三晋等主要诸侯国都采取了以县制或郡县制为主的地方行政制度。"事在四方，要在中央"。为了管理中央和地方事务，就需要一大批代表君主在中央和地方实施管理的官僚队伍，这些官僚的权力来源于君主，职务不再世袭，按照职级高低领取俸禄，已经完全不同于分封制下的贵族。为了保证这支官僚队伍对君主的绝对忠诚，严格执行中央政务，履行岗位职责，杜绝腐败堕落，就需要建立相关的监察机制；而为了保障监察机制的有序运行，又必须建立相应的监察法规，我国历史上的监察法规就是在这样的历史背景下产生的。我国自秦汉至明清政治体制没有根本性改变，监察法规也没有发生根本性变化，只是呈现出阶段性的不同。

秦汉（前221—220年）是我国监察法规的初创时期。秦的统一促进了监察制度的完善，秦将战国时期已经存在的具有监察属性的职官御史上升为御史大夫，作为最高监察官，与丞相、太尉并为三公，监察的地位大大提高。同时秦在地方设置监郡御史（监御史），形成了二级监察制。从云梦睡虎地秦简中的《语书》《为吏之道》，以及新发现的《岳麓书院藏秦简》中的《为吏治官及黔首》等材料看，秦代已经有了对官员道德素质、行为准则、工作方法与能力等方面的要求，但还没有形成明确的监察法规。西汉惠帝三年（前192年），"相国奏遣御史监三辅郡，察辞诏凡九条。监者二岁更。常以中月奏事也。"（《汉官六种·汉旧仪补遗卷上》）这个"九条"具备了监察法规的基本要素，往往被视为我国历史上监察法规的开端。为加强中央集权，汉武帝元封五年设十三州刺史，分区域专门监察地方豪强和郡国守相级官员。刺史"以六条问事"，故《六条问事》又被视为我国监察法规正式形成的标志。

山东嘉祥武氏祠"为督邮时"车拓片

魏晋南北朝（220—589年）是我国监察法规在艰难曲折中前行的时期。由于大一统的中央集权受到社会长期分裂的冲击，以及门阀政治对君主权力的制约，监察制度很难落实，监察法规的制定也举步维艰，但也取得了一定的成就。曹魏政权在汉《六条问事》的基础上又制定了《察吏六条》，这是我国古代监察机构脱离少府独立后的第一部法规。两晋时期，监察法规进一步发展，西晋武帝先后制定了《察长吏八条》《五条律察郡》和《察二千石长吏四条》，反映了门阀政治下的西晋政权试图通过监察立法来加强中央集权。北朝的监察法规则有西魏的《六条诏书》和北周的《诏制九条》。

隋唐五代（581—960年）是我国监察法规走向成熟的重要时期。隋设司隶台专掌地方监察，炀帝大业四年颁布《司隶六条》，确立了隋代监察法规的基本内容。唐代监察机构设置严密，形成以御史台为中心的一台三院（台院、殿院、察院），监察法规有《巡察六条》和《风俗廉察四十八条》，分别制定于武则天和唐中宗、玄宗时代，其监察范围较之前更加广泛。

宋辽金元（960—1368年）是我国监察法规发展变化的新时期。宋代为加强君主集权，防范臣下专权，对百官的监督尤为重视，这突出表现在对官员权力复杂的制约机制设计上。相反，有关监察制度本身的法规建设却较少，只在《庆元条法事类》《宋大诏令集》《宋刑统》《监司互察法》等文献中保留一些有关地方的监察法规。辽金的御史台为中央监察机构。金对监察官的职责、考核等皆有具体规定。元代高度重视监察制度，御史台成为强化皇权的中枢机构之一。元代监察法规建设也颇为丰富，从元世祖到元顺帝，先后制定有《宪台格例》《察司体察等例》《行台体察等例》《禁治察司等例》《察司合察事理》《风宪宏纲》等，后汇编在《元典章》中。

明清（1368—1911年）是我国监察法规走向严密完备的时期。明清政治的总趋势是君主专制的极端强化，监察法规也体现出这个原则。明代确立了以都察院、六科给事中为中心的中央监察体制，以及以按察司（后总督与巡抚）为主体的地方监察体制。从洪武时期开始，逐步制定了《宪纲》《出巡相见礼仪》《奏请点差》《巡历事例》等法规，明英宗正统四年颁布了《宪纲条例》，后陆续有增补，汇编入《大明会典》中。清代基本延续了明代的监察体制，但呈现出更加强化君主专制的特色，清代监察法规主要体现在《钦定台规》和《都察院则例》中。鸦片战争以后，清王朝逐渐走向腐败没落，监察制度衰落，监察法规也形同虚设。

总体上看，我国历史上的监察法规自秦汉以后传承有序，延续不替，呈现出连续性与阶段性相统一的特点，是中华政治文明和制度文明的重要组成部分，为中华文明的传承与发展做出了重大贡献，在世界政治文明史上也具有独特的地位。

我国历史上监察法规的主要特点

监察法规是一定时期政治制度的组成部分，同时也是一定时期政治与社会状况在监察制度上的反映。我国历史上监察法规的主要内容就是反映了特定时期政治制度的特点、政治与社会的基本状况，以及监察制度的演变过程，其主要特点有如下几个方面：

一是坚持对监察权力的制约。应当说监察法规制定本身就是对监察权力的制约，将监察内容确定在一定的范围之内，防止监察官员滥用权力干预行政。汉代《监御史九条》和《六条问事》中的"九条""六条"就是划定的监察范围，监察官员不得超越这个范围。这些条例中虽然没有对监察权限的明确要求，但从汉代人指责"吏多苛政，政教烦碎，大率咎在部刺史，或不循守条职，举措各以其意，多与郡县事"（《汉书·薛宣传》）看，汉代刺史是应当"循守条职"的，"条职"就是监察法规。到曹魏《察吏六条》颁布时，明确将"所察不得过此"写进了法规，形成了对监察权力的明确制约。之后的法规虽然不一定明确写出来这一条，但应视为法规中的应有之义。

二是坚持德主刑辅的监察方向。监察是政治的延续，是主流意识形态的反映，监察法规也体现出这一发展方向。从曹魏《察吏六条》开始，儒家思想对监察法规产生影响，孝悌廉洁行修等行为成为监察法规所关注的内容。如西晋《察长吏八条》中有察"在官公廉，虑不及私"条，西魏《六条诏书》中有"先治心""敦教化"条，北周《诏制九条》中有表彰"孝子顺孙义夫节妇"条，唐《巡察六条》中有"察德行孝悌"条等，均说明注重发挥监察在教化上的功能，并不单纯只是惩处。

三是坚持民本思想与社会问题并重的监察原则。我国历史上的监察法规中民本思想十分突出，着重表现在对官吏侵犯百姓利益行为的监督上。汉代的两个法规中分别有"擅兴徭役不平者"和"侵渔百姓""剥截黎元，为百姓所疾"的内容，《察吏六条》中的第一条就是"察民疾苦冤失职者"，《五条律察郡》中有"勤百姓"条，《诏制九条》中有对"鳏寡困乏不能自存者"的抚恤条，《巡察六条》中有巡察"贫弱冤苦不能自申者"条，《宪台格例》中有纠察"诸孤老幼疾人，贫穷不能自存者"条等。凡此种种，都突出把官吏为政是否坚守民本作为监察的重要内容。我国历史上的监察法规还十分重视对该时期严重社会问题的督查。比如《六条问事》中的第一条就是"强宗豪右，田宅逾制，以强凌弱，以众暴寡"，《察吏六条》中有"察盗贼为民之害及大奸猾者"，《巡察六条》中有"察妖滑盗贼，不事生业，为私蠹害"以及"豪宗兼并纵暴"等问题,《风俗察廉四十八条》有对民间不良风俗的督查。这些严格说都不是吏治本身的问题,但却在监察法规中占有一席地位。

四是将举荐人才作为监察法规的一个组成部分。我国历史上监察法规还有另外一项重要任务,就是举荐人才。在《六条问事》中,我们可以看到汉代对二千石官员"选署不平""蔽贤宠顽"的监察内容,但是那时法规中还没有关于监察官员举荐人才的要求。至曹魏《察吏六条》中,就有了"察民有孝悌廉洁行修正茂才异等"的规定,西魏《六条诏书》中有"擢贤良"的规定,唐代《巡察六条》中有"察德行孝悌、茂才异等"的规定,元代《察司体察等例》中有选举"德行、才能可以从政者"的权力,等等。选举本是高级官员或吏部的职责,我国历史上的监察法规赋予监察官荐举权力,应当说是充分发挥监察官员作用、促使监察效益最大化的一个积极举措。

我国历史上监察法规的作用与启示

我国历史上的监察法规建设不仅存在于大一统时期王朝,也存在于分裂时期;不仅存在于中原王朝,也存在于周边民族政权。这个历史现象说明,监察法规是我国古代国家政治制度建设的重要组成部分,是确保监察按照明确政治方向运行的有效保障,是防止监察官员滥用监察权力的制度约束。在两千多年的封建社会历史上,监察法规对维护统一多民族国家的巩固发展、强化以君权为核心的中央集权、肃清吏治腐败、促进廉政建设、解决突出的社会矛盾与问题、选拔优秀人才，都做出了积极贡献。回顾历史，其留下的启示也是多方面的。

第一，必须高度重视监察法规在维护中央权威上的积极作用。我国自秦汉以后就是一个以中央集权为基本特征的单一制国家，历史证明，中央集权强则国家强，中央集权弱则国家衰，因此，巩固中央集权，维护中央权威，是监察法规的核心所在。纵观我国历史上的监察法规，基本上都是以皇帝诏令、钦定、圣谕等形式发布的，说明法规出自核心权威君主，是国家核心政治的体现。因此，监察法规的内容也特别强调对以君主为核心的中央权威的维护，坚决打击"割损正（政）令"的行为。从这个角度看，维护一元化的监察体制是监察法规的核心。

第二，必须坚持监察法规与时俱进和长期稳定的动态平衡。历史证明，监察法规是监察的根本所在，但是各个历史时期的情况不同，监察法规的制定既要保持监察制度的基本稳定，也要突出对该时期吏治问题、社会矛盾问题监察的动态平衡。我国历史上的监察法规制定，或对某个地域的专向监察（如汉代的三辅京师），或对某些突出的社会与吏治问题的重点关注（如地方豪强扩张、利益集团形成、郡国守相腐败乱作为），或对民生问题的重视，或对人才选拔的重视，都是一定时期的政治与社会问题在监察制度上的反映，指向性十分明确，体现了监察是政治的延续这一特征。从这个角度看，监察法规建设必须紧紧围绕时代需要，与时俱进。

第三，必须坚持创造性转化创新性发展的总原则。应当积极借鉴我国历史上监察法规的有益经验。我国历史上的监察法规并不仅仅是一般意义上的反腐败，而是既突出反腐，又突出维护中央集权，突出对重大现实政治、经济、吏治、社会问题的监察。监察、谏言、弹劾、考绩（选拔）四位一体，是我国历史上监察法规的完整职能。从这个角度看，构建中国特色的监察法规制度体系还任重道远。

当然，我国历史上的监察法规建设与执行也留下不少教训，存在着有法不依、有规不行、监察干预行政致使监察错位、行政失序、政治腐败带动监察官员腐败及监察不断向维护君主专制方向的极端化发展等问题，使监察失去了其应有的意义。

（原载《中国纪检监察》2023年第1期）

史评篇

三十年来的中国古代史研究

三十年来，在改革开放的伟大进程中，我国的经济、政治、文化和社会建设都取得了世所瞩目的成就，社会科学的发展也步入繁荣昌盛的新阶段。中国古代史学科作为历史学的一个重要分支学科，也同样发生了深刻的变化。

一、中国古代史研究的环境变迁

史学研究从来都与其所处的时代环境分不开。

这里所说的时代环境，通常包含两个方面：一是指该时代的社会变化对史学研究产生的影响；二是指该时代的学术积累对史学研究所产生的影响。前者反映出史学与社会的关系，后者反映出史学自身的内在发展逻辑。众所周知，"文化大革命"的导火索是从古代史领域中点燃的，"文革"中的"批林批孔"和"评法批儒"等许多问题也和中国古代历史相关。在那场"浩劫"中，许多著名史学家受到迫害，中国古代史的研究也受到严重歪曲，学科建设在那十年中陷入停顿。客观来看，当时的中国古代史学界还面临着更深层次的问题。首先，人才培养的断层和学科建设的停顿，导致研究力量严重不足。其次,对理论的简单化、教条化、公式化的理解以及对史学功能的片面认识,使新中国成立以来的中国古代史研究存在着研究领域狭窄、研究方法单调、缺乏对中国历史自身特点和规律的整体把握,以及对海外研究状况不了解等问题。再次,由于社会转型和史学自身发展过程中存在的问题,使包括中国古代史在内的整个历史学受到了所谓"危机"论的冲击。这些问题在改革开放之初的中国古代史研究中依然存在且无可回避,解决起来步履维艰。但随着国门的打开和社会的转型,解放思想、实事求是的思想深入人心,中国古代史研究的环境也发生了急剧的变化。回顾三十年来中国古代史研究的环境变迁,大体有这样几个方面的特点:

(一)人才培养有了制度化保障。1977年恢复的高等学校招生考试到十一届三中全会之前已经录取了两届学生,研究生招生也在1978年恢复,其中就有不少中国古代史专业的学生接受专业训练。需要看到的是,"五四运动"以来出现的一批史学大家在新时期之初还硕果仅存,而新中国成立前后崛起的一批学者可谓学贯中西、文史兼长,其学术生命仍风华正茂。新中国成立后培养起来的一批学者,对唯物史观有着真诚的信仰,时值中年,表现出旺盛的学术生命力。正是因为有了这样一种学术传承的环境与氛围,才使他们中的许多人成为今天中国古代史研究的中坚力量。

(二)学科建设和学术研究有了长远的发展规划。1979年初在成都召开了由中国社会科学院主持的中国历史学规划会议,汇集了来自科研机构、高等院校和出版部门的280多

2007年10月，中国社会科学院中国古代史论坛2007年——"封建"名实问题与马列主义封建观

位代表，是改革开放以后史学界的一次盛会。这次会议对历史学科建设与发展中的许多重大问题进行了充分讨论，修正和落实了八年规划（1978—1985）[①]。此后中国古代史各专业研究会的成立，历史大辞典、大百科全书历史部分的编撰，多种历史资料的整理出版，各断代史、专题史的重点研究方向的确立，都与这次规划会议有关。特别是各断代史和专门史研究会的成立，至今仍对中国古代史的研究有着重要推动作用。在中央新成立的全国哲学社会科学规划领导小组领导下，1983年在长沙召开的全国历史科学规划会议，首次将规划项目纳入国民经济和社会发展第六个五年计划，被列

[①] 周自强：《我国历史学界的一次盛会——记中国历史学规划会议》，见《中国史研究动态》1979年第6期。

入规划的中国古代史学科的一些项目，如白寿彝主编的多卷本《中国通史》，戴逸、王戎生主编的《清代通史》和《清代人物传》等，具有重要价值。1991年6月，中央决定在全国哲学社会科学规划领导小组下设全国哲学社会科学规划办公室，负责制订全国哲学社会科学发展规划和年度计划，并进行资助，多年来对中国古代史的学科建设和学术研究产生了重大影响。国家重点投入开展的夏商周断代工程和清史编纂工程都属于中国古代史研究领域中的课题。1980年恢复活动的中国史学会和各省、市、自治区的史学会长期以来也为中国古代史研究的推进做出了贡献。以中国社会科学院历史研究所为代表的科研机构和各大学的历史学院（系），是推动中国古代史学科体系完善和学术研究前进的核心力量，其中一些有特色的中国古代史研究基地、中心在各地逐步形成。

（三）开放的信息交流渠道已经形成。改革开放之初，中国古代史研究的对外交流就已经开始。港台及海外的中国古代史研究信息通过翻译、介绍等渠道被大陆学者所认识和了解。随着开放的深入，许多港台及海外的中国古代史研究专著也被翻译、介绍过来。现在，在很多具体问题的研究上，大陆学者与港台及海外学者的研究可以说是站在同一起点上了，地域性的差别已经大大缩小。

（四）学术研究的社会环境大为改善。新时期以来，将史学简单地视为政治工具的观点及做法被纠正过来。对马克思主义简单化、教条化、公式化的理解遭到摈弃。科学地对待中国的传统历史文化，取其精华，去其糟粕，发挥其在建设具有中国特色社会主义伟大进程中的应有作用,是中央对历史学界的期望,而重点尤在古代史学片。中国古代的历史文化从来没有像今天这样受到全社会的广泛重视。同时,各种具体的史学理论和研究方法包括跨学科的研究方法都被广泛运用于探讨宏观和微观的历史问题,极大地推动并丰富了我们关于古代历史的认识。国家对人文学科的投入不断增加,各类中国古代史的研究机构得以建立,课题研究经费得到更充分的保障,研究者的经济待遇也明显提高,这是新时期中国古代史研究得以繁荣的重要保障。

二、研究领域的拓宽与学科体系的完善

改革开放三十年的中国古代史研究呈现出繁荣昌盛、生机勃勃的局面,其突出特点是研究领域得到深化和拓宽,学科体系构建逐步完善,研究成果丰硕。鉴于本世纪初已经有很多文章对新时期的研究成果做过总结,这里仅从学科发展的角度做一点简单归纳。

(一)政治史研究。中国古代文明起源和国家形成的独特道路受到关注并取得很大成绩。各时期政治制度史的各个层面,如机构、职官、仕进、考课与监察、法制、文书、军事、行政管理、礼仪、外交、阶级与阶层、国体与政体、人物评价等问题的研究都有了新的推进,大都有一部或数部专著出版。政治制度史的研究不再是静态的描述,而是力图从动态的角度把握整体的演变过程,并将制度史与政治史结合起来考查。历代中原王朝的政治史是研究重点,但周边少数

民族政权的政治史也受到关注。中外政治制度比较研究被学者们重视，从而开阔了政治史研究的视野。军事史不再简单地被作为政治史的一个部分，而是有了更深入的发展，相关断代军事史和军事通史先后出版。

（二）经济史研究。新中国成立之初到"文革"前，经济史的研究相对比较繁荣，所谓"五朵金花"，大都和中国古代经济史研究有关①。改革开放以后，经济史研究进入了一个快速发展的时期。一些重要的经济史研究机构和刊物创立，大批研究资料整理出版。经济史的研究对象、方法、理论都有新的变化，传统经济史研究中的若干问题继续得到关注，但研究重心的转移也十分明显。对中国古代经济的整体性认识增强，如中国封建经济结构的特点、中国封建社会为什么长期延续、商品经济与自然经济的关系、传统经济与现代化、生产力的发展水平、土地制度与阶级关系、社会经济形态、"封建"概念的名实之争、前近代中国的经济结构和发展水平，等等，都是新时期受到广泛关注的问题。经济史中各专门史的研究，如区域经济史、少数民族经济史以及与经济史相关的环境史、城市史等都有了开创性的研究②。

（三）社会史研究。开始于20世纪初的社会史研究在新时期获得广泛关注，成为一个热门领域。其内容部分可以与

---

① 吴承明、李伯重：《谈百家争鸣——〈中国经济史研究〉创刊20周年笔谈》，见《中国经济史研究》2006年第2期。

② 李根蟠：《二十世纪中国经济史研究》，见《历史研究》1999年第3期；林甘泉：《20世纪的中国历史学》《世纪之交中国古代史研究的几个热点问题》，见《林甘泉文集》，上海：上海辞书出版社，2005年。

过去的社会史研究接轨，但在理论方法、研究视角上都有新变化。社会史的学科定位还有不同看法，但这三十年来取得的成就应当是公认的。社会组织与结构、宗族、家庭与人口、婚姻形态、社会生活、社会问题、社会势力、风俗信仰、社会文化等各方面都有代表性的论著问世。专门性的社会史、社会通史、区域社会史都取得了一定的成就。疾疫史、灾荒史、性别史、乡村史以及底层社会群体的研究受到关注。田野调查与口述史也开始了初步尝试[1]。以"国家与社会"为理论分析框架的研究模式近年来广泛渗透于中国古代社会史研究，影响有逐渐扩大之势。其所预设的理论前提、核心内容、逻辑话语，在建构新的历史解释模式和研究范式，进而突破原有的思维定式与历史视野以及形成新的问题意识上，令人瞩目。它直接推动了中国古代史中的长时段历史、基层社会组织、社会结构变迁等具体研究与宏观研究的展开。社会史研究的相关机构和刊物也都是在新时期创建的。

（四）文化史研究。文化史的研究开始于20世纪之初，是在传统史学向新史学转变过程中产生的。新时期的文化史热潮是从对传统文化的反思开始的，显然带有时代的特色。从1978年开始，相关研究机构和刊物先后创办，目前已经形成规模。新时期的文化史研究尽管经历了泛文化的浪潮，有"文化"的虚热成分夹杂其中，虽然文化史研究的对象还言人人殊，但无论以实证为基础的文化史研究还是以援引新的

---

[1] 郭松义：《中国社会史研究五十年》，见《中国史研究》1999年第4期；赵世瑜、邓庆平：《二十世纪中国社会史研究的回顾与思考》，见《历史研究》2001年第6期。

理论方法开拓文化史研究的新领域获得文化史研究的新认识，都获得全面丰收。三十年来，出版了多部文化通史，展示了中华文化演变的整体面貌；各断代文化史的出版，极大地丰富并深化了对各时期历史的认识。地域文化史和少数民族文化史的整理与研究，是新时期文化史研究的新走向①。

除上述四大领域外，中国古代史的其他许多分支学科如民族史、中外关系史、史学史、历史地理等，也都取得了可喜的进展。

三、理论视角的转换与研究方法的更新

改革开放以后，史学界对唯物史观的正本清源，对中国传统史学研究方法和近代史学研究方法的重新认识，对外来史学理论与研究方法的引入，等等，使中国古代史研究的理论视角与研究方法有了诸多更新。呈现出如下特点：

其一，与中国古代史相关的许多基本理论问题的研究得以深入和加强。诸如社会形态及其发展规律问题、历史发展动力问题、历史的统一性和多样性问题、历史创造者问题、历史人物评价问题、历史遗产的批判与继承问题、文明起源与国家形成的道路问题、中西历史比较问题、"封建"名实问题、中国封建社会长期延续问题、传统文化的现代化问题、前近代中国经济结构及其发展水平问题、自然经济与商品经济问题、"三农"问题、国家与社会关系问题，等等，史学界

---

① 周积明：《二十世纪的中国文化史研究》，见《历史研究》1997年第6期。

的认识都得到进一步深化。这些问题的提出一方面是由于新时期理论视角的转换和学术内在规律发展的必然性,另一方面也是由于社会现实的需要推动着理论的发展。当然上述有些问题不限于中国古代史,但大都与中国古代史研究相关。

其二,研究方法的多样化。由于中国古代史的独特地位和史料优势,往往使其首先成为各种各样新的史学研究方法的试验田。例如,早在20世纪80年代初,原本属于自然科学方法论的系统论、控制论就被用来分析中国封建社会的停滞性和周期性问题。同样属于自然科学的数学方法也被用来分析中国古代历史,形成计量史学,用于对一些重大问题的量化处理。自然科学与社会科学相结合的一些方法,如心态史学方法也被用来分析中国古代历史上人物的心理,并进而对该时期的历史发展作出新的解释。还有文化人类学、社会学、政治学、经济学、法学等学科中的研究方法,也被借鉴或援用到古代历史研究中来。日新月异的遗址发掘和出土文字材料,使考古学与历史学的结合空前紧密。历史研究中的一般方法论受到更多的关注,如比较史学方法在中国古代史研究领域得到广泛运用,在比较的内容、比较的手段与方法上都比此前更为科学。实证与考据方法在新时期再次受到广泛重视,一大批运用实证和考据方法取得的成果成为新时期史学的重要成就之一。"回到乾嘉"口号的提出和"国学热"的兴起,实证和考据方法都是其重要的理论基础[1]。破

---

[1] 侯云灏:《20世纪中国的四次实证史学思潮》,见《史学月刊》2004年第7期。

除了教条化的唯物史观仍然是新时期中国古代史研究的指导性理论和方法。随着马克思主义中国化的深入，唯物史观和具体的史学研究方法之间的区别愈益明显，古代史的研究视野和研究方法也更加突出中国历史的自身特点。

其三，外来史学理论和方法与中国古代史研究相结合。自20世纪初开始，中国古代史研究无论是学科分类还是理论方法，都深受外来史学理论的影响。如上述实证史学的方法就来自西方。新时期的中国古代史研究的发展也与外来史学的影响密切相关。具体来说，一是外来史学研究的新视角开拓了中国古代史研究的新领域，如环境史、医疗史等。而在中国古代史的政治史、经济史、社会史等许多领域，外来史学的影响也十分普遍。二是外来史学研究方法为中国古代史研究者所借鉴。如法国年鉴学派、英国马克思主义学派、比较史学、心理史学等成为最受中国学者关注的几个西方史学流派[1]。三是共同研究、交流和对话的平台初步形成。无论在基础史料考证，还是在中观、宏观问题上，中外古代史学家都有不少共同的话语。当然，外来史学研究方法亦存在鱼龙混杂、泥沙俱下的状况，需要我们冷静地分析借鉴。

四、中国古代史研究的未来发展

史学研究的阶段性划分是由史学自身发展的内在规律决

---

[1]邹兆辰：《新时期以来对中国史学影响较大的几个西方史学流派》，见《江西社会科学》2004年第1期。

定的，史学发展的内在规律性又使史学呈现出阶段性的演变，但是，史学发展往往与该时期的社会发展密不可分，社会发展不仅为史学发展提供了必要的环境，而且也为历史认识提供了新的视角。无论是从史学发展的内在规律还是从其社会环境而言，这三十年都是一个值得认真总结和回顾的时期。改革开放以来的中国古代史研究究竟如何评价，意见恐怕不完全一致，其中所存在的问题也已引起学者们的关注，但它在中国学术发展史上占有重要的一席之地应是毋庸置疑的。一个时代有一个时代的学术，作为与现实有密切关系的历史学更是如此。中国古代史是一门积累深厚的学科，改革开放以来，中国古代史成就的取得与中国史学的优秀传统有着不可分割的联系。在解放思想、对外开放、实事求是的大环境下，当代中国史学家既秉承了本民族优秀的史学传统，又充分吸收和借鉴外来史学理论与方法，在学术的原创性追求上，在理论与史实相结合的关系上，在弘扬中华优秀传统文化和建设中华民族共有精神家园、满足社会对历史文化需求上都做出了重大贡献，前景广阔。

改革开放还在深化，中国古代史研究也将会迎来一个百花盛开的春天。首先，对若干重大问题的关注还将持续。突破原有单一理论模式深化中国文明起源与国家形成问题的研究已取得积极成果，学者们既立足于新的考古发现，又借助于新的理论概括，提出了很多新的观点，对于解释中国古代文明与国家起源的普遍性与特殊性是有益的。但这些问题显然还没有统一的认识，研究还将深化。而有关概念内涵的辨析以及在这个问题上如何突出中国历史自身的特点，则是未来的发展方向。唐宋变革问题也是如此。学者们既从更广阔的角度探讨了唐宋变革的具体内涵，也对唐宋变革的性质提出了质疑，这样的思考是富有建设性的。在这一范式的启发下，学者们以大的视野将汉至唐、宋至明之间的历史联系起来进行综合性的考察，或者将相邻朝代之间的历史进行贯穿性思考，对于揭示长时段的社会变迁提供了新视角。前近代中国的经济结构与发展水平、土地所有制形式等经济史上的重大问题在既往研究的基础上也都将会有更多的进展。社会形态的演进方式以及"封建"名实概念的争论实际上并不是一个新问题，也不仅仅是学术概念规范的问题，而是与历史理论问题的探讨相关联的。这个问题的再次提出与争论，既说明学者立足于中国本土文化探讨中国古代社会形态的精神，也反映了某些新的理论动向。相关问题的争论肯定还将持续。其次，受外来史学方法与中国当代社会发展变化等现实背景的影响，中国古代史的研究视野与领域还将拓宽。如婚姻家庭、宗族史、性别史、灾害史、疾疫史，基层政权组织、社会组织的构建与职能的分析研究还将深入。对于人口史、环境史、"三农"问题的重视与关注，不仅形成了经济史、社会史乃至文化史新的学科生长点，也反映了学者们力图从历史的角度总结经验，为现实社会提供借鉴的问题意识。这种状况仍将持续发展。再次，以新材料带动新问题的研究将是未来相当长时期内中国古代史研究中各断代史、专门史学科的一个重要学科生长点。甲骨文、金文还时有发现，数十万枚的简帛还有相当一部分尚未整理或出版，并且新发现方兴未艾，敦煌吐鲁番文书、西夏文书、徽州文书、墓志碑刻以及各种民间文书、域外汉籍珍本的新发现、新整理都为中国古代史研究提供了丰富的基础性资料。建立在这些资料基础上的研究，是新时期中国古代史众多领域中最为突出的成就之一，也将会吸引更多学者的关注。最后，摆在史学家面前的迫切任务是要在马克思主义中国化的理论指导下，解放思想，不仅要从中国历史实际出发提出研究课题，探索中国历史发展的自身特点，而且要在研究方法上体现出中国特色。老一代的史学家在将马克思主义普遍原理与中国历史相结合上做出了杰出贡献，新时期历史学的理论发展方向则是如何推进马克思主义中国化，如何实现在唯物史观基础上建设具有中国特色的中国古代史学科体系的问题，新时期的史学家任重而道远。

（原载《光明日报》2008年11月16日第7版）

新中国七十年的史学发展道路

2019年10月1日,我们将迎来新中国七十周年华诞。七十年来,在中国共产党的坚强领导下,中国人民创造了民族独立、国家富强、人民幸福的光辉历史,走上了中国特色社会主义道路,形成了习近平新时代中国特色社会主义思想,中华民族伟大复兴展现出从未有过的灿烂前景。这一切,不仅彻底改变了近代以来中国人民受压迫、受剥削的悲惨命运,也在中华五千多年的文明史上写下了最为浓墨重彩的一笔。历史发展道路与史学发展道路虽然不能完全等同,却有着不可分割的关系,二者是一个相互影响的过程。七十年来,波澜壮阔的社会主义事业,为史学研究理论提供了科学的思想引领,为史学研究领域开辟

《新中国历史学研究70年》书影
(中国社会科学出版社2020年版)

了广阔的前景，为史学研究学科建设、人才培养创造了越来越好的环境，这是七十年中国史学取得丰硕成果的根本所在。同时，史学研究也为丰富发展马克思主义唯物史观，为正确认识中国历史发展道路和规律，为新中国社会主义建设做出了自己应有的贡献。"欲知大道，必先为史。"新中国成立七十周年之际，我们简要回顾这七十年史学发展的历程，目的是总结经验和教训，探寻史学发展与社会发展之间的关系，在新时代中国特色社会主义建设征程中，在中华民族伟大复兴的历史进程中，更好地发挥史学的功能。

一、新中国成立后三十年的史学研究

（一）马克思主义史学主导地位的确立及其标志

新中国成立之前，马克思主义唯物史观在中国的传播及其与史学的结合已经走过了相当长的历程。如果从1919年李大钊的《我的马克思主义观》一文发表算起，已经有三十年的历史。即便以1924年李大钊《史学要论》一书的出版为标志，也已有二十五年的历史。在这风雨如晦、鸡鸣不已的近三十年时间里，马克思主义史学在政治环境、社会环境、学术环境都十分艰难复杂的岁月里不断成长壮大。以郭沫若、吕振羽、翦伯赞、范文澜、侯外庐、胡绳等为代表的马克思主义史学家，不仅将马克思主义唯物史观与中国历史实际相结合，出版了一批马克思主义史学论著，在传播与阐述唯物史观上做出了重大贡献，而且与中国革命、中国历史实际相结合，为中国人民反帝反封建、争取民族独立与解放提供了学理上的支持。20世纪初马克思主义的传入并与史学研究的结合和十月革命、中国共产党的成立及其理论指导思想有不可分割的关系，也与中国先进的知识分子在当时纷繁复杂的各种思想、思潮涌入后，自觉接受马克思主义这一科学理论的主观选择有关。马克思主义唯物史观与中国史学的结合从此展现出强大的生命力和战斗力。

新中国成立前马克思主义史学尽管取得了很大成绩，但旧中国的社会性质、国民党反动派的排斥与迫害，都不可能容许马克思主义史学占据主流地位。1949年新中国的成立，翻开了马克思主义史学发展史上新的一页。马克思主义史学成为主流，其标志主要有如下几个方面：第一，中国共产党执政地位的确立，使马克思主义成为占主流地位的意识形态。马列主义论著更多、更系统地被翻译介绍到国内[1]，马克思主义唯物史观在史学领域得到更加广泛而深入的运用。第二，全国一大批史学教学、科研机构成立，刊物创立。如1951年中国史学会成立，1953年中央成立中国历史问题研究委员会，1954年中央决定在中国科学院下设历史研究一、二、三所，创办《历史研究》杂志。20世纪50年代，各地还有一批史学刊物相继创立，如《史学月刊》（《新史学通讯》）、《安徽史学》（《安徽史学通讯》）、《史学集刊》《文史哲》《历史教学》，以及《光明日报》《人民日报》《文汇报》上的相关栏目等，为马克思主义史学研究及其成果发表

---

[1] 桂遵义：《马克思主义史学在中国》第十一章第一节，济南：山东人民出版社，1992年。

提供了重要平台。诸多熟悉马克思主义理论又兼具扎实史学功底的学者,也在50年代初的院系调整中被充实到高校历史系或科研机构中。第三,学习马克思主义理论成为更多史学家的自觉意识,即便过去一些以实证史学方法为主的老一辈史学家,在新中国成立后也表达出学习马克思主义的真诚愿望。史学界掀起的马克思主义学习热潮,使唯物史观的基本原理成为史学界大多数学者的共识①。上述这些成就,使马克思主义史学学科体系、学术体系和话语体系在较短的时间里得以初步构建。马克思主义史学主导地位的确立,当然与新中国的成立有着不可分割的关系,也是20世纪前半期马克思主义史学家们艰辛探索的内在逻辑发展使然,但究其根本,还是马克思主义理论自身的科学性被史学家所认同和接受的结果。

(二)"五朵金花"的讨论与评价

新中国成立初马克思主义史学取得的最重要成果,是广大史学工作者将马克思主义基本原理与中国历史实际相结合,探讨中国历史自身发展过程中的重大问题。"五朵金花"就是其中的典型代表。所谓"五朵金花",是指中国历史分期、中国资本主义萌芽、中国历史上的农民战争、中国封建社会土地所有制形式和汉民族形成问题。由于这五个问题的讨论在新中国成立后十七年的史学研究中占据着突出地位,故被称为"五朵金花"。关于这些问题讨论的具体内容

---

①林甘泉:《二十世纪的中国历史学》,见《历史研究》1996年第2期。

我不再罗列①，这里仅就如何看待"五朵金花"的历史地位问题谈一点看法。第一，它关注了中国历史中的长时段和重大节点问题。如历史分期所讨论的殷周之际、春秋战国之际、秦汉之际、汉魏之际、隋唐之际、宋元之际、明清之际、鸦片战争之际，都是中国历史发展中的重大节点，牵涉到政治、经济、社会、思想文化上的一系列重大变化。历史分期讨论中的史学工作者以马克思主义社会形态学说为理论基础，依据诸多不同的划分标准与历史资料，以及对资料的不同理解与解释，对中国历史发展的阶段性提出了不同看法。需要看到的是，历史分期的讨论并非仅仅是奴隶社会、封建社会、中国近代史的开端等概念问题，而是广泛涉及周秦至明清、近代的社会经济、政治制度、阶级关系、民族关系等许多问题。尽管在这些问题上没有形成完全统一的认识，却大大深化了人们对中国历史的认识，推动了人们从宏观上、理论上把握中国历史发展的进程与变革。第二，它运用了多学科的理论方法对历史进行解读和研究。在"五朵金花"讨论中，学者们广泛运用考古学、社会学、人类学、经济学、民族学的理论方法和成果剖析历史，并引导讨论向纵深发展。如历史分期讨论中，就使用了甲骨文、金文和其他许多考古资料。中国封建土地所有制形式和中国资本主义萌芽的讨论中，牵涉到了所有权、使用权、地租、雇佣关系、商品经济、行会、市民社会等经济学上的理论和概念。汉民

---

① 相关综述可以参考《历史研究》编辑部编：《建国以来史学理论问题讨论举要》，济南：齐鲁书社，1983年。

族形成问题的讨论中,史学工作者不仅对"民族"一词的概念与民族理论进行了深入讨论,而且向历史上的中国疆域、历史上的民族融合、民族同化、民族政策、民族矛盾与斗争等问题扩展深化。第三,它尤为注重社会经济史的研究。注重社会经济史研究是马克思主义史学的突出特征。如关于封建土地所有制形式的讨论,不仅探讨了国有、私有、领主、地主制等理论问题,而且对各历史时期相关土地制度的历史资料进行了深入挖掘。资本主义萌芽的讨论推动了区域经济史、产业史的资料发掘和研究,极大扩展深化了区域社会经济史的研究范围,特别是明清区域社会经济史的研究。第四,它促进了从精英史研究向民众史研究的结构性转化。唯物史观重视人民群众在历史发展过程中的主体作用,如农民战争问题的讨论极大地激发了史学工作者收集整理基层民众史料的热情,并运用这些史料对农民战争这一中国历史上的重要现象进行了空前讨论。尽管这些讨论中的某些认识、话语今天很难再成为热点,但对认识中国历史发展中的某些规律性问题,对推动政治史、经济史、宗教史、思想史、社会史、文化史研究仍有重要意义。

"五朵金花"为新中国马克思主义史学繁荣发展与马克思主义中国化做出了巨大贡献,为深入认识中国历史上的许多重大问题发挥出积极引领作用,为新中国的社会主义建设提供了强有力的思想武器,也为此后中国历史学的学科建设提供了不少新的生长点。广大史学工作者在讨论中所表现出的政治性、思想性与严谨的学术性高度统一精神,给我们留下了一笔宝贵的史学遗产,其历史地位不容抹杀。正因为此,"文革"以后的相当长时间里,这些问题仍然受到史学工作者的高度关注。当然,在讨论中的确存在着某些理论教条化和"左"的倾向,也存在着政治因素过多影响干预学术讨论的问题,留下了值得反思的历史教训。自20世纪80年代初至21世纪,关于"五朵金花"的评价又成为史学界的一个热点,其中有冷静的思索,也有过激的偏见,学者对此已有很好的总结评判[1],这里不再赘述。

(三)若干历史理论问题的辩论

新中国成立后,史学界关注的重大问题并不只是"五朵金花",还有与此相关的或其他的重大历史理论问题得到深入探索。一是中国封建社会长期延续问题。以新中国成立前关于"中国社会长期停滞"问题的论战为基础,新中国成立后,马克思主义史学家继续对这一问题保持了高度热情。但与新中国成立前关于这一问题的讨论和当时中国现实命运紧紧相关不同的是,新中国成立后的讨论更突出的是从唯物史观基本原理出发,紧密结合中国历史实际,深挖历史材料,从政治制度、经济规律、民族关系、阶级压迫、思想学说等多方面分析中国封建社会长期延续的原因[2]。二是亚细亚生产方式问题。与20世纪二三十年代关于这一问题的讨论主要是与中国社会性质和中国革命实践有关不同,新中国成立后

---

[1] 张越:《"五朵金花"成就不容否定》,《中国社会科学报》,2015年11月10日;《"五朵金花"问题再审视》,见《中国史研究》2016年第2期。

[2] 白钢:《中国封建社会长期延续问题论战的由来与发展》,北京:中国社会科学出版社,1984年,第181页。另可参考田居俭:《中国封建社会长期延续讨论的由来和发展》,见《历史研究》编辑部编《建国以来史学理论问题讨论举要》。

亚细亚生产方式问题的讨论，主要是与历史分期（但不等同于历史分期）和中国古代社会的特征有关。学者对如何认识亚细亚生产方式的概念，马克思、恩格斯是如何使用以及有没有放弃这一概念，亚细亚生产方式与马克思、恩格斯原始社会史的发现之间的关系，亚细亚生产方式与古代东方社会等问题进行了深入讨论。这一讨论大大丰富了史学界对马克思主义社会经济形态理论的认识，也提出了中国古代历史研究上的若干重大问题①。三是历史主义与阶级观点问题。历史主义与阶级观点都不是马克思主义最早提出来的，但马克思主义批判吸收了其中的合理因素，使之成为辩证唯物主义和历史唯物主义的有机组成部分。历史主义与阶级观点是马克思主义分析历史问题的基本理论，也是马克思主义史学的重要研究方法。因此，马克思主义史学工作者一旦与具体历史研究实践相结合，就必然或多或少地遇到这个问题。新中国成立后，唯物史观中的阶级观点得到空前强化和史学研究中出现的偏离历史主义倾向，导致了历史主义和阶级观点的争论。从20世纪50年代初到60年代，不仅郭沫若、翦伯赞、范文澜、黎澍、吴晗、侯外庐、白寿彝、吴泽、刘大年、郭晓棠、漆侠等一大批史学家，对当时历史研究中出现的"宁左勿右"的非历史主义倾向进行了深刻反思甚至自我检讨，而且引发了当时还属于中青年的一大批史学工作者围绕历史主义和阶级观点究竟是何种关系的大争论。这场争论

---

① 田人隆：《亚细亚生产方式讨论的回顾》，见《历史研究》编辑部编《建国以来史学理论问题讨论举要》。

虽然没有形成定于一尊的看法，但深化了对马克思主义唯物史观的认识，为中国史学界后来的发展培养了大批人才。20世纪后半期至21世纪的许多著名史学家，如宁可、林甘泉、田昌五、李文海、陈旭麓、何芳川等都参与了当时的讨论[①]。需要说明的是，历史主义与阶级观点的争论还与历史人物评价，农民战争史研究，历史遗产如何继承，古为今用、厚今薄古，史论关系等理论问题的讨论紧密相连，这里不再展开。

（四）学科建设成就与史学研究的收获

新中国成立后至"文革"前的中国史学成就不仅限于"五朵金花"以及相关历史理论热点问题的讨论或争论，在学科建设与史学研究的其他方面同样取得了很大成绩。

中国古代史研究上，学者以马克思主义为指导，在通史、断代史和专门史研究上取得了一批成果。范文澜主编，自延安时期开始编写的《中国通史简编》修订本第一、二、三编出版。该书以马克思主义社会形态学说为统领阐述中国历史发展进程，具有重要的学术价值和现实意义。翦伯赞主编的《中国史纲要》是全国高等学校文科教材编选计划会议的委托项目。教材集一时之人选，贯彻唯物史观，实事求是地分析中国历史的演进，是一部观点鲜明、资料翔实、文字凝练、结构严谨、简明扼要的中国通史。郭沫若主编的《中国史稿》自1958年开始编写，前后上百位学者参加。《中国史稿》重视社会形态学说，重视阶级斗争在历史发展中的作

[①] 这一问题的基本情况可参见蒋大椿编著《历史主义与阶级观点研究》，成都：巴蜀书社，1992年。

用，重视政治史在历史过程中的影响，重视各民族共同创造中国历史的过程，重视思想文化与社会政治、经济的关系，体现了马克思主义史学的鲜明特征。此外还有尚钺的《中国历史纲要》和吕振羽的《简明中国通史》（修订本）。侯外庐主编的多卷本《中国思想通史》也在1960年全部出版。这是一部以马克思主义理论和方法观察研究中国思想史演变的巨著，该书将思想史研究与社会史研究相结合，重视社会存在与社会意识间的辩证关系，重视历史上唯物思想的挖掘和人民群众思想的阐述，具有不朽的学术价值。

在断代史、专门史与专集、论文、史料整理上，以马克思主义为指导或以实证史学见长的学者，在这一时期都取得众多成果。这些论著和史料整理不仅在当时有很高的学术价值，即使在今天看来很多也是经典之作，拥有广泛的影响。因此，有人说新中国成立后的十七年史学研究只有"五朵金花"是站不住脚的偏见。

中国近代史是一门与现实联系密切的学科。民国时期，马克思主义和非马克思主义关于中国近代史的学派分野与叙述体系已开始形成，政治立场和学派主张已较明显。新中国成立后，马克思主义唯物史观成为近代史研究的指导思想，"厚今薄古"的倡导和社会发展的需求，都使中国近代史研究受到空前重视。1950年5月1日，经中央同意，在中国科学院下设近代史研究所，范文澜任所长。如同学者所言，新中国成立后至1965年的近代史学科尽管遭遇政治运动不断、学术潮流多变，"但学术建树仍令人瞩目，主要是建立了马克思主义的史学体系，开展了系统规范的资料整理工作，若干专题研究成绩突出"①。1954年，胡绳发表《中国近代历史的分期问题》一文，就历史分期存在的问题，以及应当以什么标准进行历史分期提出了意见。胡绳主张中国近代史从时段上是从1840年的鸦片战争到1919年的"五四运动"。以三次革命运动高潮为主线，即太平天国、义和团运动和辛亥革命，又细分为七个时期或阶段。胡绳文章发表后引起热烈讨论，如孙守任《中国近代历史的分期问题的商榷》、金冲及《对于中国近代历史分期问题的意见》、戴逸《中国近代史的分期问题》、范文澜《略谈中国近代史的分期问题》、刘耀《试论中国近代史的分期问题》等文章，此外还有荣孟源、章开沅、李新等学者的文章，对此纷纷发表意见，对胡绳的观点或赞同或商榷，涉及中国近代史的开端、中国近代史的下限以及近代史分期的标准等问题②。通过这次分期问题的讨论，以胡绳意见为主体的中国近代史学科体系、学术体系、话语体系基本确立。

新中国成立后十七年的中国近代史研究成绩不限于历史分期问题，归纳起来还有如下几方面：一是资料编纂。由诸多机构或个人编纂的近代史资料得以出版，涵盖了政治、经济、思想文化、重大事件、个人资料等各方面。二是近代通史的出版。如林增平《中国近代史》和戴逸《中国近代史稿》（第1卷）等。三是围绕鸦片战争史、帝国主义侵华史、

---

①徐秀丽：《中国近代史研究70年（1949—2019年）》，见《经济社会史评论》2019年第2期。

②这次讨论的成果最后汇集成《中国近代史分期问题讨论集》，由生活·读书·新知三联书店于1957年出版。

太平天国史、中法战争史、中日战争史、洋务运动史、戊戌变法史、义和团运动史、辛亥革命史，以及近代经济史、文化史和思想史，出版发表了一大批专著和论文。以革命史和党史为重点的中国现代史研究学科体系也在此期间开始构建。新中国成立前的中国世界史研究，无论在教学教材体系，还是研究队伍和研究成果上都很薄弱。新中国成立后，郭沫若、华岗等史学工作者都在呼吁要重视世界史研究，特别是批判和改变"欧美中心"主义历史观，加强亚非拉地区的历史研究。世界史研究工作者努力学习马克思主义理论，学习借鉴苏联史学成果，筚路蓝缕，开启了中国世界史研究的新征程。其成就主要表现在如下几个方面：一是翻译世界史主要是苏联史学界的成果和编纂世界史史料。如苏联科学院历史研究所编《古代世界史大纲》《近代史教程》、谢缅诺夫著《中世纪史》、叶菲莫夫著《近代世界史》等，以及中国人民大学世界通史教研室编《世界通史参考资料》（古代部分），耿淡如、黄瑞章译注《世界中世纪史原始资料选辑》，周一良、吴于廑《世界通史资料选辑》，王敦书译《李维〈罗马史〉选》，王绳祖、蒋孟引译《吉本〈罗马帝国衰亡史〉选》，杨人楩主编、日知选译《古代埃及与古代两河流域》，尚钺主编《奴隶社会历史译文集》《封建社会历史译文集》，《历史研究》编辑部编译《罗马奴隶占有制崩溃问题译文集》等。二是出版了一批世界通史和断代史论著。如郭圣铭《世界古代史简编》、齐思和《世界中世纪史讲义》、沈炼之《简明世界近代史》、蒋孟引《第一次世界大战》、周一良与吴于廑主编《世界通史》等。突破以欧美为中心的亚非拉区域史、国别史、专题史研究也在此间逐步开展，取得了一批成果。三是相关研究与教学机构的建立。1950年成立的中国史学会下设亚洲史组。1959年，中国科学院历史研究所下设世界历史研究组，1962年扩建为世界历史研究室，1964年5月经国务院批准成立世界历史研究所，对全世界主要国家和地区的历史开展综合性研究。同时，一些主要高校也相继成立了世界通史、区域史教学与研究的研究室或研究所[①]。这些都为新中国世界史研究奠定了良好基础。

新中国成立前的中国考古学虽然有了近三十年的历史，但主要局限在旧石器时代考古，且主要由外国学者把控和推动。新中国成立后，考古工作受到重视。1950年8月，中国科学院设立考古研究所，随后北京大学、西北大学、四川大学等高校设立了考古专业。1960年，中国科学院古脊椎动物与古人类研究所建立。这些都为新中国的考古学，特别是旧石器时代考古学学科建设打下了良好基础。归纳起来说，这一时期中国考古学的成绩主要反映在如下诸方面：一是考古学领域马克思主义指导地位的确立。尹达《中国新石器时代》一书，把考古学视作马克思主义社会形态学说的重要基础，是尝试运用生产力与生产关系理论来探讨社会经济形态的代表。二是旧石器时代考古取得许多重要进展。云南开远小龙潭古猿牙齿化石、云南元谋人门齿化石、陕西蓝田猿人头盖骨化石和下颌骨化石的发现，为探讨中国境内远古人类

---

① 以上参考桂遵义：《马克思主义史学在中国》第十二章第二节；罗志田主编：《20世纪的中国：学术与社会·史学卷》（上）第三编第三章，济南：山东人民出版社，2001年。

的起源提供了重要材料。丁村、西侯度、匼河、小南海、许家窑、金牛山、大荔等遗址的发现,极大地扩展了中国旧石器遗址分布的范围,为探讨中国旧石器考古学文化的时空框架与理论体系创造了条件。贾兰坡等学者为此做出了重要贡献。三是新石器时代考古收获与理论探索成绩斐然。至1979年,新石器时代遗址发现超过六七千处,主要分布在黄河流域,但也遍布全国各地。丰富多彩的新石器时代遗存,将建立中国考古学文化时空框架的任务摆在了学者面前。夏鼐《关于考古学上文化的定名问题》一文,阐释了考古学上"文化"一词的特殊含义,以及考古学文化定名的方法与科学态度,为中国考古学文化时空框架构建提供了理论指导[①]。70年代,在碳十四测年技术应用于考古学并取得成绩的前提下,安志敏、夏鼐撰文[②],初步建立起了中国新石器时代考古遗存的文化序列和史前考古学文化的时空框架。四是夏商周考古工作的系统展开。玉村二里头文化、郑州二里冈和洛达庙等文化遗址、二里头遗址的发掘,为夏文化和先商文化研究提供了重要资料。安阳殷墟遗址及武官村大墓的科学发掘,为研究商代社会性质提供了宝贵资料。西安丰镐遗址及宝鸡周原遗址的发掘,为西周历史研究提供了新认识。由此,三代考古学文化区系的类型体系构建也在此期间取得重要阶段性成果。

当然,新中国成立后的考古学,特别是前十七年的考古

---

① 夏鼐:《关于考古学上文化的定名问题》,见《考古》1959年第4期。
② 安志敏:《略论我国新石器时代文化的年代问题》,见《考古》1972年第6期;夏鼐:《碳—14测定年代和中国史前考古学》,见《考古》1977年第4期。

学成就无论是学科建设、人才培养和研究成绩远不止此。如秦汉至明清的考古在都市城邑、陵寝墓葬、农业手工业遗迹遗物、宗教考古与中外文化交流考古等领域也都取得重要成绩[1],不再一一展开。

(五)"文革"中的史学

1981年十一届六中全会通过的《关于建国以来党的若干历史问题的决议》指出:"一九六六年五月至一九七六年十月的'文化大革命',使党、国家和人民遭到建国以来最严重的挫折和损失。"《决议》还指出,全面建设社会主义的十年里(1957—1966),党的工作在指导方针上有过严重失误,经历了曲折的发展过程。反右派斗争被严重地扩大化,意识形态上出现了严重的"左"的偏差。1957年以来意识形态上"左"的偏差与"文化大革命"发生有"导火线"的关系,在史学领域完全可以印证。一些"左"的做法不仅严重挫伤了史学工作者的积极性,也助长了史学研究和教学中的错误倾向,如"打破王朝体系""以论带史"口号的提出等。但是如《决议》所说"这些错误当时还没有达到支配全局的程度",还属于"偏差"的范围。

1966年开始的"文化大革命"是从史学领域发端的。1965年到1966年对历史主义和阶级观点讨论的批判,将赞成历史主义观点的学者视为具有"反动的资产阶级思想",一大批史学工作者在这些批判、诬陷中受到牵连和迫害。"十

---

[1] 国家文物局主编:《中国考古60年(1949—2009)》,北京:文物出版社,2009年。

年浩劫"中,除了若干考古和史料整理工作尚命悬一线外,其他正常的史学教学、研究和出版工作完全停顿,史学研究成果乏善可陈。

（六）三十年史学研究的评价

以改革开放前后为界,新中国史学大致可以划分为前三十年和后四十年两个时期。前一个时期又可划分为新中国成立后十七年和"文化大革命"十年两个阶段。这里分别就前一个时期的两个阶段谈一点看法。

新中国成立后十七年的史学评价是改革开放后,特别是新世纪以来大家感兴趣的一个话题。有些学者认为十七年的史学是"教条史学""战时史学""完全政治化的史学",是以农民战争史替代整个中国史,是以"部分学术色彩的命题而本质上不是学术命题"的方式来表达"非学术诉求",因而所讨论的不过是一些"假问题",甚至将十七年史学与"文革"史学划分在同一历史时期[1]。但更多的学者认为十七年的史学与"文革"时期的史学不能相提并论。十七年史学虽然存在着许多问题,但仍然取得了很大成绩,如果在十七年史学上失语,并不利于我们今天的史学创新和与国际接

---

[1] 德朋等:《展望新世纪中国史学发展趋势》,《光明日报》,2001年10月2日;黄广友:《改革开放以来"十七年史学"研究评估》,见《中共党史研究》2014年第12期。

轨[①]。特别是林甘泉从马列经典著作出发，辨析了五种生产方式与中国历史分期问题，虽然没有直接过多涉及十七年史学评价，但实际从理论高度肯定了历史分期问题讨论的积极意义，同时指出只有史学工作者端正学风，提高马克思主义理论素养，才可能克服概念化、公式化的毛病[②]。

从前面四个方面的简要回顾和总结可以看到，十七年的史学尽管存在着对马克思主义教条化的理解、学术研究过度政治化的偏差，但总体上取得了很大成绩。首先，将马克思主义唯物史观与中国历史实际相结合，提出并广泛讨论了一批重大历史问题。新中国成立后，以郭沫若、范文澜、翦伯赞、侯外庐、吕振羽等为代表的一批马克思主义史学工作者，继续不懈探索，运用唯物史观基本原理，广泛深入探讨了包括"五朵金花"在内的中国历史中具有普遍性和特殊性的问题，从历史理论和史学实践上大大深化了人们对中国历史的理解。这场讨论中的大多数问题都具有深厚的学术生命力，是解释中国历史绕不开的话题。其历史意义也将会随着

[①] 陈其泰：《建国后十七年史学"完全政治化"说的商榷》，见《学术研究》2001年第12期；《正确评价新中国17年史学道路》，见《史学理论研究》2013年第2期；《正确评价建国后十七年马克思主义史学的地位》，见《天津社会科学》2007年第4期。罗志田：《"文革"前十七年中国史学的片断反思》，见《四川大学学报》2009年第5期；张剑平：《中国马克思主义史学研究》下篇《新中国"十七年"历史学研究评价问题》，北京：人民出版社，2009年；卜宪群、杨艳秋、高希中：《"五朵金花"的影响和地位不容抹杀》，《中国社会科学报》，2014年3月31日；张越：《"五朵金花"问题再审视》，见《中国史研究》2016年第2期。

[②] 林甘泉：《世纪之交中国古代史研究的几个热点问题》，见《林甘泉文集》，上海：上海辞书出版社，2005年。

时代的发展得到更加充分的认识。今天，即使对这场讨论有不同意见的同志，也大都并不彻底否定其中的学术价值。其次，奠定了新中国历史学的基础。新中国的成立为哲学社会科学建设创造了旧中国难以比拟的环境。科研机构和高校历史系的纷纷成立，学术刊物的创办，中国史学会的建立，使史学学科建设、人才培养、学术交流有了稳固的基础和平台。新中国的考古学、中国古代史、中国近现代史、世界史，以及通史、断代史、专门史、历史文献学等学科的基础，毋庸置疑都奠定在这个时期。最后，广大史学工作者以饱满的热情和严谨的科学态度，在马克思主义唯物史观与中国历史实际相结合上、在中国历史与世界历史的实证研究以及历史文献的整理与研究上都做出了重要贡献，为改革开放时期的中国史学奠定了坚实的研究基础。这些都是难以否定的历史事实。

正确评价十七年史学还应当注意如下几个问题：第一，要把十七年马克思主义史学研究所取得的成就与教条化的马克思主义区分开来。新中国成立后，马克思主义史学研究中的确存在着教条主义倾向，郭沫若、翦伯赞等同志在20世纪50年代后期已经看到了这些问题的存在并力图纠正，由于客观政治因素干扰而被扼杀，但绝不能因此而完全否定马克思主义史学家所做的一切工作。第二，要把马克思主义史学家对历史与现实、学术与政治的关切与"左"的政治思潮影响区别开来。史学与现实、与政治的关系是一个古老的话题。马克思主义史学从不是脱离现实、脱离政治的科学，而是有自身鲜明的阶级性和意识形态属性，与中国共产党的理想信念和追求目标有着高度的统一性，是为最广大人民群众服务的一门科学。由于"左"的思潮影响，十七年史学中出现了我们不愿看到的一幕，留下了深刻的教训，但这绝不是马克思主义史学关注现实、关注政治自身的错误。有责任、有担当的史学工作者，总会把自己的研究与国家命运、人民利益紧紧结合在一起。第三，要把十七年史学与"文革"史学区分开来。如前所述，新中国十七年的史学成就奠定了中国马克思主义史学的学科体系、学术体系和话语体系的基础，但十七年史学的自身发展与"文革"史学之间并没有必然内在的逻辑关系。

二、改革开放四十年的史学研究

史学命运与国家命运是联系在一起的。1978年底召开的十一届三中全会，重新确立了党的解放思想、实事求是思想路线，开启了改革开放新征程。经过拨乱反正，史学界肃清"四人帮"的流毒和"左"倾错误影响，摆脱教条主义束缚，思想空前解放，迎来了百花齐放、万紫千红的春天。党和国家对史学研究高度重视，史学工作者勤奋努力，史学在学科建设、学术成果、人才培养和对外交流上取得了前所未有的成就，史学步入了繁荣昌盛的新阶段。与此同时，马克思主义史学既焕发出新的活力、展现出强大的生命力，也经受着新的考验。以下从四个方面对四十年来史学研究做一简要回顾与总结。

（一）时代变迁与史学的新发展

史学与时代有着不可分割的关系。拨乱反正后，史学百废待兴，史学工作者以饱满的热情投入工作中，希望把失去的岁月夺回来。但史学客观存在的深层次问题也不容回避。首先，人才培养的断层和学科建设的停滞，致使史学研究后继乏人。其次，长期以来对马克思主义理论的简单化、教条化、公式化理解，以及对史学功能的片面性认识，制约、束缚着历史理论与史学理论的探索，致使史学研究方法单一、对象单调、话语陈旧、信息闭塞。再次，"四人帮"对历史学摧残所造成的社会对史学功能的错误认知、社会转型与史学自身不相适应等因素，致使史学发展面临重重困难。改革开放初期的史学研究就是在这样的基础上艰难起步的。经过四十年的大踏步发展，这些状况已得到根本的改变。

  1.史学研究的政治与社会环境根本改变。改革开放后，对马克思主义简单化、教条化、公式化的理解，把史学简单视为政治工具的做法被彻底否定。1980年4月8日，胡乔木同志在中国史学会代表大会上说："马克思主义的基本立场、观点、方法，应成为历史研究工作的向导……历史科学满足政治需要的正确理解应该是，历史向社会也向政治提供新的科学研究的成果，而社会和政治，则利用这种成果作为自己活动的向导。"①胡乔木的讲话代表了史学工作者的心声，正确阐明了马克思主义与史学、史学与政治的关系。以科学的态度对待历史文化，取其精华，去其糟粕，使之与当代社会相适应、与现代文明相协调，保持民族性，体现时代性，发挥其在建设中国特色社会主义伟大进程中的应有作

---

  ① 林永匡：《中国史学会代表大会在北京举行——胡乔木同志就发展我国历史科学问题作了重要讲话》，见《历史教学》1980年第6期。

用，是改革开放后党和国家对史学的殷切期望。邓小平同志说："要懂得些中国历史，这是中国发展的一个精神动力。"[①]江泽民同志说："一名领导干部不善于从历史中吸取营养，不可能成为高明的领导者；一个政党不善于从总结历史中认识和把握社会发展规律，不可能成为顺应历史潮流的自觉的政党；一个民族不善于从历史中继承和发展本民族和世界其他民族创造的优秀文明成果，不可能屹立于世界民族之林。"[②]胡锦涛同志说："浩瀚而宝贵的历史知识既是人类总结昨天的记录，又是人类把握今天、创造明天的向导……不仅要学习中国历史、还要学习世界历史，不仅要有深远的历史眼光、而且要有宽广的世界眼光。"[③]党的十八大以来，习近平总书记更是对历史研究高度重视，对史学工作者寄予厚望。他多次指出"历史是最好的教科书，历史是人类最好的老师"，指出"我们进行伟大斗争、建设伟大工程、推进伟大事业、实现伟大梦想，更需要重视、研究、借鉴历史。这对我们丰富头脑、开阔眼界、提高修养、增强本领具有重要意义"[④]，他强调"历史研究是一切社会科学的基础"，希望史学工作者"加快构建中国特色历史学学科体系、学术体

[①]《振兴中华民族（一九九〇年四月七日）》，见《邓小平文选》第三卷，北京：人民出版社，1993年，第358页。

[②]《高度重视学习中华民族发展史》，见中国社会科学院历史研究所编《简明中国历史读本·序》，北京：中国社会科学出版社，2012年。

[③]《进一步认识把握社会历史发展规律增强推进改革发展的自觉性主动性》，《人民日报》，2003年11月26日。

[④]《努力造就一支忠诚干净担当的高素质干部队伍》，见《求是》2019年第2期。

系、话语体系"①。在习近平总书记和党中央的关怀下,史学研究从来没有像今天这样受到全社会的重视,新时代史学工作者的历史使命更为崇高和艰巨。

2. 人才培养与组织机构建设成绩卓著。改革开放之初,20世纪初以来学贯中西的史学大家有的还健在,"文革"前受过系统训练的一批高校历史系毕业生虽然受到"文革"的很大干扰,但其中仍有很多同志努力学习马克思主义,具有良好的史学素养,很快在史学研究上发挥出引领作用。党和国家对教育与科研的重视,使史学人才培养和史学研究队伍建设很快走上了制度化的道路。1977年恢复了高等学校招生考试制度,1978年研究生招生得以恢复,1981年正式确立了新中国自己的学位制度,这些都极大地推动了历史学人才队伍的培养。一大批历史研究机构和高校史学教学机构的设立,使学科建设有了稳固阵地。从20世纪90年代到21世纪,教育部人文社会科学重点研究基地、"211"工程大学、"985"工程大学、"2011协同创新"计划、"双一流"高校建设,以及考古学、中国史、世界史三个一级学科设置等,有力促进了史学的建设发展。2019年1月3日,在习近平总书记的直接关怀下,中国社会科学院中国历史研究院成立,习近平总书记亲自发来贺信,对中国历史研究院和全国史学工作者寄予殷切希望,中国史学发展迎来了新时代。

3. 研究方向与重大项目有了系统规划。1979年,中国社

---

① 《习近平致信祝贺中国社会科学院中国历史研究院成立》,《人民日报》,2019年1月4日。

会科学院主持的中国历史学规划会议在成都召开。这是改革开放后史学界的一次盛会。会议回顾历史，总结经验教训，对若干历史专业研究中的问题进行了讨论，并重点讨论了中国历史学规划草案，落实了中国历史学的八年规划（1978—1985）[①]，这次会议对改革开放后的史学建设具有重要意义。1980年，中国史学会恢复活动，历史学（包括考古学）各专业学会、各地区史学会也纷纷成立，至今仍发挥着重要作用。此后，《中国历史大辞典》《中国大百科全书》历史部分的编纂、历史资料的整理，以及诸多重点史学研究方向的确立，都与这次会议的规划有关。1983年，中央新成立的全国哲学社会科学规划领导小组在长沙召开全国历史科学规划会议，首次将规划项目纳入国民经济和社会发展第六个五年计划。以中国史为例，白寿彝主编的《中国通史》，戴逸、王戎笙主编的《清代通史》和《清代人物传》，侯外庐、邱汉生、张岂之主编的《宋明理学史》，张政烺、周绍良负责的《敦煌文书整理研究》（汉文部分），唐长孺负责的《吐鲁番文书整理研究》和《1972—1974年出土居延汉简整理与研究》，林甘泉主编的《中国封建土地制度史》，以及《中国经济通史》等都在此时纳入规划或启动。这两次规划会议对新时期史学的指导思想、学科建设、人才培养、研究方向等方面都产生了深远影响。1991年6月，中央决定在全国哲学社会科学规划领导小组下设全国哲学社会科学规划办公室（现

[①]《中国历史学规划会议在成都举行》，见《历史教学》1979年第4期；周自强：《我国历史学界的一次盛会——记中国历史学规划会议》，见《中国史研究动态》1979年第6期。

改为"全国哲学社会科学工作办公室"），负责制订全国哲学社会科学发展规划和年度计划，采取设置课题指南投标等多种方式资助史学课题研究，在引领和推进史学研究上产生了重大作用，具有很高的学术声誉。

改革开放四十年，国家还重点投入组织实施了一批史学（含考古学）项目，扶持"绝学"、冷门学科等，如大家耳熟能详的夏商周断代工程、中华文明探源工程、《清史》纂修工程、《中华大典·历史典》编纂工程、《儒藏》工程、边疆历史与现状综合研究项目、抗战研究专项工程等。特别是在习近平总书记《在哲学社会科学工作座谈会上的讲话》（以下简称《讲话》）精神鼓舞下，以及中办、国办《关于实施中华优秀传统文化传承发展工程的意见》下发后，涵盖在"绝学"和冷门学科中的诸多史学学科受到党和国家的重视，史学学科建设更加丰富全面。

4.开放的信息交流渠道逐渐形成。改革开放后的史学在理论方法、研究领域、交流空间上都不再是封闭式的。中国港台地区及国外史学研究信息被大量翻译、介绍进来。例如1979年创刊的《中国史研究动态》几乎每期都有相关的内容，《中国史研究》更成为海内外中国史学者理论与实践探讨的精神家园。随着经济实力的增强，越来越多的学者走出国门，也有更多海外学者进入我国开展学术交流。众多重要的史学名著被翻译到中国，如《剑桥中国史》系列、《中国近代史研究译丛》、《哈佛中国史》系列、《汉译世界学术名著丛书》《海外中国研究丛书》《中外关系史名著译丛》《法国西域敦煌学名著译丛》《日本学者研究中国史论著选译》《世界汉学论丛》《海外中国研究丛书》《早期中国研究丛书》等都是代表。学术交流的广泛有力推进了学术发展，中外学者在很多历史问题的研究上拥有了更多相同相似的主题与话语。

（二）研究领域的深化与学科体系构建的完善

四十年来，中国史学呈现出繁荣昌盛、生机勃勃的局面，集中反映在研究领域的深化拓展与学科体系构建的进一步完善。中国古代史、中国近代史、世界史、边疆史地、考古学研究上都取得了瞩目的成绩，这里我们择其主要方面做一简要回顾。

1.中国古代史。中国古代史在通史、断代史、专门史研究上都取得丰硕成果，并具体体现在政治、经济、社会、思想、文化史等各个领域。

（1）通史与断代史编纂琳琅满目。"文革"前，范文澜在《中国通史简编》修订本基础上编纂的《中国通史》，范老去世后，由蔡美彪主持完成十卷本《中国通史》（后续补两卷至清代灭亡）。郭沫若主编的《中国史稿》在郭老去世后由尹达主持，七卷本《中国史稿》全部出齐。白寿彝主编的十二卷《中国通史》是20世纪末中国史学的扛鼎之作，吸收古今史书编纂体裁优长，不仅在写作方式上开拓创新，也提出了诸多创见。21世纪以来，中国社会科学院历史研究所编纂的五卷本《中国通史》，面向社会大众，以一百个专题的形式叙述了中国境内自远古人类起源，到清朝结束的历史，获得良好的社会反响。曹大为、商传、王和、赵世瑜总主编的《中国大通史》，是最新出版的一套自史前至民国的通史，在编纂理念和编纂方式上体现出自己的特色。上述通史就其内容说不全是古代史，但无疑是以古代史为主的。与通史并列的断代史编纂在这一时期也取得重要成果，如杨宽的《西周史》《战国史》，宋镇豪主编的十一卷本《商代史》，林剑鸣的《秦史稿》和《秦汉史》，王仲荦的《魏晋南北朝史》和《隋唐五代史》，韩国磐的《隋唐五代史纲》修订本，陈振的《宋史》，李锡厚、白滨的《辽金西夏史》，吴天墀的《西夏史稿》，周良霄、顾菊英的《元史》，韩儒林主编的《元朝史》，南炳文、汤纲的《明史》，顾诚的《南明史》，王戎笙、李洵的《清代全史》，李治亭主编的《清史》等。尽管上述通史或断代史的编纂还有缺憾和不足，但有不少都是学科奠基性的，至今尚不可替代。

（2）政治史研究向纵深发展。政治史是史学研究的核心领域之一，是解读历史发展变迁的重要方面。改革开放后，政治史研究突破了以前的狭隘范围，在理论方法和研究对象上都向纵深发展。白钢主编的十卷本《中国政治制度通史》，摆脱了职官史的局限，全面梳理了先秦至民国政治制度的发展历程。各时期政治制度的各个层面，如国体与政体、皇权、机构、职官、仕进、考课与监察、法制、军事、礼制、外交、阶级与阶层、政治人物评价、文书行政、政治运作形式、基层政治等，都有极大推进，大都有一部或数部专著出版，断代政治史和专题性的通史也有丰硕成果。政治文化与政治文明作为一种理论与方法开始进入研究者的视野。政治史研究不再是静态描述，而是将政治史与制度史、社会史、文化史有机结合起来，"活"的制度史研究受到重视。历代中原王朝政治史是重点，但少数民族政权政治史也受到关注。中外政治制度的比较研究在日知、刘家和、马克垚等推动下,围绕古代城邦制度、专制主义、封建制度等问题进行了热烈讨论。与政治史紧密相关的法制史研究取得骄人成绩,张晋藩总主编的十卷本《中国法制通史》,展现了20世纪中国法制史的研究水准;刘海年、杨一凡总主编的十四卷《中国珍稀法律典籍集成》及《续编》,是中国法律典籍整理的重要成果。各断代法制史、法律思想史及众多法律文献整理也取得丰硕成果①。军事史研究不再单纯作为政治史的一部分,军事制度、军事后勤、军事思想、军事人物、军事文献等都有了深入研究和整理。需要特别指出的是,众多古文书、古文献的发现,地方政府档案的整理出版,为政治史、法制史、军事史研究提供了珍贵的资料。

(3)经济史研究迎来高潮。四十年来,经济史研究受到高度重视。一是一批研究机构建立和刊物创立。1977年,中国社会科学院经济研究所在原经济史组的基础上建立了中国经济史研究室;1980年,历史研究所成立经济史研究组,近代史研究所成立经济史研究室;一批高校和科研机构也先后成立经济史研究所或教研室。和经济史研究相关的刊物、学会相继创办。1981年,《中国农史》创刊;1982年,《中国社会经济史》创刊;1986年,《中国经济史研究》创刊;1985年,中国商业史学会成立;1986年,中国经济史学会成立。这些都直接推动了中国古代经济史的研究与繁荣。二是一批

---

① 陈晓枫、柳正权:《中国法制史研究世纪回眸》,见《法学评论》2001年第2期。

中国古代经济史资料整理出版。如王永兴的《隋唐五代经济史料汇编校注》，郭厚安的《明实录经济资料选编》，谢国桢的《明代社会经济史料选编》，傅筑夫、王毓瑚等的《中国经济史资料·秦汉三国编》《先秦编》，历史研究所的《明清徽州经济资料丛编》（一、二辑）等，以及一大批行业、区域经济史料和传世文献、新出文献中的经济史料整理刊布[1]。三是由于时代的变化、视角的转化和吸收新的经济学理论与模式，经济史的研究对象和方法都有了新的变化。传统经济史研究中的若干问题继续得到关注，但研究重心的转移也十分明显。对中国古代经济的整体性、规律性问题认识，以及从历史与现实关联的角度探讨古代社会经济的特点趋势加强。中国封建经济结构的特点，中国封建社会为什么长期延续，商品经济与自然经济、生产力发展水平，土地制度与阶级关系，传统经济的现代化，城镇与市场，前近代经济结构与发展水平，"三农"问题等受到广泛关注。经济史研究中的思想史、财政史、城市史、商业史、货币史、人口史、工业史、贸易史等专门史，区域经济史，少数民族经济史，以及与经济史紧密相连的环境史等，都有了开创性的研究。四是马克思主义经济理论与中国实际相结合，在社会经济形态、经济通史、断代经济史、专门经济史和区域经济史研究上均取得了丰硕成果。如胡如雷用马克思主义经济学原理分析中国封建社会经济撰写的《中国封建社会形态研

---

[1] 王嘉川：《20世纪后半期中国古代经济史资料的整理与出版》，见《河北学刊》2012年第1期。

究》，傅筑夫的《中国封建社会经济史》，中国社会科学院历史研究所、经济研究所、河北大学、郑州大学协作完成的《中国经济通史》，林甘泉主编的《中国封建土地制度史》第一卷，胡寄窗的《中国经济思想史》等都是代表[①]。

（4）社会史研究异军突起。改革开放之前，社会史研究还很难说是一门独立的学科，其研究领域比较狭窄，而且主要附属于社会经济史或政治史之中。改革开放后，人们逐渐认识到社会史研究的重要意义及其广阔前景，对社会史的关注空前高涨。四十年来，中国社会史学会的成立，南开大学中国社会史研究中心、中国社会科学院历史所与近代史所社会史研究室、中山大学历史人类学研究中心等机构的成立，以及《中国社会历史评论》《历史人类学》的创刊，为社会史研究构建了良好的平台。尽管对社会史的学科定位以及概念理解还有不同意见，但其研究成绩是公认的[②]。社会组织与结构、宗族与家族、家庭与人口、婚姻形态、社会生活、社会问题、社会势力、风俗信仰、民间宗教、地域或区域社会、日常生活、社会文化、市民社会、社会流动与社会控制等研究，以及民间文献整理等方面都有代表性的论著与成果出版。与社会史相关的疾疫史、医疗史、灾害史、性别史、

[①] 李根蟠：《二十世纪的中国古代经济史研究》，见《历史研究》1999年第3期；林甘泉：《二十世纪的中国历史学》。

[②] 常建华：《改革开放40年以来的中国社会史研究》，见《中国史研究动态》2018年第2期。

乡村史，以及田野调查和口述史等都受到广泛重视①。以"国家与社会"为分析框架的理论模式，开始渗透史学研究领域，影响有逐步扩大的趋势。其所预设的历史解释模式和研究范式，在新的问题意识形成、话语体系建构上均有突破，直接推动了中国历史长时段重大问题的研究，以及基层社会、社会结构变迁等具体问题的探讨，其含义已不是狭义的社会史所能涵盖的。

（5）思想史、文化史研究成就斐然。改革开放后，思想史研究脱离了教条主义束缚，在理论方法、研究内容、资料整理上都取得了重要成就。简帛资料的出土，极大丰富了先秦文献和思想史的研究，中国古代思想探源取得诸多突破性进展。儒家思想的历史地位有了新的评价，当然它在中国历史发展中的作用认识还不一致，关于"国学""新儒学"的兴起与争论就反映了这一点。思想史的研究领域明显拓宽，关注的问题增多，研究方法与研究视角呈现多元化趋势。侯外庐、邱汉生、张岂之主编的《宋明理学史》，任继愈的《中国哲学史》和《中国佛教史》，卿希泰的《中国道教思想史纲》，李泽厚的《中国古代思想史论》，刘泽华主编的《中国古代政治思想史》，葛兆光的《中国思想史》，匡亚明主编的《中国思想家评传丛书》等都是代表。思想史中的专题性研究、人物、思潮、流派研究走向纵深和细化。与思想史相关联的自先秦至明清的学术史研究也取得很多新成果，如李

---

①郭松义：《中国社会史研究五十年》，见《中国史研究》1999年第4期；赵世瑜、邓庆平：《二十世纪中国社会史研究的回顾与思考》，见《历史研究》2001年第6期。

学勤的《周易经传溯源》、卢钟锋的《中国传统学术史》、陈祖武的《中国学案史》《乾嘉学派研究》等①。

文化史研究是极富时代意义的一门学科，20世纪二三十年代就开始起步，但新中国成立后一度沉寂。改革开放后，伴随史学研究的复苏、对传统文化现代化的反思，以及对中国未来发展的文化选择思考等因素影响下，文化史研究很快成为热点。1978年和1979年，复旦大学和中国社会科学院近代史研究所分别设立了文化史研究室；1988年，中国艺术研究院创办中国文化研究室；1991年，中国社会科学院历史研究所成立文化史研究室；西北大学、清华大学、山东大学、湖南大学、湖北大学等高校也成立了中国思想文化研究机构。一批以研究文化史为主题的刊物、论著的出版，有力促进了文化史学科建设与学术繁荣。萧克任编委会主任的《中国文化通志》，冯天瑜、何晓明、周积明的《中国文化史》，郑师渠主编的《中华文化通史》，张岱年、方克立主编的《中国文化概论》，周一良的《中外文化交流史》，袁行霈主编的《中国地域文化通览》等均为代表。上海人民出版社、中华书局等出版机构出版的文化史丛书，推出了一批有分量的专著。文化专题史、断代文化史、民族文化史、区域文化史、中外文化交流史研究成绩斐然，物质文化、制度文化、精神文化研究向深入发展。文化史研究的发展带动了史学新的学科增长点建设，如中国社会科学院历史研究所文化史研

---

① 张海燕：《二十世纪的中国思想史研究》，见《中国史研究动态》2002年第1期；卢钟锋：《回顾与总结：新中国历史学五十年》，见《中国史研究》1999年第3期。

究室编纂的《形象史学》，就是一个有益尝试。当然，文化史研究也存在着鱼龙混杂、对象不明的现象。

（6）其他学科。除上述外，中国古代史还有很多重要学科取得可喜进展。民族史在民族理论、民族起源、民族政权、民族人物、民族关系、民族社会、民族思想文化、民族史学等领域的研究取得丰硕成果，推进了中华民族多元一体共识的形成。民族文献整理和民族考古新发现是新时期民族史研究的亮点。中外关系史研究在新时期显著增强。新的文献和考古资料的发现，加强了学科基础建设。我国古代与域外的陆路、海路交通，与中亚、西亚、东南亚、东北亚、南亚的经济文化交流研究十分活跃。特别是习近平总书记"一带一路"倡议，推动了从"丝绸之路"向"一带一路"为中心的中外关系史研究。史学史研究在史学文本、断代史学、史学家、史学思想、史学批评、史学与社会、少数民族史学、中外史学比较等方面取得丰硕成果[1]。历史地理研究在新时期的突出成就反映在学科基础建设和研究领域的深化开拓上。谭其骧主编的《中国历史地图集》、国家历史地图集编纂委员会编《中华人民共和国国家历史地图集》（第1册），史念海的《河山集》（2、3集），侯仁之的《历史地理学的理论与实践》等，都具有重要学科意义。传统沿革地理仍然成果众多，但人文地理、城市地理、人口地理、自然地理、军事地理、交通地理、医学地理、科技地理，以及地理

---

[1] 瞿林东：《中国史学史研究八十年(下)》，见《淮阴师范学院学报》2007年第3期。

信息系统等新的分支广泛拓展①。改革开放后，历史文献学的学科体系也日益完善。文献学理论、版本目录学、校勘学、辨伪学、辑佚学、藏书学都取得很大成绩。与历史文献学有密切关系的甲骨学、简帛学、敦煌学、徽学等古文书学研究取得了重要成就，徽学成为国际性学科，敦煌在中国、敦煌学在国外的状况得以根本改变。

2.中国近代史。改革开放后，近代史研究在广度和深度上都大为拓展，出现了繁荣活跃的局面。

（1）诸多重大问题的讨论。近代史分期是近代史学科建设的重要问题。在20世纪50年代后关于近代史分期问题讨论的基础上，李侃、陈旭麓、张海鹏等发表文章，提出应当按照社会性质来划分历史时期的看法，主张把近代史的下限划在1949年②。这一看法渐成主流，对学科建设具有重要意义。近代史研究的视角也更为宽阔，对近代史的基本线索、近代社会性质、近代化进程等重大问题展开了热烈讨论。学者对胡绳用阶级斗争的表现来做划分时期的标志和三次革命高潮的概念进行了讨论，展开了所谓"革命史范式"和"现代化范式"之争。如李时岳的《从洋务、维新到资产阶级革命》《中国近代史主要线索及其标志之我见》，以及与胡滨合写的《论洋务运动》等文认为，太平天国农民战争、洋务运动、维新运动、资产阶级革命"标志着近代中国历史前进的

---

①葛剑雄、华林甫：《二十世纪的中国历史地理研究》，见《历史研究》2002年第3期。

②张海鹏：《60年来中国近代史研究领域有关理论与方法问题的讨论》，见《近代史研究》2009年第6期。

基本脉络"。而"洋务运动、维新运动和资产阶级革命，是近代中国前进的几段重要历程"。他们还认为："中国近代处于过渡时代。从独立国家变为半殖民地（半独立）并向殖民地演化，这是个向下沉沦的过程；从封建社会变为半封建（半资本主义）并向资本主义演化，这是个向上发展的过程。"因此，近代中国"陷入半殖民地半封建深渊"的提法是不能成立的①。李时岳等人的观点，引起了胡绳、苏双碧、荣孟源、张海鹏、苑书义、章开沅、戚其章等一大批学者的热烈讨论，也引起了两个"范式"主从关系的长期争论。尽管争论没有达成一致，但丰富了人们对中国近代史学科体系的认识。近代中国是半殖民地半封建的社会性质一直没有太多异议。新时期有学者对近代中国社会性质也提出了不同意见，认为"两半"论把中国近代社会的半殖民地过程与半封建过程视为不可分割的统一整体是不当的。辛亥革命之前的中国仍是封建社会，辛亥革命以后的中国是半封建或半资本主义社会（也有文章认为是资本主义社会），辛亥革命之前和之后，无论如何都不是半殖民地半封建社会。"'两半'论延误了我们反封建历史任务的完成"②。这个看法当然会引起争论，如汪敬虞认为："近代中国由封建社会向半殖民地半封建社会的转变，这是历史的沉沦，不是时

---

① 文章分别发表在《历史研究》1980年第1期、《历史研究》1984年第2期、《人民日报》1981年3月12日。

② 林有能：《中国近代社会性质的再认识——广东史学界的一场争论》，见《学术研究》1988年第6期；张海鹏：《60年来中国近代史研究领域有关理论与方法问题的讨论》。

代的进步。半殖民地半封建,这是一个不可分割的整体。""用半殖民地半资本主义的提法取代半殖民地半封建的提法,以之为中国的近代社会定性,那既没有如实反映近代中国的历史现实,也不能正确指明中国未来的发展方向。"①也有学者认为:"究竟如何看待近代中国的半殖民地半封建问题,可以从学理上去分析,也可以从历史实践上去分析。但是任何学理的分析,都只能基于历史实践。"②这个看法我们认为是很中肯的。中国近代化的进程也是新时期讨论的重大问题,成果众多。但是在这场讨论中出现的只认同改良而否认革命的意义,竭力美化近代以来一些阻碍历史进步的人物,甚至反对将帝国主义与中华民族的矛盾视为近代中国社会的主要矛盾等看法,恐怕就不仅仅是学术意义上的争论了。

(2)学科体系的完善。新时期近代史的学科体系进一步完善,对近代史的认识也更加完整。不单是研究革命者、统治阶级历史,如晚清、北洋、民国统治者及其活动也成为重要研究对象。近代社会史和文化史的学科属性日渐成熟,出版发表了一批论著,取得丰硕成果。中国社会科学院台湾史研究中心和近代史研究所台湾史研究室的成立,推动了台湾史研究,台湾史的学科框架和学术体系已经建立。口述史、影像史获得学界认可,为近代史的资料收集与学科建设做出了贡献。

(3)丰厚的研究成果。新时期近代史研究成果丰厚。一

---

①《中国近代社会、近代资产阶级和资产阶级革命》,见《历史研究》1986年第6期。

②张海鹏:《60年来中国近代史研究领域有关理论与方法问题的讨论》。

是通史编纂加强。如张海鹏主编的《中国近代通史》、李侃等主编的《中国近代史》等。二是晚清政治史研究深化。研究视角更广阔，讨论的问题更深入，尽管有不少意见分歧，但也取得很多共识。例如少数学者将鸦片战争视为中国传统朝贡贸易体系与近代条约通商体系之间的一场战争，但主流观点还是认为其性质是西方资本主义国家向中国发动的侵略战争[①]。太平天国史在太平天国革命的性质、政权性质、政体性质，以及太平天国的宗教、军事、典章制度、人物评价等问题研究上都有深入讨论。虽然意见分歧还比较多，但太平天国是一场农民战争、农民革命性质的认识仍是主流。此外，还包括洋务运动的积极意义受到更多肯定等。三是民国史研究蔚为大观。李新主编的多卷本《中华民国史》《中华民国史人物传》《中华民国史大事记》，是民国史研究的代表作。辛亥革命的性质、意义与作用认识得到加深，南京临时政府的政治研究更为系统。北洋军阀研究较过去更全面，对其形成的历史原因、阶级属性、历史作用认识更丰富，个案研究增多。突破单纯的"革命史"框架后，南京国民政府的研究视野更开阔，对国民党政权在中国历史上的地位和作用，以及其最终在大陆失败的原因认识与评价更丰富。四是革命史研究的学术性增强。李新、陈铁健主编的多卷本《中国新民主主义革命时期通史》，胡绳主编的《中国共产党的七十年》，中共中央党史研究室主持编写的《中国共产党历

[①]葛夫平：《新中国成立以来的鸦片战争史研究》，见《史林》2016年第5期。

史》等，都是这方面的代表作。中共建党和国民革命史研究、苏维埃革命史研究、抗战及解放战争史研究，不仅许多具体史实问题研究得到深化，而且理论认识与宏观问题的讨论也更深入。世纪之交围绕胡绳提出的社会主义和资本主义关系、新民主主义理论的大讨论也是代表。五是近代中外关系史在帝国主义侵华史、外交史，以及近代中外关系专题史研究上都取得重要进展。中国社会科学院近代史研究所编写的《日本侵华七十年》《沙俄侵华史》，石源华著《中华民国外交史》是其代表。近代中国不平等条约、租界、港澳史等专题史研究或从无到有或大大推进。六是近代思想史在理论研究、通史研究、资料整理、近代思想家和思想进程、思潮、学术思想等领域成果丰硕且有新的拓展。七是近代经济史研究围绕近代经济史的中心线索、资本主义发展水平、商会史、现代化、区域经济、前近代生产总值等问题，都有很多拓荒式的研究。八是近代社会史在社会结构与社会群体、城市与近代城市化进程、乡村与区域社会、社会问题与社会治理、民众生活、性别史研究以及社会史研究范式上都有重要突破。九是近代文化史在文化转型，市民社会与公共空间，近代新词语，符号、仪式与节日纪念，历史记忆等问题研究上取得了丰硕成果。

3.世界史。改革开放以来的现实需要有力促进了世界史研究的繁荣发展。世界史研究在组织机构、学科建设、人才培养、学术成果上都取得可观成绩。一是学科建设卓有成绩。1978年后，世界史的相关学会、研究和教学机构纷纷建立。对外开放促进了世界史的学术交流，世界史的人才培养途径更广阔。1978年，中国社会科学院世界史研究所创办《世界历史》，及其后各研究机构、高校相关刊物、集刊的创办，为世界史研究成果刊布创造了条件。西方世界史研究的重要理论与学术成果翻译众多，如"汉译世界学术名著丛书""年鉴学派"著作、西方马克思主义史学论著、剑桥世界史系列等，极大开阔了世界史研究者们的视野，为世界史的学科建设奠定了坚实基础。二是在通史、区域史、国别史、专门史研究上成果较多。吴于廑在《中国大百科全书·外国历史卷》"世界历史"条中关于整体的世界史一系列观点得到广泛认同，在通史与分期史撰写中得到体现。如吴于廑主编的《世界通史》，吴于廑、齐世荣主编的《世界史》，东北师范大学编写的《世界上古史纲》，刘家和主编的《世界上古史》，郭圣铭著的《世界文明史纲要（古代部分）》，朱寰主编的《世界上古中古史》，齐世荣主编的《人类文明的演进》，周一良等新编世界史系列，马克垚主编的《世界文明史》，武寅总主编的《世界历史》等都是代表。亚洲史、欧洲史、非洲史、拉丁美洲史研究，国别史研究，世界经济史、政治史、文化史研究，都成绩斐然，发表出版了大量的论著[1]。

4.边疆史地研究。边疆史地是和国家边疆安全与稳定有重大关系的一门学科。边疆史地研究虽然有较长的历史，但新中国成立后的相当长时期，边疆史地研究包含在广义的历

---

[1] 罗志田主编：《20世纪的中国：学术与社会·史学卷》第三编；陈启能：《新世纪以来中国的世界史研究的进展》，见张海鹏主编《中国历史学40年（1978—2018）》，北京：中国社会科学出版社，2018年。

史学范畴之内，还处于相对停滞的局面。改革开放后，在现实需要和相关学科发展的推动下，中国边疆史地研究重新起步。1983年，中国社会科学院成立边疆史地研究中心（2014年更名为"中国边疆研究所"），这是新中国第一个以中国边疆为研究对象的专业机构。1991年，《中国边疆史地研究》创刊。几十年来，中国边疆研究所出版了"中国边疆史地研究丛书""边疆史地丛书""中国边疆史地文库""中国边疆史地研究资料丛书"等，为推动中国边疆史地研究做出了重要贡献[1]。20世纪80年代以来，中国边疆史地研究成果丰硕，学者在对中国边疆研究的理论思考，历史上的中国疆域研究，中国封建王朝边疆政策、民族统治政策研究，近代中国边患与边界问题研究，近代中国边疆研究的思潮、群体、学者和著作研究等方面都取得重要成就[2]。进入20世纪90年代及21世纪后，中国边疆史地研究更进入了一个新的发展阶段。一是"中国边疆学"学科构建问题开始提出，在学科定位、学术体系上的讨论，学科机构建立与人才培养的深度和广度上都取得较大成绩，建立中国边疆学的共识越来越多[3]。二是在北部边疆、东北边疆研究上成绩突出。如吕一燃的《中国北部边疆史研究》、孟广耀的《北部边疆民族史

---

[1] 马大正：《二十世纪的中国边疆史地研究》，见《历史研究》1996年第4期。

[2] 马大正、刘逖：《二十世纪的中国边疆研究——一门发展中边缘学科的演进历程》，哈尔滨：黑龙江教育出版社，1995年。

[3] 厉声、冯建勇：《四十年来中国边疆史地研究的繁荣与发展》，见张海鹏主编《中国历史学40年(1978—2018)》。

研究》、赵云田主编的《北疆通史》、林荣贵主编的《中国古代疆域史》、佟冬主编的《中国东北史》、程妮娜主编的《东北史》、张博泉的《中华一体的历史轨迹》等。三是海疆史的构建。在新中国成立后海疆史初创基础上，20世纪70年代至80年代初，海疆史开始了新的探索。20世纪80年代初至21世纪，中国海疆史研究在学术机构、人才培养和学术成果上稳步发展。代表性的成果有安京的《中国古代海疆史纲》，张炜、方堃主编的《中国海疆通史》，杨金森、范中义的《中国海防史》，曲金良主编的《中国海洋文化史长编》，李金明的《中国南海疆域研究》，李国强的《南中国海：历史与现状》，鞠德渊的《钓鱼岛正名：钓鱼岛列屿的历史主权及国际法渊源》，刘江永的《钓鱼岛列岛归属考——事实与法理》等。海疆史的资料整理、研究路径与方法也都有所拓宽。

5.考古学。新时期的考古学收获丰硕，不仅推动了考古学及其分支学科的快速发展，培养了大批考古学人才，更为推动中华文明探源和中国历史研究做出了重要贡献。这里只能择其要者做一鸟瞰式的介绍。一是在旧石器时代考古上，人类起源研究取得重大突破。泥河湾盆地遗址、蓝田遗址的新发现，百色盆地遗址群以及长江以南多地区早期人类活动线索的发现，为人类起源"多地区进化说"以及东亚也是人类起源的重要地区提供了证据。二是新石器时代考古揭示了中华文明起源与早期国家形成的历程，中国史前文化的时空框架进一步完善。20世纪80年代初苏秉琦提出的中国史前文化"六大区系类型"划分，到新世纪得到进一步验证完善，为古史重建和中华文明探源奠定了坚实基础。"多元一体""重瓣花朵""相互作用圈"等模式的提出，改变了过去单一中心论的认识，证明了统一多民族国家形成的史前基础。长江流域、黄河流域、淮河流域有关农业遗址的发现，如江西万年仙人洞、吊桶环，湖北道县玉蟾岩、内蒙古兴隆洼、甘肃大地湾、河南贾湖等，说明中国是远古农业的起源地之一。安徽凌家滩、辽西红山、浙江良渚、山西陶寺、陕北石峁等遗址，反映了远古中国从史前向文明的跨越。改革开放后，特别是新世纪关于中华文明的起源与早期国家的热烈讨论，及其所取得的许多重要理论与实践成果，与新石器时代考古工作是密不可分的。2001年开展的"中华文明探源工程"，综合运用多学科攻关方法，有力推动了中华文明起源问题的研究。三是建立起中国特色的夏商周考古学体系。1996年启动的"夏商周断代工程"，促进了三代年代学研究从单个分散遗址研究走向贯通、整合性研究，推动了三代考古学文化分期断代序列及其标尺的建立。三代考古学文化区系类型体系基本构建完成。先夏文化、先商文化、先周文化、早期秦文化和楚文化研究，突破传世文献的限制，在考古成果基础上向前大大推进。四是秦汉至明清考古在地域范围、内容上呈现新的特色。新时期在都城、城址考古的精细化，帝陵和墓葬考古的全面化，陶瓷手工业考古的多面化，边疆民族和中外文化交流考古上都取得新成绩。五是科技考古的崛起。以中国社会科学院考古研究所科技考古中心为代表的科技考古研究和教学机构纷纷建立，中国科技考古学会筹建，科技考古出版物众多。科技考古在碳十四年代学、数字考古、环境考古、人骨考古、动物考古、植物考古、食性分析、古DNA分析、冶金考古、玉石器研究、化学成分分析等领域，展现出广阔的前景。六是考古遗产保护与研究得到加强。新时期考古遗产保护的理论构建与文保法规建设更加丰富完善，形成了多级考古文化遗产资源保护利用的框架结构。在考古所的推动下，实验室考古快速推广。考古遗产的学科建设与人才培养也较之前有很大进步。

（三）历史理论与史学理论的丰富发展

四十年来中国历史学发展的一个重要成绩，是关于历史理论与史学理论不同特点的认识深化。学者认识到，马克思主义唯物史观是历史研究的理论指导，但不能替代具体的历史研究，也不能替代史学理论；历史理论是关于人类客观历史进程研究的理论与方法，史学理论则是关于史学自身研究的理论与方法。两者是既有联系但更有区别的不同概念。正确区分这两个概念对于史学理论学科建设，以及更好地推动历史学的发展具有重要意义①。今天，我们可以从广义上只使用史学理论这一概念，但实际上大家都知道其中包含了历史理论，反之亦然。四十年来，在历史理论与史学理论上的反思与探索，既艰难曲折，又有很多进展，甚至突破性的进展。北京师范大学史学理论与史学史研究中心、中国社会科学院史学片各所马克思主义史学理论研究室的建立，《史学理论》（1987—1989）、《史学史研究》《史学理论研究》《史

---

①邹兆辰：《改革开放40年来的中国史学理论研究》，见《史学史研究》2018年第3期。

学理论与史学史学刊》《理论与史学》的创办,史学概论教材的编纂,教育部将史学理论列为二级学科,各地史学理论专业硕士、博士、博士后的招生与工作站的设立,全国史学理论研讨会的连续性召开,"马克思主义理论研究和建设工程"教材建设等,使史学理论研究与人才培养有了自己的阵地。特别是2019年1月3日中国历史研究院历史理论研究所的成立,充分反映了中央对历史理论的重视,历史理论研究所必将为新时代历史理论研究做出更大贡献。以下我对四十年来历史理论与史学理论的研究做一简要回顾。

1.对史学发展道路的深刻反思。史学是"文革"的重灾区之一。改革开放之初,史学界对马克思主义史学的发展道路与本质属性进行反思。黎澍在《历史研究》先后发表了《中国社会科学三十年》《马克思主义与中国历史学》《马克思主义对历史学的要求》等文章,在回顾我国哲学社会科学曲折坎坷道路的基础上,强调必须汲取历史教训,改变对马克思主义肤浅、教条、简单、绝对、公式化的理解。深刻的反思解放了思想,促进了史学工作者以更加实事求是的态度理解马克思主义唯物史观。

2.重大历史理论问题的深入探讨。在重新学习理解马克思主义唯物史观的基础上,史学工作者对诸多重大历史理论问题进行反思与讨论。在历史发展动力问题上,一些学者仍然坚持阶级斗争是阶级社会发展的真正动力,但更多的学者认为阶级斗争是阶级社会发展的动力,但不是唯一动力。生产斗争、民族斗争、科技发展乃至物质利益都是历史的内容,不能用阶级斗争替代一切。而在一切社会形态中始终推动历史发展的动力只能是生产力。在社会形态问题上，五种社会形态说受到质疑，一些学者认为与历史发展的实际不符，不是马克思而是斯大林提出的，最多只能追溯到恩格斯。还有学者提出了三形态、四形态、六形态以及一元多线说。林甘泉在《世纪之交中国古代史研究的几个热点问题》一文中再次强调，以社会经济形态的变动来划分历史发展阶段，是马克思主义史学家的一贯主张，这也就是人们所谓的"五种生产方式"论。他论证了五种生产方式就是马克思主义创始人的理论而不是斯大林制造的，但马克思、恩格斯并不认为所有的国家和民族都必须依次经历这几种社会经济形态。社会形态讨论上的另一个热点是"封建"名实问题。有学者认为，"封建"一词是指"封邦建国"，将秦汉至明清称为封建社会是一种"泛封建观"，与"封建"的本义、"西义"和马克思、恩格斯的封建社会"原论"相悖。但更多学者认为作为政治体制的"封建"与社会形态的"封建"二者是不同的，学者从无混淆。"封建地主制"符合马克思主义学说的"原论"。更不能因为中国封建社会和欧洲在特征上有些不一样，就不能叫做封建社会。"泛封建观"说无论在理论还是方法上都存在诸多问题[1]。在历史创造者问题上，有学者提出历史是整个人类创造的，历史是人人的历史，所有人都参与了历史的创造，只提人民群众是历史的创造者有片面性，没有事实和理论根据。历史创造者与人人有自己的

---

[1] 参见中国社会科学院历史研究所、中国社会科学院经济研究所、中国社会科学院《历史研究》编辑部编：《"封建"名实问题讨论文集》，南京：江苏人民出版社，2008年。

历史不是同一概念。在争论中，更多学者仍然坚持人民群众是历史创造者这一唯物史观的基本原理，当然对人民群众在马克思主义史学中的地位也不能做教条式的理解，历史上剥削阶级中的杰出人物也对历史发展有贡献。新时期讨论的重大历史理论问题还有亚细亚生产方式、中国封建社会长期延续原因、历史人物评价、文明起源理论、史论关系、民族关系、爱国主义、近代史的研究范式与核心概念等，不再一一列举。诸多历史理论问题的探讨与争鸣，推动了史学界对唯物史观更加深刻的理解。认真研读原著，全面完整理解唯物史观，发展马克思主义，并科学运用于史学研究，是大多数史学工作者的共识。

3. 史学理论和方法的活跃与创新。思想的活跃推动了历史认识的发展与研究方法的创新。新时期，史学理论、史学方法的探讨与实践百花齐放。历史认识问题上取得重要成绩。不能以历史唯物主义的认识论完全取代历史认识的看法，受到老一辈马克思主义史学家的重视。如白寿彝主编的《史学概论》就把历史唯物主义和史学概论在课程教学内容上作出一定区别，既讲历史唯物主义，也讲史学理论。宁可在《什么是历史科学理论——历史科学理论学科建设探讨之一》及《什么是历史？——历史科学理论学科建设探讨之二》两文中，也对历史唯物主义和历史科学理论的关系，特别是对历史认识的对象、特点，以及与其他认识的区分等做了开创性的探索。由此开展的关于历史认识的主体与客体、历史认识过程的特点及其检验、历史认识中的事实判断与价值判断等问题的大讨论，极大深化了史学理论的认识[1]。历史认识论作为史学理论研究中的一个重要问题不仅取得共识，而且在史学研究实践中取得重要成果，影响至今。

史学研究方法是史学研究主体史学家认识和揭示历史客体的一种手段。马克思主义唯物史观有自身的历史研究方法，但长期以来在实际运用中，又存在着研究方法单一、理解教条化的问题。改革开放后，史学研究方法掀起热潮。揭示历史真相的史料搜集与整理方法受到重视，唯物史观中的历史主义、阶级分析、比较研究等方法较之前有了更加深入的探讨，自然科学和社会科学中的系统论、控制论、信息论，计量方法、心理方法、模糊方法、跨学科等方法异彩纷呈，历史编纂与历史表述方法也有不少有益的探讨[2]。新世纪以来，由于计算机技术的发展和文献数据库的大量建设，运用大数据推动历史研究方法开启了新的尝试。

西方史学理论与方法的涌入是改革开放后史学理论建设的一个重要特点。中国社会科学院世界历史研究所外国史学理论研究室成立，以及相关高校西方史学理论与史学史学位点、刊物的创立，推动了西方史学理论研究的前进。诸多西方史学理论名著被翻译介绍到国内，如年鉴学派、兰克学派、西方马克思主义史学学派、西方历史哲学，特别是从思

---

[1] 参见张剑平：《中国马克思主义史学研究》下篇《新时期历史认识论研究的新成果》。

[2] 蒋大椿：《马克思、恩格斯著作中所见之历史研究方法》《我国新时期史学方法研究的主要内容、基本特点和发展趋势》，见《唯物史观与史学》，长春：吉林教育出版社，1991年。

辨的历史哲学到分析的历史哲学，全球史以及其他具体的史学研究方法，如精神分析、心理分析、口述史、比较史学等。西方史学中的历史认识论、主要流派与史家、社会史等方面都有很多突破性研究。杨豫的《西方史学史》、郭小凌主编的《西方史学史》，何兆武、陈启能主编的《当代西方史学理论》，张广智的《现代西方史学》都是代表。进入新世纪，西方后现代主义史学、新文化史、环境史被国内学者更多关注，对史学理论研究与实践产生了重要影响。特别是后现代主义对历史研究的冲击与影响不容小觑。

（四）四十年史学的成就与不足

改革开放四十年，是中华民族波澜壮阔向前发展的四十年，在党的解放思想、实事求是方针指引下，中国史学工作者勤奋努力，开拓进取，史学园地充满生机。以下仅从几个方面谈一点体会。

一是马克思主义史学展现出强大的生命力。思想上的拨乱反正，摆脱了过去对马克思主义寻章摘句式的僵化与片面理解。对马克思主义经典著作文本的深入研读，对马克思主义历史理论与史学理论的全面理解，使唯物史观以更加丰富的内涵展现给史学工作者。尽管在唯物史观基本原理的讨论，以及诸多历史理论问题理解上还存在着不同分歧，但在马克思主义史学理论及其与相关历史理论问题具体结合上的认识已较四十年前大大深化。我们从众多关于新时期史学回顾的文章中不难看出，脱离封闭教条、丰富发展后的唯物史观，在历史的宏观研究、微观分析，以及学科新的增长点上，都发挥出重要引领作用。正如有学者指出的那样：

"1978年以后形成的多元化史学传统既保存了前两个传统（指实证史学传统和马克思主义史学传统——本文作者注）中的许多重要内容，同时又吸收了20世纪后半期国际学术的许多新成就，是以前两个传统为基础的改进和发展，因此更与前两个传统可以互补。"[1]1978年后是否形成了多元化的"传统"我们暂且不论，但作者认为新时期史学与马克思主义史学之间存在不可分割关系的看法无疑是正确的。开放的、发展的唯物史观，是推动新时期史学发展的主动力。

二是史学与现实的关系被进一步厘清。古往今来，现实社会是许多重大历史问题研究的出发点，是许多史学问题提出的原点、史学学科建设的土壤，是史学家历史观念、研究方法产生的基础。在总结历史教训基础上，新时期史学不再简单附属于现实政治的需要，更不会因从属错误政治而歪曲历史事实。但如同所有科学直接或间接都与现实有密切联系一样，史学与现实社会的关系也受到更多学者的认同，并开展了更深入思考。史学的现实功能既表现为对迫切需要的现实问题提出科学的意见建议，也表现为严谨、高水平的史学论著的撰写和出版，或为提高全民族文化素质的史学成果的大众化。瞿林东的《史学在社会中的位置》文集，从马克思主义立场出发，立足新时期，对古今史学的社会作用做了很好的探讨。

三是史学研究领域的拓宽与学科建设的发展。新时期史

---

[1] 李伯重：《中国社会经济史研究的回顾与展望》，见张海鹏主编《中国历史学40年(1978—2018)》。

学研究领域百花争艳，学科建设更加完善。考古学中以史前考古成绩尤为突出。旧石器时代考古走向系统化、全面化，布局更完善，理论与方法不断发展；新石器时代考古重大发现不断涌现，古史重建的理论与方法层出不穷；夏商周重要遗址的考古发掘与分期断代的综合研究，已经建立起三代考古学体系。史前考古在揭示人类起源、中华文明起源的独特道路上做出了杰出贡献，为五千多年的文明史奠定了坚实的源头基础。中国古代史除了在通史、断代史研究力量配置上继续加强外，各专门史的研究领域大为扩展并朝着贯通性方向发展。新出材料带动的甲骨学、简帛学、敦煌吐鲁番学、徽学以及综合性的古文书学等，为学科建设提供了新的支撑。中国近代史学科概念的讨论，中国近代史的线索与"范式"的探讨，极大地丰富了近代史研究的内容。近代历史发展中的更多问题得到更加客观公正科学的分析。世界史学科体系建设快速发展，不仅国别史、区域史以及世界历史发展中的若干重大问题有了新的探索，研究视野也逐渐从分散走向整体。以现代化理论还是马克思主义社会形态理论，抑或二者相统一的理论方法构建世界近现代历史理论体系的争论，丰富了对世界历史的认识。

当然，四十年史学发展中也存在很多不足，甚至比较严重的问题。马克思主义在史学领域里的边缘化现象客观存在。唯物史观在史学的学科体系、学术体系、话语体系构建中的指导作用受到削弱。一些学者对马克思主义史学研究成果的反思与否定，确实存在着理论指导与方法上的偏差，得出的结论很难令人信服，但却有一定的影响。年轻史学工作者较少在马克思主义理论学习上下功夫，能够并善于运用唯物史观者不多，史学研究中的"碎片化"倾向还比较普遍。尽管对史学研究的"碎片化"还存在不同看法，但这一现象引起不少史学工作者的关注和忧虑也是事实。盲目跟随西方话语体系，缺乏与中国历史实际相结合，史学研究脱离现实、回避现实而躲进象牙塔的现象也不罕见。上述现象虽是史学在客观发展过程中的认识问题，但也值得重视。至于历史虚无主义、"新清史"中的某些错误观点在史学领域里的传播与影响，则需要我们批判与警惕。

三、新时代史学研究的展望

新中国七十年波澜壮阔，风雨兼程。中国史学研究走过了一段艰难曲折，但又成绩辉煌的道路，为我们这个悠久的史学大国谱写了史学新篇章。党的十九大报告指出："经过长期努力，中国特色社会主义进入了新时代，这是我国发展新的历史方位。中国特色社会主义进入新时代，意味着近代以来久经磨难的中华民族迎来了从站起来、富起来到强起来的伟大飞跃，迎来了实现中华民族伟大复兴的光明前景。"在新时代中国特色社会主义建设的伟大进程中，在实现中华民族伟大复兴的征程中，史学应该也有能力承担起自身的历史使命。这里谈几点粗浅的认识。

（一）必须坚持以唯物史观指导史学研究

19世纪中叶左右，马克思、恩格斯在当时历史条件下，将唯物主义与辩证法相结合探讨人类历史，经过艰苦细致的研究，发现了唯物史观。正如恩格斯后来所回顾的那样："马克思和我，可以说是唯一把自觉的辩证法从德国唯心主义哲学中拯救出来并运用于唯物主义的自然观和历史观的人。"①马克思、恩格斯在《德意志意识形态》《哲学的贫困》《共产党宣言》《〈政治经济学批判〉序言》《卡尔·马克思〈政治经济学批判〉》《社会主义从空想到科学的发展》英文版导言等论著中，对唯物史观的概念、内涵与命名不断丰富完善②。而"自从《资本论》问世以来，唯物主义历史观已经不是假设，而是科学地证明了的原理"③。从哲学层面看，唯物史观包含着唯物主义和辩证法的本体论和认识论；从史学层面看，唯物史观包含着以唯物和辩证的方法分析观察人类历史的诸多原理。唯物史观的创立，为历史研究提供了科学的理论指导，使历史学成为一门科学。虽然改革开放后，人们对唯物史观与历史科学的关系作了更为深入的区别，对唯物史观基本原理的理解也有不同意见，但承认唯物史观的科学性、是史学研究的指南，仍是史学界的主流。

众所周知，史学是一门古老的学问。"前事不忘，后事之师"，对历史经验的总结和对历史规律的探讨同样有着古老的渊源。《左传》庄公十一年，鲁国大夫臧文仲就有

---

①《反杜林论》第2版序言(1885年9月23日)，见《马克思恩格斯文集》第9卷，北京：人民出版社，2009年。

②参见蒋大椿：《唯物史观与历史研究》，见《唯物史观与史学》。

③列宁：《什么是"人民之友"以及他们如何攻击社会民主党人?》(1894年春夏)，见《列宁专题文集：论辩证唯物主义和历史唯物主义》，北京：人民出版社，2009年，第163页。

"禹、汤罪己,其兴也悖焉;桀、纣罪人,其亡也忽焉"的历史规律总结。司马迁"究天人之际,通古今之变"的精神,更是中国古代史学家追求的崇高目标。当然,历史唯心主义与唯物主义相交织,天命观、五德终始观、三统观、朴素的唯物观都曾是古代解释历史发展规律的学说。但古往今来,在阐释人类社会历史发展一般规律的理论上,唯物史观是最有说服力的。新时代我们仍然要也必须要坚持以唯物史观指导史学研究,其主要原因在于:第一,唯物史观是科学的理论。第二,社会主义国家性质的决定。《中华人民共和国宪法》"总纲"明确规定"社会主义制度是中华人民共和国的根本制度","中国共产党领导是中国特色社会主义最本质的特征";第二十四条指出,国家倡导"进行辩证唯物主义和历史唯物主义的教育"。中国共产党的领导和社会主义制度,决定了马克思主义在意识形态领域的主导地位。以马克思主义的重要组成部分唯物史观作为历史研究的指导思想,是国家性质所决定的。第三,史学研究的内在规律使然。20世纪初唯物史观传入中国并与史学研究相结合已经走过了百年历程。中国马克思主义史学在唯物史观指导下从无到有,从弱小到壮大,从异端到主流,走过了极不平凡的世纪之路。其所取得的重要成果,在推动史学研究的理论与实践上,在深化中国历史认识上,在为民族独立、国家富强的道路探索上所做出的贡献,是其他学派所无法比拟的。新时代,只有坚持以唯物史观为指导,我们的史学才能有强大的生命力,才能有光辉灿烂的前景。

(二) 必须坚持唯物史观与中国历史实际相结合

唯物史观是关于人类社会历史发展一般规律的科学理论，它不能取代具体的史学研究，也不能包揽对一切国家和民族具体历史的解读。但是，唯物史观的魅力正在于它一旦与具体历史实际相结合，就能够为史学研究提供正确的方向。唯物史观与中国史学研究的关系也是如此。百年来，尽管在唯物史观与中国历史实际相结合上取得了巨大成绩，但不可否认，在中国马克思主义史学发展进程中，偏离唯物史观的"左"倾现象，违背实事求是原则、脱离实际的情况仍有发生。林甘泉曾总结出新中国成立后这方面的四个主要表现，大家可以参考①，这些看法都十分中肯。

处理好理论与实际的关系，对任何一个学派来说都十分重要。马克思主义史学研究中的理论和实际，就是要把唯物史观理论方法通过史学研究的主体史学家，与客体即具体的历史材料相结合，得出符合本国、本民族历史发展道路的科学结论。这里要处理好三个问题，一是要认真学习唯物史观，真正从文本、原理上全面掌握唯物史观的核心要义而不是一知半解。习近平总书记在《讲话》中指出，马克思主义理论体系和知识体系博大精深，"不下大气力、不下苦功夫是难以掌握真谛、融会贯通的"。二是要以发展的眼光来看待唯物史观。唯物史观是开放的科学理论体系，有着与时俱进的品格。如同《讲话》所指出的那样，"什么都用马克思

---

① 林甘泉：《我仍然信仰唯物史观》，原载萧黎主编《我的史学观》，广州：广东人民出版社，1997年；后载入《林甘泉文集》，上海：上海辞书出版社，2005年。

主义经典作家的语录来说话,马克思主义经典作家没有说过的就不能说,这不是马克思主义的态度"。必须结合新的实践不断理论创新。对史学工作者来说,这个"实践"就是史学实践,就是要求史学工作者通过扎实的具体史料研究,不断揭示出科学真理。三是以正确的态度对待唯物史观与历史研究。既不能空谈唯物史观忽视历史材料,也不能置唯物史观于不顾,只陷入细碎的历史问题之中或唯西方史学流派是从。要继承中国马克思主义史学的优良传统,在马克思主义中国化的理论指导下,探索中国历史发展自身的特点。

(三)新时代史学研究工作者的责任与担当

党的十八大以来,中国特色社会主义进入新时代,史学研究也进入了新时代。新时代新使命。以习近平同志为核心的党中央对历史和历史科学高度重视。习近平总书记发表了系列重要讲话,特别是《讲话》和《致中国社会科学院中国历史研究院成立的贺信》(以下简称《贺信》),为新时代中国史学指明了前进方向,提供了根本遵循,是鼓舞全国史学工作者的强大力量。新时代史学工作者应当自觉担负起使命与责任。

一是史学研究要与新时代中国特色社会主义伟大事业联系起来。《贺信》指出,"历史是一面镜子","新时代坚持和发展中国特色社会主义,更加需要系统研究中国历史和文化,更加需要深刻把握人类发展历史规律,在对历史的深入思考中汲取智慧、走向未来"。史学作为党领导下的哲学社会科学的重要组成部分,其重要任务就是要从历史的角度,研究阐述好中国特色社会主义道路在中华大地上形成的必然,以马克思主义为指导,从对历史的深入研究中把握规律，汲取智慧。

二是史学研究要从继承弘扬中华优秀传统文化的高度为建设中国特色社会主义发挥独特优势。《讲话》指出："世界上伟大的哲学社会科学成果都是在回答和解决人与社会面临的重大问题中创造出来的。"中华民族深厚的文化传统"形成了富有特色的思想体系，体现了中国人几千年来积累的知识智慧和理性思辨。这是我国的独特优势"。史学是中华优秀传统文化最深厚的载体，史学研究应当深入系统研究中华优秀传统文化的思想体系、知识智慧、理性思辨及其当代价值，用"充分地掌握了的历史资料"，分析它们在各历史时期的思想先导、求新变革、锐意进取中的历史作用，为回答现实重大问题提供史学支持。

三是史学研究要解决好为什么人的问题。《讲话》指出："为什么人的问题是哲学社会科学研究的根本性、原则性的问题。我国哲学社会科学为谁著书、为谁立说，是为少数人服务还是为绝大多数人服务，是必须搞清楚的问题。"其实，历史学就其主流来说，从来都有一个为什么人的问题。人民群众是历史的创造者，是唯物史观的最基本原理，是马克思主义史学的灵魂，也是马克思主义史学的根本。坚持唯物史观与坚持为人民研究历史是相统一的，它达到了古往今来其他史学流派所没有达到的高度。史学工作者必须坚持这个导向。相反，如果我们的史学脱离了人民、脱离了时代，"就不会有吸引力、感染力、影响力、生命力"。

四是史学研究要为加快构建中国特色哲学社会科学的学科体系、学术体系、话语体系贡献力量。2004年，中共中央印发《关于进一步繁荣发展哲学社会科学的意见》,并实施马克思主义理论研究和建设工程,开启了中国特色的学术观点创新、学科体系创新和科研方法创新步伐,在史学界产生了广泛热烈的影响,十五年来取得丰硕成果。2016年,习近平总书记在《讲话》中指出:"坚持以马克思主义为指导,是当代中国哲学社会科学区别于其他哲学社会科学的根本标志,必须旗帜鲜明加以坚持。""要按照立足中国、借鉴国外,挖掘历史、把握当代,关怀人类、面向未来的思路,着力构建中国特色哲学社会科学,在指导思想、学科体系、学术体系、话语体系等方面充分体现中国特色、中国风格、中国气派。"2019年1月3日,习近平总书记在《贺信》中更明确提出"加快构建中国特色历史学学科体系、学术体系、话语体系"的具体任务。构建中国特色历史学的"三个体系",是党和国家的要求,是时代赋予的使命。这份重任,史学工作者必须担当。

历史研究并不仅仅是史学工作者个人的事业,更是人民的事业、党和国家的事业。"历史研究是一切社会科学的基础",对历史的正确认识,代表着一个国家和民族哲学社会科学的水准,标志着一个国家和民族的认识高度,也反映出一个国家和民族的成熟度。正因为此,习近平总书记将历史思维列为领导干部必须具备的"六种思维"能力之一,对历史学寄予深厚的希望。习近平总书记的历史观"是站在为人民谋幸福、为民族谋复兴、为世界谋大同的战略高度认识历史和历史科学,我们必须认真学习,深刻体会"[1]。我们是一个拥有数千年优秀史学传统的大国,是一个拥有深厚马克思主义史学基础的大国,只要全国广大史学工作者"坚持历史唯物主义立场、观点、方法,立足中国、放眼世界,立时代之潮头,通古今之变化,发思想之先声",就一定能够"推出一批有思想穿透力的精品力作,培养一批学贯中西的历史学家,充分发挥知古鉴今、资政育人作用,为推动中国历史研究发展、加强中国史学研究国际交流合作做出贡献"(《致中国社会科学院中国历史研究院成立的贺信》,《人民日报》2019年1月4日)。

(原载《中国史研究》2019年第3期)

---

[1] 高翔:《今天,我们需要什么样的历史学》,《光明日报》,2019年6月17日。

新时代中国史"三大体系"建设的回顾与展望

党的十八大以来,中国特色社会主义进入新时代,中国哲学社会科学迎来了新的春天。在习近平总书记的关怀指导下,中国历史学进入了繁荣发展的黄金期。在这个新的历史时期,与历史学其他学科一样,中国史学科在构建中国特色历史学学科体系、学术体系、话语体系建设上取得了重大进展,有力推进了中国史研究的深入发展。

一、马克思主义指导地位的巩固与加强

20世纪上半期中国史研究的最重大成就,就是以李大钊、郭沫若、侯外庐、范文澜、吕振羽、翦伯赞等为代表的马克思主义史学家,将马克思主义理论与中国历史相结合,同中华优秀传统文化相结合,开创了中国马克思主义史学学派,从而使中国史研究有了科学的理论指导,中国史研究进入了一个崭新的历史时期。新中国成立后,马克思主义史学开始占据历史学的主流,中国史的学科体系、学术体系、话语体系构建也成为主流意识形态构建的重要组成部分,在70

多年的发展历程中，特别是改革开放40多年来，取得了突出成就①。史学研究与史学指导思想、主流意识形态变迁以及时代环境变化密不可分。新时代中国史研究是中国马克思主义史学发展的新形态新阶段，必须坚持以马克思主义为指导，必须遵循中国马克思主义史学自身发展的内在规律，也必须适应新时代社会变化的客观要求。新时代中国史研究视角的转换与主题的变化以及新的史学问题意识的产生，就是新时代社会变化在中国史研究领域里的体现。十年来，正是因为我们毫不动摇地坚持马克思主义唯物史观，坚持以新时代的问题意识为导向，才使中国史研究在新时代取得辉煌成就。正如习近平总书记在党的二十大报告中回顾总结过去五年的工作和新时代十年的伟大变革时指出的那样："我们确立和坚持马克思主义在意识形态领域指导地位的根本制度，新时代党的创新理论深入人心，社会主义核心价值观广泛传播，中华优秀传统文化得到创造性转化、创新性发展。"②这其中，中国史学科所做出的贡献是十分巨大的。但在看到成就的同时，也要看到这个成就来之不易。相当长一段时期里，中国史研究中马克思主义指导地位受到挑战。比如，一些学者认真学习马克思主义的精神不够，对马克思主义的理解不深不透；运用马克思主义理论体系，提出并分析中国历

---

①卜宪群：《新中国七十年的史学发展道路》，见《中国史研究》2019年第3期。

②习近平：《高举中国特色社会主义伟大旗帜为全面建设社会主义现代化国家而团结奋斗——在中国共产党第二十次全国代表大会上的报告》，北京：人民出版社，2022年。

史上的重大问题功底不足，成果不多，水平不高；站在马克思主义立场，科学分析西方各种关于中国史研究的成果与思潮的论著不多；马克思主义在中国史领域被边缘化、空泛化、标签化，在一些论著中"失语"、在教材中"失踪"、在论坛上"失声"的情况也不罕见。更有甚者，认为马克思主义已经过时，否定马克思主义、鼓吹历史虚无主义和文化虚无主义也不乏其人。党的十八大以来的十年间，这些现象得到有力遏止，马克思主义的指导地位得到空前巩固和加强。

首先，明确了马克思主义的指导地位。党的十八大以来，习近平总书记对包括历史学在内的哲学社会科学高度重视，发表了一系列重要讲话，旗帜鲜明地指出坚持马克思主义指导地位的重要性和必要性。2016年5月17日，习近平总书记在哲学社会科学工作座谈会上的重要讲话（以下简称《讲话》）中指出："坚持以马克思主义为指导，是当代中国哲学社会科学区别于其他哲学社会科学的根本标志，必须旗帜鲜明加以坚持。"[①]《讲话》中，习近平总书记还对中国哲学社会科学为什么要坚持马克思主义做了更为深入的阐释，指出："我国哲学社会科学坚持以马克思主义为指导，是近代以来我国发展历程赋予的规定性和必然性。在我国，不坚持以马克思主义为指导，哲学社会科学就会失去灵魂、迷失方向，最终也不能发挥应有作用。"[②]对历史学来说，坚持马克思主义最基本的要求就是要坚持唯物史观。习近平总书记在

[①][②]《习近平在哲学社会科学工作座谈会上的讲话》，《人民日报》，2016年5月19日。

致中国历史研究院成立的贺信中,希望全国广大史学工作者要"坚持历史唯物主义立场、观点、方法"①。其次,强调必须全面认真系统学习马克思主义。历史学探讨的是人类历史发展规律的科学,其科学性不仅取决于史家翔实的资料收集与考证,也取决于史家所秉持的世界观和方法论。习近平总书记在《讲话》中指出:"马克思主义关于世界的物质性及其发展规律、人类社会及其发展规律、认识的本质及其发展规律等原理,为我们研究把握哲学社会科学各个学科各个领域提供了基本的世界观、方法论。只有真正弄懂了马克思主义,才能在揭示共产党执政规律、社会主义建设规律、人类社会发展规律上不断有所发现、有所创造,才能更好识别各种唯心主义观点、更好抵御各种历史虚无主义谬论。"②而史学工作者必须认真研读马克思主义基本理论,以严谨求实、冷静钻研的态度来坚持马克思主义,做到真懂真信,而不是一知半解,浅尝辄止。第三,坚持为人民研究历史的方向。习近平总书记在《讲话》中指出:"为什么人的问题是哲学社会科学研究的根本性、原则性问题。我国哲学社会科学为谁著书、为谁立说,是为少数人服务还是为绝大多数人服务,是必须搞清楚的问题。""我国哲学社会科学要有所作为,就必须坚持以人民为中心的研究导向。脱离了人民,哲学社会科学就不会有吸引力、感染力、影响力、生命力。我

---

①《习近平致信祝贺中国社会科学院中国历史研究院成立》,《中华人民共和国国务院公报》,2019年1月3日。

②《习近平在哲学社会科学工作座谈会上的讲话》,《人民日报》,2016年5月19日。

国广大哲学社会科学工作者要坚持人民是历史创造者的观点，树立为人民做学问的理想，尊重人民主体地位，聚焦人民实践创造，自觉把个人学术追求同国家和民族发展紧紧联系在一起，努力多出经得起实践、人民、历史检验的研究成果。"①人民群众是历史的创造者是唯物史观的基本原理之一。研究历史上人民群众在物质生产、精神生产中的积极作用，揭示人民群众在历史发展中的决定性作用，历史研究的成果服务于人民群众，是马克思主义史学的本质特征。

科学的理论指导是史学研究深化与史学发展的根本所在。党的十八大以来，在历史研究的指导思想上，习近平总书记发表了很多重要论述，对什么是历史、历史研究为什么必须坚持马克思主义立场、历史研究在哲学社会科学研究中的地位与作用、如何构建中国特色的历史学、应当如何推动历史学的融合发展等诸多问题上，为我们廓清了迷雾，指明了方向。也正是在这样一个大的历史背景下，马克思主义唯物史观在中国史研究中的指导地位也得到空前巩固与加强。

二、"三大体系"建设的主要成绩

新时代十年，中国史研究在学科体系、学术体系和话语体系构建上成绩卓著，是改革开放以来中国史研究发展的新高峰，体现出鲜明的时代特点。

---

①《习近平在哲学社会科学工作座谈会上的讲话》，《人民日报》，2016年5月19日。

学科体系是学科划分分类的一种方法，它是社会需要在教育和科学研究上的客观反映。不同历史时期、不同的历史阶段，学科体系的划分分类都有所不同。在新中国成立后几十年中国史学科体系构建丰硕成果的基础上，新时代中国史学科体系构建又有了跨越式的进展。一是以习近平同志为核心的党中央高度重视。党的十八大以来，党和国家以各种形式推动落实中国史学科体系建设。比如，习近平总书记在《讲话》中指出："要重视发展具有重要文化价值和传承意义的'绝学'、冷门学科。"①2017年，中共中央办公厅、国务院办公厅印发了《关于实施中华优秀传统文化传承发展工程的意见》，指出："加强中华优秀传统文化相关学科建设，重视保护和发展具有重要文化价值和传承意义的'绝学'、冷门学科。"②2019年，在甲骨文发现120周年之际，习近平总书记致信表示祝贺并指出："新形势下，要确保甲骨文等古文字研究有人做、有传承。"③2019年，习近平总书记在敦煌研究院座谈时的讲话中指出："敦煌学是当今一门国际性显学。"要"努力把研究院建设成世界文化遗产保护的典范和敦煌学研究的高地"④。2020年，中宣部等八部委联合启动实施"古文字与中华文明传承发展工程"，该工程由清华大

---

①《习近平在哲学社会科学工作座谈会上的讲话》，《人民日报》，2016年5月19日。

②中共中央办公厅、国务院办公厅：《关于实施中华优秀传统文化传承发展工程的意见》，《中华人民共和国国务院公报》，2017年1月25日。

③《习近平致甲骨文发现和研究120周年的贺信》，新华社，2019年11月2日。

④习近平：《在敦煌研究院座谈时的讲话》，见《求是》2020年第3期。

学牵头，联合国内主要高校和科研院所，全面系统开展甲骨文、金文、简帛文字等古文字研究，探索其在中华文明传承发展过程中的意义。2022年4月，中共中央办公厅、国务院办公厅印发了《关于推进新时代古籍工作的意见》，提出要"加强古籍抢救保护、整理研究和出版利用，促进古籍事业发展"[①]。上述内容在传统中国史学科划分分类中虽然已经存在，但一般属于三级学科以下，重视得很不够，有些甚至已经处于濒危境地。在习近平总书记和党中央的高度重视下，十年来，中国史学科中的这些弱势学科得到扶持，比如一些高校注重从本科开始培养相关人才，学科基础建设加强。一些高校注重在历史、考古、艺术史、语言文字等多领域培养"绝学"、冷门学科人才，学科融合的速度加快。二是学科划分更加科学细密。如属于中国现代史的中共党史党建，在2021年被列为法学一级学科；2022年，文物与博物馆学被列为一级学科。在国务院学位委员会中国史学科评议组的指导下，很多高校和科研机构自主设立了各具特色的二级、三级学科，适应了新时代中国史繁荣发展的需要和社会对中国史学科各类人才的需要。特别是文博专业，有着很大的社会需求。三是平台建设上了新台阶。在习近平总书记的亲自关怀下，2019年1月，中国社会科学院中国历史研究院成立，中国历史研究院由考古研究所、古代史研究所、近代史研究所、中国边疆研究所、历史理论研究所、世界历史研

[①] 中共中央办公厅、国务院办公厅：《关于推进新时代古籍工作的意见》，《中华人民共和国国务院公报》，2022年4月。

究所等6个研究所组成，其中有5个与中国史学科密切相关。中国历史研究院还与全国许多高校建立起了横向联系，共同推动中国史研究。中国历史研究院的成立是新时代中国史学科平台建设的最重大成就。项目是平台建设的基础内容，新时期国家社科基金专门设立了冷门绝学专项基金，甲骨文、金文、简帛文字、敦煌吐鲁番文书、徽学以及区域史研究等受到前所未有的重视。各类涉及中国史研究的集刊如雨后春笋，不胜枚举，蔚为壮观，构成中国史学科建设平台上一道亮丽的风景线。

学术体系是关于某一学科专门知识的传承与研究体系，包括学术流派、学术观点、学术评价、研究与教学的理论方法等。学术体系在"三大体系"中居于核心地位，是学科划分的实践检验，是话语表达的根本所在，是学术成果的最终标志。一句话，它是"三大体系"建设是否成熟的反映。新时代中国史学科的学术体系建设成就斐然。政治史研究在向纵深方向发展，特别是中华文明起源和国家形成的道路问题受到重视与关注，并取得重要成就。如文明标准中国方案的提出，为文明起源研究学术体系构建注入了新动力，中华文明形成发展的内在机制成为重要学术话题。多元一体与中国早期国家形成路径的实证性研究取得突破，良渚、陶寺、石峁、二里头考古发现取得重大成绩。各时期政治制度史的各个层面都有了新的推进。政治文化和政治文明也进入研究视野，政治史的研究深度大大拓宽。政治制度史的研究不再是静态的描述，而是力图从动态的角度把握整体的演变过程，并将制度史与政治史结合起来考查。文书制度、行政运作、信息传播等国家治理手段与方式也都纳入了政治史的考察范围并较以往大大深化。经济史研究进入了一个快速发展时期，大批研究经济史的相关资料整理出版，经济史的研究对象、方法、理论都有了新的变化。传统经济史研究中的若干问题继续得到关注，但研究重心的转移也十分明显。东西方学者关于前近代中国经济发展水平的讨论，丰富了经济史学术体系的内涵。以"国家与社会"为理论分析框架的研究模式近年来广泛渗透于社会史研究，影响有逐渐扩大的趋势。这一模式打破了传统的国家立场，由基层社会入手，通过对普通民众社会生活状况的分析，探讨国家与社会的关系。其所预设的理论前提、核心内容、逻辑话语，在建构新的历史解释模式和研究范式，进而突破原有的思维定式与历史视野以及形成新的问题意识上，都令人瞩目。思想史在新时期所取得的成绩令人赞叹。简帛资料的发现极大地推进了先秦秦汉思想史的研究，特别是儒家、道家思想早期形态的研究。儒家思想的历史地位有了新的认识，当然它对中国历史发展的影响如何评价还不一致。思想史的研究领域明显拓宽，关注的热点增多，研究方法和研究视角呈现出多元化趋势。此外，文化史、民族史、中外关系史、历史地理等学科的学术体系构建也更加丰富完善。

话语体系是学科体系、学术体系的外在表达。学科体系、学术体系的内涵决定了话语体系的表达方式与时代特征。新时代中国史学科话语体系构建的突出特点是中国特色话语体系的极大提升。马克思主义唯物史观的核心理论，如社会形态理论、人民群众是历史创造者理论，以及历史视野下的"中国特色"理论、史学经世致用理论,在新时代话语体系中得到彰显。一些过去习以为常的话语经过学者深入研究,得出了新的认识,如君主专制中央集权问题、闭关锁国问题、"封建"概念问题等;一些新的话语因时代需要而产生,如中华文化的创造性转化创新性发展问题、中华传统文化中的现代元素问题、国家治理体系与治理能力问题,等等。在唯物史观基本原理的指导下,发掘、梳理丰厚的中华历史文化遗产,取其精华、去其糟粕,赋予传统话语新的内涵和现代表述,使其获得新的生命力,成为构建当今中国历史学话语体系的重要内容。话语体系建设中体现继承性与民族性、体现原创性与时代性、体现系统性与专业性的特点日益显著。

总之,新时代十年,是中国史学科"三大体系"建设取得突破性成就的十年。马克思主义指导思想的进一步巩固加强,学科体系、学术体系、话语体系建设的丰富内涵,使中国史学科成为推进中国特色社会主义伟大事业建设的重要组成部分。

三、新时代新征程中国史"三大体系"建设展望

党的二十大报告擘画出党和国家未来五年乃至更长时期的宏伟蓝图,报告同样也是引领新时代新征程中国史学科"三大体系"建设的纲领性文件。我们要深入学习党的二十大报告,围绕党和国家事业发展大局,紧密结合时代需求,深化中国史学科内涵,增强中国史研究学者们的使命感与责

任感,踔厉奋发,为中国史学科"三大体系"建设做出新的贡献。

首先,为开辟马克思主义中国化时代化新境界做出新贡献。时代变迁与史学演变有着不可分割的关系。中国马克思主义史学的发展历程始终与近代以来中国人民为争取民族独立国家富强的伟大斗争相伴随,与中国人民从站起来富起来到强起来的伟大进程相伴随。中国马克思主义史学,在为我们党把马克思主义与中国实际相结合的理论和实践上做出过巨大贡献。因此,新时代中国史学科"三大体系"建设不仅要毫不动摇地以马克思主义为指导,更要与新时代中国特色社会主义伟大事业紧密相连。党的二十大报告指出:"中国共产党人深刻认识到,只有把马克思主义基本原理同中国具体实际相结合、同中华优秀传统文化相结合,坚持运用辩证唯物主义和历史唯物主义,才能正确回答时代和实践提出的重大问题,才能始终保持马克思主义的蓬勃生机和旺盛活力。"[1]开辟马克思主义中国化时代化新境界,必须把马克思主义同中国具体实际相结合,而"中国具体实际"的重要内涵之一,就是中国五千多年的文明史。党的十八大以来,习近平总书记多次阐述中国特色社会主义道路与中华五千年文明史的关系,就深刻揭示出马克思主义同中国具体实际相结合不仅是同当前实际相结合,也要同中国的历史实际相结

---

[1] 习近平:《高举中国特色社会主义伟大旗帜为全面建设社会主义现代化国家而团结奋斗——在中国共产党第二十次全国代表大会上的报告》,北京:人民出版社,2022年。

合①。因此，要开辟马克思主义中国化时代化新境界，必须把马克思主义同中华优秀传统文化相结合。党的二十大报告用了相当长的一段文字，系统深刻阐述了坚持和发展马克思主义为什么必须同中华优秀传统文化相结合，以及这种结合的历史内涵、理论逻辑、方式方法和现实意义。特别是报告指出："我们必须坚定历史自信、文化自信，坚持古为今用、推陈出新，把马克思主义思想精髓同中华优秀传统文化精华贯通起来、同人民群众日用而不觉的共同价值观念融通起来，不断赋予科学理论鲜明的中国特色，不断夯实马克思主义中国化时代化的历史基础和群众基础，让马克思主义在中国牢牢扎根。"②习近平总书记的上述重要讲话，就是中国史学科"三大体系"建设的根本遵循。"中华优秀传统文化是我们党创新理论的'根'"③。中国史学科的研究对象，就是中华优秀传统文化。新时代新征程上中国史学科最重大的任务，就是要构建中国特色的中国史学科"三大体系"，实现新时代马克思主义同中华优秀传统文化在理论层面、实践层面的结合，赋予马克思主义科学理论鲜明的中国特色；让马克思主义与数千年来的中华优秀传统文化及其载体——

---

①卜宪群主编：《习近平新时代治国理政的历史观》，北京：中国社会科学出版社，2019年。

②习近平：《高举中国特色社会主义伟大旗帜 为全面建设社会主义现代化国家而团结奋斗——在中国共产党第二十次全国代表大会上的报告》，北京：人民出版社，2022年。

③求是网评论员：《中华优秀传统文化是我们党创新理论的"根"——六论学习贯彻习近平总书记视察河南安阳重要讲话精神》，《安阳日报》，2022年11月。

人民群众相融通,夯实马克思主义中国化时代化的历史基础和群众基础。

其次,回答好时代向中国史学科提出的重大历史命题。党的十八大以来,以习近平同志为核心的党中央在新时代的理论创新与治国理政实践中,高度重视中国特色社会主义与中华数千年文明史的关系。例如,他在《讲话》中指出:"世界上伟大的哲学社会科学成果都是在回答和解决人与社会面临的重大问题中创造出来的。"[1]中华民族深厚的文化传统"形成了富有特色的思想体系,体现了中国人几千年来积累的知识智慧和理性思辨。这是我国的独特优势"[2]。经世致用是中国史学的优良传统,新时代中国史学科的重大任务,就是要深入挖掘并运用这些"富有特色的思想体系""知识智慧和理性思辨"中所体现的"独特优势",回答和解决当代中国"人与社会面临的重大问题",为中国特色社会主义伟大事业做出中国史学科的贡献。我以为如下几个问题尤为重要:一是要回答中国特色社会主义道路的历史底蕴。中国特色社会主义道路是改革开放以后形成的,但是它与中国历史发展道路、中华优秀传统文化有着不可分割的关系。"中国特色"的历史内涵是什么?直接关系到马克思主义、社会主义与中国如何结合以及为什么能够结合的重大道路问题。我们应当从中国历史发展进程出发作出科学的解答。二是要回答中华民族伟大复兴的文化底蕴。中华民族在漫长发

---

[1][2]《习近平在哲学社会科学工作座谈会上的讲话》,《人民日报》,2016年5月19日。

展过程中所蕴含的天下为公、民为邦本、为政以德、革故鼎新、任人唯贤、天人合一、自强不息、厚德载物、讲信修睦、亲仁善邻等，是中国人民在长期生产生活中积累的宇宙观、天下观、社会观、道德观的重要体现。我们今天要实现中华民族伟大复兴的中国梦，就必须从历史的角度，创造性地阐述中国梦与中华民族不懈精神追求之间的内在联系。中华民族的历史自信精神、文化自信精神、历史主动精神、历史自觉精神、历史担当精神、伟大斗争精神，也都是我们今天十分需要挖掘的文化底蕴。三是要回答如何汲取治国理政的历史智慧。在致中国社会科学院中国历史研究院成立的贺信中，习近平总书记指出：重视研究历史是中华五千多年文明史的优良传统，强调新时代坚持和发展中国特色社会主义，更加需要系统研究中国历史和文化，更加需要深刻把握人类历史发展规律，在对历史的深入思考中汲取智慧、走向未来。历史是最好的老师，也是最好的教科书。统一多民族国家形成的历史进程、历代治乱兴衰的经验教训、中华文明的曲折发展道路，为我们当前推进国家治理体系和治理能力现代化提供了取之不竭的历史素材。大一统中央集权的历史传统与坚持党的一元化治理主体地位、历代严格吏治的经验与全面从严治党的必要性、历代巩固主流意识形态的经验与社会主义核心价值观的树立、选贤任能的历史经验与新时期德才兼备以德为先的用人方针选择、中国历史上的天下观与人类命运共同体建设、民本思想与以人民为中心的治理理念、天人合一观与生态文明建设，等等，都是需要中国史认真研究的问题，是需要我们在新时代的条件下实现其创造性转化创新性发展的问题。

最后，进一步丰富完善中国史学科"三大体系"的内涵结构。中国史学学科在"三大体系"建设上仍然任重道远。在学科体系上，应当对中国古代史、近代史、现代史、专门史、冷门绝学等学科现状进行系统调查摸底，确立发展方向，补齐短板弱项。特别是从学科体系建设角度推进学科融合，培养新时代需要的中国史学科人才。在学术体系上推进新时代中国特色中国史学科理论体系构建。要实现新时代党和国家对中国史学科的期望，最重要的就是要努力构建符合新时代需要的中国特色史学理论和历史理论。这一理论构建应当坚持唯物史观，关注时代的史学需求，紧跟时代特色，回答时代问题，避免史学的碎片化，坚决反对历史虚无主义和文化虚无主义[1]。在话语体系上还需要进一步体现出时代性、民族性、继承性、原创性，构建符合中国特色、满足新时代需要的话语体系。克服长时间以来片面追随西方话语体系的弊端，增强话语问题意识，从中华优秀传统文化、从中华五千多年的文明史中归纳总结出富有中国特色的概念、问题、话语，并实现其创造性转化创新性发展。

（原载《衡水学院学报》2023年第2期）

---

[1] 最近有学者在中国特色历史学基本理论问题上做出了有益探讨，参见瞿林东：《论新时代中国特色历史学基本理论问题》，见《北京师范大学学报》2022年第5期。

缅怀篇

与谢先生一起走过的日子

今天是中国传统的清明节，2006年我失去了自己敬爱的父亲，也失去了尊敬的师长谢桂华先生。今夜虽无细雨纷纷寄托哀思，却也薄云低垂，令人倍感惆怅。人生固有生死，可是自己至亲至近的人的离去，却不是能用此类哲理语句可以宽解的，那份思念的情感只能永远默默存于内心。情感固然不必渲染，亦非我的个性，可是他们所做的事情还是要后人来总结、传承的，纪念的意义是否在此呢！谢先生去世后我读了海内外一些先生的纪念文章，谈到了他对简帛事业的奉献，他对年轻人的关爱和扶持，特别是在引导他们走上简帛学研究之路的感人事迹，我也是深有同感的。

谢先生是我人生中至近的人之一。我还没有来历史所读书之前已和谢先生相识，而来所读书后他是我的博士生导师组成员之一，毕业留所工作后谢先生又是我所在研究室的主任。与日俱增的交往使我从谢先生那里学习了许多东西，也对他在后半生倾心从事的简帛事业有了更多的了解。正是在他的影响下自己开始对简帛材料发生兴趣，并把简帛材料与秦汉史研究相结合。在今天研究秦汉史的年轻人看来重视简帛材料在秦汉史研究中的运用已不是什么新鲜的观点，甚至

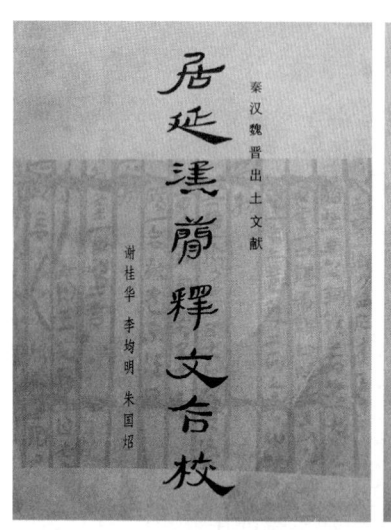

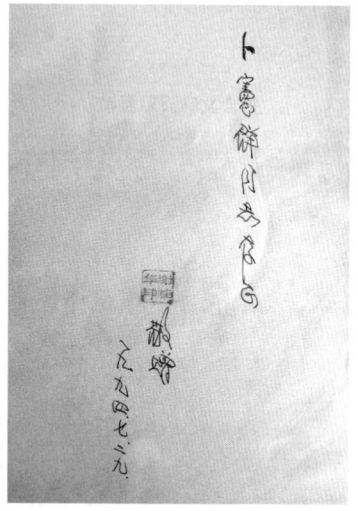

谢先生送给笔者的《居延汉简释文合校》

是基本常识，但是我们只要翻阅一下十几年前秦汉史研究的选题目录，了解到那时简帛出土与整理出版的状况，就不难体会到这种积极的倡导包含着谢先生对学科发展的前瞻性认识，而这种认识对于秦汉史的研究又具有多么重要的意义。

大家知道谢先生是简帛研究的著名专家，但我还要说他是一位倡导简帛学研究的宣传家。他从不把简帛研究作为他个人的事，而是希望越来越多的人来从事这项工作，并为之鼓与呼。记得求学时导师林甘泉先生告诉我，毕业论文中关于简帛材料的运用正确与否要请谢先生最后把关，当我去谢先生家把毕业论文的初稿交给先生时，他不仅愉快地接受，而且用他一贯的激情表达方式向我讲述简帛学的意义及发展前景，临别时还赠送给我一部《居延汉简释文合校》。今夜我翻阅了先生的题款，那是1994年7月29日。后来我的毕业论文中一些重要的简帛材料的运用都与谢先生的提示分不开。此后，谢先生还赠予我几部他参与整理的简帛著作，并且时常与我谈新出简帛的价值和意义。先生的悉心帮助和对简帛学的热情深深地感染了我，也使我日后对简帛学产生了浓厚的兴趣。像我这样经先生的引导和帮助而对简帛研究产生兴趣的人还有很多，我想这种感受是大体相同的，我就不多说了。值得一提的是，我说他是简帛学研究的宣传家并不仅仅是他对专业人员的宣传，在简帛学还不是像今天这么热门学科的十几年前，他的宣传对象包括科研管理人员、新闻出版界、政府官员等各类人物，他这样做当然不是无的放矢，更不是为了自己，而是为简帛学的发展争取更大的空间。也正是这种宣传为先生的简帛学建设事业创造了更为广阔的空间。但其中的甘苦很多人是不知道的。

中国社会科学院历史研究所对简帛研究一向是很重视的。当年历史所的贺昌群先生是居延汉简的早期整理者之一，张政烺、李学勤、马雍诸先生为马王堆帛书整理做出过重要贡献。1981年，历史所战国秦汉史研究室开始编辑海外简帛的研究状况，当时的历史所副所长兼战国秦汉史研究室主任林甘泉先生就请谢先生负责编辑《简牍研究译丛》第一辑（后又出版第二辑，至今仍有广泛影响），在编辑过程中，谢先生产生了编辑《简帛研究》的想法，这个想法在林剑鸣先生调任法律出版社总编辑后得到了法律出版社领导的支持，理想始成为现实。在短短的三个月之内谢先生就基本完成了组稿任务，组建了编委会，工作之辛苦可想而知。那时我还在研究生院读书，承蒙先生不弃，嘱我翻译鲁唯一先生的稿子，虽是翻译，却又使我对简帛研究有了一次近距离的接近，现在想起来岂不是谢先生的良苦用心？《简帛研究》在法律出版社出版第一、二辑后，反响很好，至今还常有人打电话来索取，后因某种原因法律出版社不能继续出版，《简帛研究》面临断档的危险。那时我的一个朋友江淳正在广西教育出版社任负责人，她也是学秦汉史出身，我把情况向她说明之后，她很快认识到其中的价值并慨然同意出版，这样我们又有了《简帛研究》第三辑，谢先生悬着的心也放下了。可是不久，江淳同志又调离了效益比较好的教育出版社，《简帛研究》的出版又遇到危机，好在江淳同志与我们一样对《简帛研究》高度负责，她调离前又把我们介绍给广西师范大学出版社的何林夏总编辑，何总编一向对学术研究著作出版持扶持态度，又加其对新文献的发现有高度兴趣，合作事宜很快落实。从此，《简帛研究》才有了一个稳定的家。今天，《简帛研究》与《简帛研究译丛》合并为《简帛研究》，各类论著、翻译著作合并为《简帛研究文库》，在国内外学术界有了一定的影响，并且没有要院所一分钱的补贴，这都与谢先生的辛勤劳动分不开。学术研究需要的平台之一是学术组织，这是费心费力往往还不被人理解的工作，谢先生倾心于此，完全是对简帛学的热爱，是为了历史所简帛学的研究香火不绝，后继有人。俗话说前人栽树，后人乘凉，我们简帛中心的诸位先生今天不敢说是在"乘凉"，但我们是在谢先生奠定的基础上往前走的。在历史所数十年简帛研究的道路上，谢先生是承前启后的领军人物之一。

与谢先生密切相关的还有简帛研究中心的建设。20世纪

90年代初，谢先生就经常说起要办一个研究中心，把所内、院内乃至全国、海外简帛学研究的同仁凝聚在一起，共同为简帛学的繁荣与发展做贡献。经过数年的努力，1995年3月，中国社会科学院简帛研究中心宣告成立。中心是一个虚体，既无经费又无编制。我记得成立之初，中心活动十分困难。正好我的一个前辈，也是一位著名的爱国侨胞，美国普渡大学教授朱永棠先生来中国（朱先生当时受聘为清华大学历史系研究顾问），我向他提出中心的困难，他当即捐款5000元人民币给中心，这便是中心启动时唯一的一点经费。朱先生研究的是管理学，但他对中国历史十分热爱，这就是他愿意资助的原因。我们不能忘记他的滴水之恩。有了中心这个平台，谢先生更加投入对简帛事业的工作，用鞠躬尽瘁、死而后已来形容是不为过的[1]。只说一件事，他除了编辑《简帛研究》外，还积极推动海内外学人对简帛研究的关注。2001年适逢简帛发现一百周年，历史所等单位与长沙市人民政府为配合吴简的发现，召开了"长沙三国吴简暨百年来简帛发现与研究国际学术讨论会"，来自大陆、香港、台湾及日本、韩国、英国等国家和地区的近二百位学者参加了会议。这次会议的很多代表都是他的朋友，会议又需要做多方协调，事务很多。我与谢先生同住在会务组房间，几乎夜以继日的工作使他声音嘶哑，讲不出话来，但他却全然不顾自己的身体，忘我地投入工作。这次会议圆满的召开与谢先

---

[1] 历史所的简帛研究及中心工作可参见谢先生所著：《栉风沐雨，成就斐然》，见《求真务实五十载》，北京：中国社会科学出版社，2004年。

生的默默奉献是分不开的。他为简帛中心、为培养人才所做的工作还有很多，是与他相处的同事、朋友、学生都可以见到的事实，大家谈了很多，我就不多说了。

谢先生生前常和我谈三件事，一是要以简帛的册书复原为基础促进秦汉史的研究，二是要以中心名义召开一次国际研讨会，三是要编辑《简帛研究文献集成》。如今，第一项事业他的弟子邬文玲女士在继承弘扬，国际研讨会也于去年成功召开，《简帛研究文献集成》也在积极筹备之中，我想谢先生的在天之灵也能得到些许安慰吧！

一个人一辈子做不了多少事，推动历史所简帛事业发展的当然也不是谢先生一个人，但只要全心全意去为大家做奉献，人们是不会忘记他的。谢先生有激情，有事业心，老骥伏枥，志在千里，给后学很大的感染力，这是简帛学界许多朋友对谢先生怀念至深的原因。熟悉他的人都知道，谢先生是在十分困难的境况下从事简帛学研究和许多工作的。但只要他一投入工作，其他的事情他都可以舍弃不顾，这种精神值得我们永远学习。从我个人来说，虽然忝居中心主任，但与谢先生相比，无论学识还是奉献精神上差距都还很大。我时常回想起他的教诲，不禁战战兢兢，如履薄冰，深感自己做得不够，他的教诲激励着我要更加努力为简帛中心工作，与中心的先生们乃至海内外有志于简帛研究的同仁们一起共同为简帛学科的建设尽一点绵薄之力，能够如此，心已足矣！

2007年清明夜

（原载卜宪群、杨振红主编《简帛研究二〇〇六》，广西师范大学出版社，2008年）

安作璋的治学思想与方法

安作璋，山东师范大学教授，在史学园地里已辛勤耕耘60余年，成就斐然，以中国秦汉史研究为中心，对秦汉政治制度、经济社会、文化思想、民族关系、对外关系等方面均有深入研究，并扩展到中国通史、历史文献学、地方史、运河史等领域。曾有人向他请教治史秘诀，安作璋回答："我没有什么秘诀，如果说有，那就是'业精于勤'四个字，即眼勤、脑勤、手勤，也就是勤于读书、勤于思考、勤于写作。没有面壁十年的精神，是做不出真正学问的。凡是有成就的学者，都要经过热桌子与冷板凳的锻炼。"[1]这是他的谦逊之辞，亦道出了其治学思想的一个重要方面，即业精于勤与持之以恒的治学态度。诸如坚持马克思主义与中国历史学实际相结合的治学原则、坚持"通古今之变"的治史追求、坚持传承与创新发展的治史理念、坚持古为今用的治史宗旨，同样是先生史学研究取得巨大成就的思想与方法意义上的法宝。

---

[1] 国务院学位委员会办公室：《中国社会科学家自述》，上海：上海教育出版社，1997年。

一、始终坚持马克思主义与中国历史学实际相结合的治史原则

关于史家修养问题,中国古代史学有较为丰富的理论遗产。唐代史学批评家刘知几就提出了"史家三长说",即"才、学、识"。他认为:"夫有学而无才,亦犹有良田百顷,黄金满籯,而使愚者营生,终不能致于货殖者矣。如有才而无学,亦犹思兼匠石,巧若公输,而家无楩楠斧斤,终不果成其宫室者矣。犹须好是正直,善恶必书,使骄主贼臣所以知惧,此则为虎傅翼,善无可加,所向无敌者矣。"[1]刘知几明确指出,只有具备才、学、识,才能担当史任。这是他的史家素养论的核心,也是他提出的史家素养的最高标准[2]。清代史学批评家章学诚对刘知几才、学、识的史家三长说加以丰富与发展,提出"史德"素养,构成了"史家四长说"。章学诚认为:"能具史识者,必知史德。德者何?谓著书者之心术也。"[3]所谓"心术"者,就是说史家要充分尊重客观历史,自觉提升史学素养,成为良史者。

安作璋结合自身治学历程,对"史家四长说"这一中国优秀史学理论遗产进行了继承与发展。他强调,历史研究必须有正确的理论作指导,这便是史识。这个正确的理论就是马克思主义唯物史观,即历史唯物主义和辩证唯物主义。如

---

[1]《旧唐书》卷一百二《刘知几传》,北京:中华书局,1975年。
[2]瞿林东:《中国简明史学史》,上海:上海人民出版社,2005年,第320页。
[3]章学诚撰,叶瑛校注:《文史通义校注·史德》,北京:中华书局,1985年。

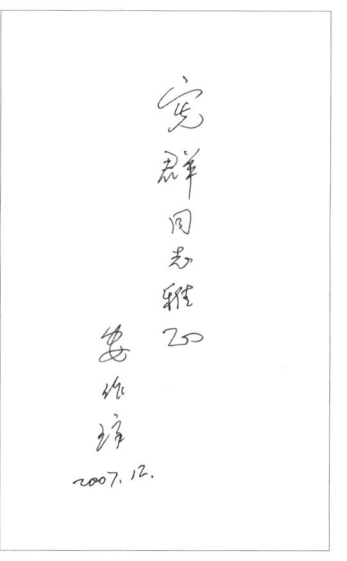

安作璋送给笔者的《汉高帝大传》

何把握这一"史识",安作璋提出了两方面的要求:一是用马克思主义的观点和方法作指导,开创历史研究的新局面。随着时代发展,历史研究必然会产生一系列这样那样的理论,但我们始终不能放弃以马克思主义为指导,要避免从一个极端走向另一个极端。离开马克思主义理论作指导,史学研究就必然要走入歧路。二是不应把马克思主义理论当作僵死的教条,到处乱套,而是要真正理解马克思主义,掌握马克思主义的精神实质和立场、观点、方法,并将其与中国历史实际相结合。具体到秦汉史研究领域,就是要努力把马克思主义的基本原理和秦汉的历史实际相结合,以便探索出一条研究中国式的而不是希腊、罗马式的或其他形式的奴隶制

2005年，作者与安作璋先生在呼和浩特召开的中国秦汉史研究会第十届年会暨国际学术讨论会上的合影

和封建制的途径，这是学习研究秦汉史的最根本的途径①。他曾多次强调指出，中国历史学要始终在马克思主义指导下开展研究，这个原则不能有丝毫动摇。建设有中国特色的马克思主义历史学，应是我们努力的方向。

安作璋治史先从秦汉经济史入手，其中一个重要原因就是受到马克思主义唯物史观的影响与指导。他在一次学术采访中就明言："我研究秦汉史从经济史入手和当时我接受的新理论体系有关。当时我正好在学习马克思主义历史唯物论

---

① 这些治学思想主要集中于安作璋的几篇学术总结文章中，如《关于秦汉史的学习与研究》《史学杂谈》《史学功能与史家修养》《从编写〈中国史简编〉中所产生的几点想法》《我与〈山东通史〉的编纂工作》《关于秦汉史与山东地方史综合研究》《回顾与展望——20世纪中国历史研究刍议》等。详见安作璋《学史集》，北京：中华书局，2001年。下文所引，均不再注明。

和辩证法，唯物辩证法认为，研究历史首先要从经济基础开始，这是第一个原因；再一个原因是农业经济在经济领域中是一个决定性的部门。恩格斯就说过，研究经济首先要从农业开始。古代经济基础的关键部门是农业，像中国奴隶制度、封建制度的形成，基本上都是从农业开始的，因为中国是农业立国，……所以说，历史研究要从经济基础入手，经济基础主要是在农业经济，这是我选择从农业经济史入手的原因。"①

安作璋关于秦汉社会性质的讨论，其理论指导就是马克思主义。《西汉经济制度和政治制度》这篇长文，是其较早运用马克思主义理论研究秦汉历史的重要成果。该文通过分析毛泽东关于中国封建制度的几个基本特征，结合秦汉历史实际，得出了比较令人信服的结论，即西汉应该是封建社会，但作为一个社会发展阶段来说，西汉还没有达到封建社会的发展时期，而只能是封建社会的初期或形成时期②。诸如《班固与〈汉书〉》（后又有增订本《班固评传——一代良史》）、《秦汉时期封建地主阶级的构成、特点和历史作用》等论著③，都是在马克思主义唯物史观的指导下所作的史学研究。前者，是对班固家世、生平，特别是他在中国史

---

①康香阁：《史学大家安作璋先生访谈录》，见《邯郸学院学报》（哲学社会科学版）2011年第3期。

②安作璋：《西汉经济制度和政治制度》，见《山东师院学报》1959年第5期。

③安作璋：《班固与〈汉书〉》，济南:山东人民出版社，1979年；《班固评传——一代良史》，南宁:广西教育出版社，1996年；《秦汉时期封建地主阶级的构成、特点和历史作用》（与逢振镐合作），见《历史研究》编辑部编《中国封建地主阶级研究》，北京:中国社会科学出版社，1987年。

学上的贡献作了客观梳理、分析和研究,体现了一位研究者实事求是的治学思想。后者,是对秦汉时期封建地主阶级的构成、特点进行了深入探讨,并客观分析了这一历史主体的历史作用,他在文末言道:"只有这样来认识秦汉时期的封建地主阶级,才是历史唯物主义的态度。"

二、始终坚持"通古今之变"的治史追求

史学家司马迁的著述追求就是"欲以究天人之际,通古今之变",通变思想遂成为中国传统史学的优秀文化遗产之一。这既体现在历史编纂学方面,又影响到史学撰述的宗旨。在马克思主义史学理论指导下,二者呈现出新的时代特征:一是指通史编撰,二是指要认识和掌握历史发展的规律。两者相辅相成,只有通过通史的编撰和研究,才能得出更加符合中国历史特点的规律;反过来,以总体性特征与规律认识和把握每一社会形态或这一社会形态的不同发展阶段的历史发展及其特点,才更具有科学性和历史性。

安作璋的史学研究就呈现出这样的治史追求。正如他所言:"大家都知道我是专治秦汉史,实际上治秦汉史只是我研究历史的一个试验田,通过治秦汉史,我摸出了一点门道,积累了一些经验。我真正想研究的还是通史,就是通古今之变,这是我最后的目的。"[1]1986年编撰出版了《中国史

---

[1]康香阁:《史学大家安作璋先生访谈录》,见《邯郸学院学报》(哲学社会科学版)2011年第3期。

简编》，1993年主编出版了九卷本（12册）《山东通史》，2001年主编出版了《中国运河文化史》，2004年主编出版了八卷本《齐鲁文化通史》（与王志民主编），2008年主编出版了六卷本《济南通史》，这些论著都是"通古今之变"这一治史追求的重要体现。

就如何编写一部完整的中国通史，安作璋提出了三个方面的思考和经验总结：一是纵向的"通"，也就是弄通历史的来龙去脉，或者叫做纵向联系、逆向考察和顺向考察。具体来讲，首先要弄通每一个社会形态的最本质的特征以及形成这些特征的原因；其次要弄通前一个社会形态如何向后一个社会形态转变以及转变的环节；再者要弄通每个社会形态内部不同历史发展阶段的最本质的特征及其形成的原因，以及前一个历史阶段怎样向后一个历史阶段转变。二是横向的"通"，也就是要弄通每一种事物与其左邻右舍的关系，或者叫做横向联系。这又包括两方面内容，首先是每一个历史时期的政治、经济和思想文化都不是孤立的，而是一个有机的整体，应该注意阐明它们之间的相互作用和相互关系；其次还要和处于同一社会形态或同一时期的外国历史相联系，进行比较，方能显示出中国历史的自身特点和规律。三是类通，也就是以类相从，逐类贯通。每个社会形态的每一项历史内容，虽然分散在不同章节，但又都是自成体系，这样既可以避免重复脱节，又便于使人认识和掌握每一类事物发展的线索和规律。

安作璋的上述"通史"编撰思想与方法，是中国通史编撰学的组成部分，具有重要的理论指导意义。除了这一史学贡献外，他对于区域通史或地方通史的编撰也有自己的思考，亦值得我们关注和借鉴，为我们提供了地方通史编撰的成功范例。他从编撰队伍、体例、史料搜集、问题研究、成果吸收等七个方面进行了总结，特别是对于编撰新体系的构建和正确处理地方通史与中国通史的关系，提出了非常重要的认识。《山东通史》的编撰，吸收了中国传统史学编撰的各种体裁的优点，分为通纪、典志、列传、图表四大部分，建立了一个比较完整的山东地方通史体系。以上四个部分都不是孤立的，而是一个有机的整体，互相联系、互相补充，有详有略、详略互见，比较充分地反映了山东历史的全貌。在处理山东地方史和中国通史关系方面，他提出既要反映中国历史发展的一般规律，又要突出山东地方史的特点及其在中国历史上的地位。对全国性的重大事件只能作背景叙述，而集中论述其在山东地区的表现；对山东地区特有的事件，除集中论述其本身内容外，也需简要论述其对全国的影响。

三、始终坚持传承与创新发展的治史理念

任何史学研究所取得的成就，都离不开继承、吸收以往的学术研究成果及其所产生的理论与方法。从大的背景来讲，就是要继承中国优秀史学遗产，如总结历史经验的传统、重视历史遗产继承的传统、实录精神、史家修养、历史编纂理论与方法、经世致用等传统。同时，还要吸收人类最新的文明成果，和世界文明发展趋向保持一致。要做到这一点，就必须和国际史学界保持交流和沟通，取长补短，相互

学习，掌握史学研究的最新动态和研究成果，不做时代的落伍者。否则，我们的史学研究必将逐渐失去生命的活力。当然，我们对待国际史学既不盲目排斥，也不盲目接受，尤其是不能被西方的一些唯心主义史学牵着鼻子走，要用马克思主义的理论进行分析鉴别，批判地吸收，科学地改造，去其糟粕，取其精华。

继承、吸收，是为了更好地创新。安作璋多次指出，创新绝不是无根据地标新立异、别出心裁，那样的创新，是要不得的。真正的创新应该是对前人的研究成果有继承发展，对今日和以后的史学研究有启迪意义和导向作用。他主编的《山东通史》的意义之一就是能为今后山东各专门史的研究起到一种导向的作用，这就是《山东通史》的创新之一。

如何才能创新？安作璋提出了六个方面的思考和经验总结。

第一，正确处理专与博的关系。中国历史文献，浩如烟海，要想部部精通是不现实的，应该根据自身的研究方向和课题规划而有所选择、有所侧重，这是重点。但有重点不等于取消一般，没有一般也就谈不上重点。治史贵乎博大精深，没有渊博的历史知识，要达到精深的地步是不可能的。所谓渊博，也并不是无所不通、无所不晓，就其所学专业来说，不仅要精通，凡是与本专业有关的知识，也都应该通晓。专与博是辩证的、统一的，正确处理好二者的关系，是治史者必须遵循的一条途径。

第二，调查研究，了解行情。一旦研究范围领域确定了，那就要对这个范围领域内研究的过去、现状及未来发展趋向都应该有所了解，包括国内外学术界的研究情况，这就叫了解行情。安作璋还就了解行情的方法作了说明，即索引编制，并强调指出，闭门造车是很危险的。

第三，博采众家之长。安作璋认为，治史如学书、学画，要博采众家之长，方能成一家之言。博采众家之长，不仅是吸收已有研究成果，更为重要的是，借鉴别人的治史方法，取其所长，加以融会贯通，这样才能有所提高、有所创新。他读大学时，就善于吸收导师张西山先生的治学方法和路径，工作后又积极继承、学习马克思主义史学家的治史方法和理论认识。

第四，善于选择结合点和突破点。这一点对于史学研究创新至关重要。针对有人说秦汉史这个领域没有研究空间，安作璋认为这是一种误解，秦汉史虽然研究基础很好，也产生了不少优秀成果，但这个领域还是一片没有完全垦辟出来的荒原，仍大有用武之地。如秦汉社会性质、经济史、阶级关系、政治制度史、思想文化史、民族关系史、中外关系史、历史人物、文献整理与研究、考古与文物等问题，都是值得注意的课题。关键是要选择一些结合点和突破点，譬如秦汉博士制度前人已作了若干研究，几乎没有什么更多的疑难问题了，但如果把博士制度与秦汉政治、教育、文化的关系结合起来看，就可以发现新的课题。《秦汉官制史稿》（与熊铁基合作）就是安作璋关于秦汉史研究的突破口之一，这是受到邓广铭先生所谓治史"四把钥匙"（年代、地理、职官、目录）的启示而产生的新课题、新成果。

安作璋所做的秦汉山东地方史研究，亦是秦汉史研究的一个结合点和突破点。他曾指出,如果把秦汉史的研究和地方史的研究结合起来,不但可以开创一个新的天地,而且还有可能写出一部既有秦汉大一统背景下的共同性,又有各个地方的特殊性的全方位的丰富多彩的秦汉史。事实证明,这一研究方法是可行的。

除了以上四点外,还包括研究者自身的勤奋努力,以及鲜明的中国化的马克思主义理论指导,这些都是史学研究创新的重要路径、方法和基础。这对中国秦汉史、中国通史的其他内容研究,都是很好的启迪和理论指导,值得我们关注和学习。

四、始终坚持业精于勤与持之以恒的治史态度

安作璋曾提出,勤奋出成果,这是个真理。这既是他多年辛勤耕耘于史学园地的经验之谈,亦是中国史学发展的重要动力之一。他多次在不同场合指出,凡是真正做学问的人,都主张"三勤",即眼勤、脑勤、手勤,也就是勤于读书、勤于思考、勤于写作。这一认识,系统地阐释了历史学研究的史家素养之基本要求。有了正确的理论作指导,还需具有研究历史的基本功,这便是"史学"。老一辈史学家所言的治史"四把钥匙",就是入门的基本功。当然,仅有这四把"钥匙"还不能登堂入室,还需有诸如文字学、音韵学、训诂学、校勘学等其他方面的基本功。治史不仅需要人文社会科学的基本知识,还需有自然科学的基础知识。研究历史不仅要有基本的功夫,还需具备研究历史的基本技能,这便是"史

才"。如何在浩如烟海的史料库中找寻到所需的材料,是一项重要的基本技能。以卡片为著录方式,是搜集资料的重要方法。搜集到的资料,还要进行辨伪存真。有了材料,就要进行分析与写作。写作也是一项更重要的技能,根本的要求就是研究历史必须实事求是,不虚美,不掩恶,这便是"史德"。

无论史学、史才、史德,都需要勤奋与坚持。没有面壁十年的精神,是做不好学问的。但这不是说要把所有精力全都放在做学问上,生活上的诸多事情还是要做的。在这种情况下,安作璋提出,要处理好整与零的关系。所谓"整",就是专业方向或研究课题的整体规划,一旦确定下来,就不要轻易改动,切忌见异思迁,否则事倍功半,甚至一无所成。所谓"零",就是不要贪图"一口吃个胖子",一个整体规划绝不是一下子就能解决得了的,应把它分解为若干具体的小问题,一个一个地加以研究,这叫"化整为零";等到所有的小课题基本得到解决,然后再归纳综合,从而形成一个较完整的体系,这叫"化零为整"。

从中学时代,安作璋就表现出不怕吃苦、持之以恒的治学精神。虽然学习环境恶劣,但毫不影响他对历史知识的渴望。反过来,历史知识中所包含的百折不挠的精神,又鼓励和激励着他的学习热情。他考入齐鲁大学,除了上课之外,就是在图书馆、资料室或宿舍学习,晚上12点之前几乎没有睡过觉。这也是他成为当时能毕业的两名学生之一的很重要因素。参加工作的最初几年,他在完成教学之余,差不多写了近10篇论文,其中就包括发表在《光明日报》上的文章。1955年,他出版了自己的第一部论文集《汉史初探》,影响很大。除了师友指导与帮助外，主要是他自身的勤奋好学、持之以恒的精神在起作用。例如，正是在大学勤奋学习外语，遂产生了1957年撰写完成的专著《两汉与西域关系史》。从1951年工作至今，安作璋已在史学园地里辛勤耕耘了60余年，取得了丰硕成果，这不能不说是先生业精于勤、持之以恒治学态度的结果，值得我们后辈学习与敬佩。

五、始终坚持古为今用的治史宗旨

经世致用是中国传统史学的重要优秀文化遗产，继承与发展这一优秀遗产，是当今史学工作者义不容辞的责任和义务。总结历史经验教训，为人民服务，为现实服务，这是史学研究的宗旨和奋斗目标。安作璋多次指出，深入探索历史的本质与规律，总结历史经验教训，为社会主义建设事业服务，这才是治史的真正目的。面对所谓的"历史无用论"，他不断反思与辩驳。他认为，把握历史发展规律，有助于正确认识今天和未来，有助于提高人们认识分析处理问题的能力和文化素质，现实生活需要我们借鉴历史经验，历史具有难以替代的教育功能。经世致用的优良传统，更需要在今天发扬光大。

安作璋十分注重史学的经世致用功能，这一点可以说贯穿其研究的始终。对于安作璋所从事的山东地方史研究，中共山东省委宣传部原部长苗枫林曾说："几千年的历史长河，把我们与古人之间隔开得非常遥远，但是，安先生却把这个遥远距离拉得近些再近些，并且不时地在他的书房里，把早已尘封了的古代事件磨莹成清澈照人的历史规镜,给人以启迪,以感悟,以力量。"又言:"《山东通史》的编纂和出版,负有'当国之龟镜'的责任,它理应唤起我们的国家和人民,科学地认识山东,开发山东,把山东重新推上祖国经济和文化发展的前驱。它理应唤起山东人民的正确的自我意识,使命意识,奋斗不息,在现代化的大潮中,去重新书写新一代山东人的光辉历史。"[1]这样高度的肯定和评价,彰显了安作璋史学研究的现实生命力。

在安作璋看来,研究齐鲁文化,弘扬齐鲁文化的精髓,对于当前我国进行的社会主义经济建设和精神文明建设,都具有十分重要的学术意义和现实意义。对秦汉官制的探讨等史学研究,同样呈现出安作璋对现实的终极关怀。因为通过秦汉官制的考察,使得我们更加深入了解中国古代政治制度,才能准确把握当代及未来中国政治生活的基本走向[2]。

在史学研究成果普及方面,安作璋充分利用历史这门具有特殊教育功能的课程,有意识地通过若干历史人物的嘉言懿行和成败得失等具体生动的事实和评价,使得更多的人在获取历史知识的同时也接受了爱国主义教育、革命传统教育、思想品德教育和历史经验教育。他亦长期致力于传统道德先进文化与和谐社会的研究,先后发表了《传统道德与精

---

[1]《他的"道德学问"影响着莘莘学子——记山东师范大学"五老"志愿者安作璋》(全省高等院校关工委调研座谈会材料汇编,2011年),见《山东通史·序言》。

[2]高志文、陈虎:《淡泊明志博学深思——安作璋先生的学与术》,见《邯郸学院学报》2011年第3期。

神文明》《说孝》《为国·为学·为人》等文章。他积极参加社会活动,深入挖掘研究区域的历史文化。

正如安作璋所言,只有博采众家之长,方能成一家之言。总结安作璋60余年史学研究的治学思想与方法,一方面是表达对一位前辈史学家治学成就的敬仰,更重要的是要学习安作璋治史路径与求真致用的史学精神,共同推动中国史学的深入研究。

(原载《山东师范大学学报》(人文社会科学版)2016年第5期。靳宝同志参与了本文写作)

林甘泉史学研究的理论与方法

林甘泉（1931—2017），福建石狮人，当代中国著名马克思主义史学家，中国社会科学院学部委员，长期在中国社会科学院历史研究所工作，曾任所长、中国史学会副会长、中国秦汉史研究会会长等职。他是当代中国史学诸多重要活动与规划的组织者、参与者、亲历者，为当代中国史学的繁荣发展做出了重要贡献。在近70年的学术研究生涯中，林甘泉著有《中国史稿》（第二、三册主要执笔）、《中国古代政治文化论稿》《林甘泉文集》，主编、撰写《中国经济通史·秦汉经济卷》《郭沫若年谱长编》《中国封建土地制度史》第一卷、《郭沫若与中国史学》《中国历史大辞典·秦汉史》《中国大百科全书·中国历史·秦汉史》《孔子与20世纪中国》《中国古代史分期讨论五十年》等，在中国古代经济史、政治文化史、史学理论以及秦汉史等许多重要领域都有深入思考，提出了诸多很有价值的独特看法。而他对于历史理论的重视和自觉，更是几乎贯穿于他的全部论著之中，这使他的许多历史认识具有鲜明的理论色彩，不仅受到学术界的关注，而且产生了广泛的社会影响。

一、中国经济史：古代中国有自身发展模式

林甘泉的史学成就是多方面的，其中以中国经济史最为突出。他的经济史研究重点在周秦两汉社会经济史、秦汉土地制度史研究方面。他曾主编《中国封建土地制度史》（第一卷）、《中国经济通史·秦汉经济卷》（上、下册），先后发表《亚细亚生产方式与中国古代社会》《中国封建土地所有制的形成》《秦汉的自然经济与商品经济》等多篇论文，从社会经济形态角度思考中国古代历史分期问题和中国古代自身发展道路问题，提出了诸多富有理论建设的真知灼见。

（一）世界历史的发展是多样性的统一

众所周知，林甘泉秉持马克思主义社会形态理论，但他对这一理论的坚持又不是僵化和教条的。林甘泉根据唯物史观和中国以及其他国家的历史发展道路对比后得出结论，世界历史的发展是多样性的统一。他说："人类历史的发展有着共同规律，而这种共同规律是通过各个民族和国家历史发展的多样性表现出来的。"[1]绝不能对马克思主义社会经济形态理论采取简单化和公式化的理解。通过考察马克思与恩格斯的有关经典论述，林甘泉指出，马克思和恩格斯把古代希腊罗马和中世纪欧洲看作是奴隶社会和封建社会的典型，但是他们并不认为，奴隶社会只存在于古代希腊罗马，封建社

---

[1] 林甘泉：《亚细亚生产方式与中国古代社会》，原载于《中国史研究》1981年第3期；后载入《林甘泉文集》，上海：上海辞书出版社，2005年，第21页。

2008年1月29日，在秦汉魏晋南北朝史研究室聚会合影

会只存在于中世纪欧洲。至于所说奴隶社会和封建社会是历史发展的普遍规律，不外乎有两层意思：第一，奴隶社会和封建社会都是人类社会由低级到高级发展进程中的一个暂时阶段；第二，奴隶社会和封建社会绝不是孤立的、个别的现象，而是在世界范围内有重复性和常规性的现象。当然，这种重复性和常规性，并非指完全同一的模式，也不能理解为一切民族和国家都必须经过这两个社会发展阶段[1]。

考古学家夏鼐曾从物质文明层面指出了中国历史发展的个性和独特风格："根据考古学上的证据，中国虽然并不是完全同外界隔离，但是中国文明还是在中国土地上土生土长的。中国文明有它的个性，它的特殊风格和特征。"[2]林甘泉

---

[1] 林甘泉：《林甘泉文集》，第18—19页。

[2] 夏鼐：《中国文明的起源》，见《文物》1985年第8期。

认为，古代中国（指战国秦汉以前）的社会形态，也和物质文明一样，既有与世界各国历史发展相同的共性，也有它自己的个性[①]。他从共同体、土地所有制、阶级关系和国家政体等方面探讨了中国古代社会发展的模式问题，提出了自己的看法[②]。他认为："中国古代社会形态和国家形式既体现了世界各国历史发展的统一性，又显示了自身固有的历史特点。"[③]如果简单勾画出来表现为四点：一是中国原始社会瓦解以后，社会生产和再生产的共同体是家族公社和农村公社并存。直到战国时期，家族公社和农村公社才相继趋于解体，形成了一家一户为一个生产单位的小农农村。二是中国古代的土地所有制，也和许多文明民族一样，是从土地公有经过共同体土地所有制的中间阶段而发展成为私有的。三是中国古代主要的农业生产者是庶人，即家族公社和农村公社的普通成员。四是中国早期国家的政治体制保存了若干原始民主的残余，但中国古代并不存在古代希腊罗马那种城邦民主制度，其政体基本上是一种等级制的君主专制制度[④]。林甘泉从社会经济生产、土地所有制形态、直接生产者身份地位、国家政体等问题入手，不仅提出了他自己对古代中国社会性质的独特看法，也围绕古代中国社会发展的模式对以后

[①] 林甘泉：《古代中国社会发展的模式》，原载于《中国史研究》1986年第4期；后载入《中国古代政治文化论稿》，安徽：安徽教育出版社，2004年，第1页。

[②] 林甘泉：《中国古代政治文化论稿》，第1—33页。

[③] 林甘泉：《中国古代政治文化论稿》，第28页。

[④] 林甘泉：《中国古代政治文化论稿》，第28—30页。

的历史影响阐释了自己的观点,具有很强的说服力。

(二)社会形态分期问题

社会形态划分是唯物史观的核心理论,也是中国史研究领域中曾经长盛不衰的话题。林甘泉从理论辨析与实证入手,对如何进行历史分期、中国在原始社会瓦解后社会形态的性质、亚细亚生产方式与中国古代社会的关系、中国古代社会的转型特点、封建制的不同形态等诸多问题上提出了自己的看法。

第一,对历史应当如何分期、"封建"一词的名实等问题提出了自己的意见。"对历史如何分期,是史学家的学术自由,不能由行政命令或少数服从多数来作出统一规定。"[①]马克思主义史学家是主张以社会经济形态的变动来划分历史发展阶段,这就是人们所谓的"五种生产方式论"。他同时也认为,"'社会经济形态'是一个综合的概念,它涵盖了生产力和生产关系、经济基础和上层建筑的丰富内容。用社会经济形态来划分历史发展的不同阶段,能够比较全面而深刻地揭示不同时代的本质特征。"[②]他反对有人提出五种生产方式不是马克思主义创始人的理论而是斯大林制造的说法,指出马克思在世时已经提出了历史上的四种生产方式,再加上马克思和恩格斯所设想过但生前没有看到过的社会主义社会,那就有了五种生产方式。林甘泉同时也明确指出,"马、恩虽然认为原始社会、古代社会、封建社会和资本主

[①] 林甘泉:《世纪之交中国古代史研究的几个热点问题》,原载于中国史学会、云南大学编《21世纪中国史学展望》,北京:中国社会科学出版社,2003年;后载入《林甘泉文集》,第415页。

[②] 林甘泉:《林甘泉文集》,第415页。

义社会的更替是一种自然历史过程,但是他们并不认为所有的国家和民族都必须依次经历这几种社会经济形态。最先把古代社会称为奴隶社会,并且认为世界上绝大多数民族和国家都经历了这些社会经济形态的是列宁。"①但列宁也并不排斥有的国家和民族的历史并没有按照社会经济形态演进的"总规律"发展。斯大林的表述强化了五种生产方式的"普遍性"和"规律性",容易产生简单化和公式化的毛病,也是其后的一些马克思主义史学家在引用社会经济理论时陷入简单化和公式化毛病的一个重要因素,但据此就认为五种生产方式是斯大林制造出来的公式,这并不符合马克思主义学说史的真实情况。五种生产方式的更替在欧洲已是历史的经验事实,即使中国历史上不存在类似欧洲那种奴隶制和封建制的生产方式,也不能否定社会经济形态理论适用于中国历史分期。历史分期本来是可以有不同说法的,"但如果我们要探讨的历史分期是涉及各个时代本质特征的变化,应该说只有马克思主义的社会经济形态理论才为我们提供了最全面和最科学的方法论。"②他还敏锐地指出,"各个历史时代都不会只存在一种生产方式,而可能是几种生产方式并存"③,而问题是要根据马克思主义的观点,寻找出占支配地位的生产关系。从这个视角出发,林甘泉还对中国历史上原始社会解体后是"奴隶社会"还是"古代社会"、中国历史上的"封建"社会究竟何指等名实问题,提出了独特的见

---

① 林甘泉:《林甘泉文集》,第416—417页。
②③ 林甘泉:《林甘泉文集》,第418页。

解。"近代以来,我国人文社会科学所使用的许多词汇,都和历史文献的本意不尽相符,有的意思甚至截然相反","如果因为我们所使用的这些名词意思与历史文献不符,都要改正,岂不是乱了套?""中国历史上是否存在封建社会,根本问题要看封建社会经济形态的基本特征在中国历史上是否存在,这个基本特征就是封建的生产方式,而不必非是欧洲的封君封臣制度和庄园生产组织不可。"[1]

第二,从概念上辨析了亚细亚生产方式与亚细亚所有制的区别与联系。亚细亚生产方式的讨论从20世纪20年代开始就已展开,这场讨论中有学术的争论,也有政治上的攻击。特别是卡尔·威特福格的《东方专制主义》(1957年出版)和翁贝托·梅洛蒂的《马克思与第三世界》(1972年出版)二书,就是利用亚细亚生产方式来攻击和诽谤中国革命,或对中国的历史与现实发表一些不正确的意见。林甘泉对此进行了有力批驳[2]。他从马克思主义社会经济形态学说的形成过程,对亚细亚生产方式作了历史考察。他认为,随着对原始社会史认识的深化,马克思和恩格斯不再把亚细亚生产方式看作是人类历史上原始的社会形态了。到《家庭、私有制和国家的起源》这部著作出版后,马克思主义创始人关于社会经济形态的理论可以说已经形成了一个完整的体系。关于资本主义以前社会经济形态发展的顺序,马克思生前没有来得及完全确定,这一工作终于由恩格斯在马克思逝

---

[1] 林甘泉:《林甘泉文集》,第419页。
[2] 林甘泉:《林甘泉文集·自序》,亦见《亚细亚生产方式与中国古代社会》一文。

世以后完成了。这个顺序就是：原始氏族社会—奴隶社会—封建社会—资本主义社会[1]。林甘泉结合中国历史具体实际，进一步对马克思和恩格斯关于亚细亚生产方式有关论述和理论概念进行了深入分析，指出"亚细亚生产方式"作为一种社会经济形态，已经不是文明史之前的原始社会，而是具有阶级对立和专制主义统治的古代社会。而"亚细亚的所有制形式"则是具有公有性质的共同体所有制，它在东方一些国家中曾以残余或变异的形式长期存在[2]。之所以在亚细亚生产方式问题的讨论中会产生分歧，原因之一就是把亚细亚所有制和作为特定社会经济形态的亚细亚生产方式完全混为一谈了。所有制是决定生产方式性质的重要因素，但所有制的形式并不等于就是生产方式。就中国的情况来看，如果说历史上也存在过亚细亚生产方式的一些特征的话，那就是西周的奴隶制社会。当然，这也就其主要特征而言的，至于西周社会的实际情况，要比马、恩的论述复杂得多[3]。

第三，根据恩格斯的理论分析，在考察中国古代的社会转型时，提出中国古代也经历了具有公有与私有二重性的家族公社和农村公社的土地所有制这样一个中间阶段，即共同体所有制[4]。林甘泉从"井田"与"爰田"两方面对中国古

---

[1] 林甘泉：《林甘泉文集》，第5—6页。
[2] 林甘泉：《林甘泉文集·自序》，第2—3页。
[3] 林甘泉：《林甘泉文集》，第6—11页。
[4] 林甘泉：《中国古代土地私有化的具体途径》，原载于《文物考古论集》，北京：文物出版社，1986年；后载入《林甘泉文集》，第25页。

代共同体土地所有制作了考察①。就中国古代土地私有化的具体途径而言，林甘泉总结出中国古代土地私有化的两种途径：从公社农民的份地变为个体小农的私有土地，以及田邑转让、军功赏田和私田的垦辟，并对私有化的详细路径进行了考察②。诚如恩格斯所说，一切文明民族都是从土地公有制开始向私有制转变的。林甘泉认为，如果放在世界历史进程中，中国古代土地私有化的过程既符合世界各国历史发展的共同规律，也有它自己的特点③。这一揭示对于推动中国古代土地制度的研究有较高的理论启发意义。

第四，领主制和地主制是封建生产方式的两种类型，而非封建社会必经的两个阶段④。这是林甘泉参与讨论中国古史分期问题的又一重要见解。他认为，"在马克思主义著作中，我们并没有看到封建社会必然经过领主制和地主制两个发展阶段的说法。世界上多数国家的历史实际，也不存在这种情况。"⑤他又从二者的概念、内涵及其异同作了分析。他认为，"领主制和地主制的主要区别，只是在土地所有权形态上的不同，至于直接生产者的身份和地租形态，在许多场合下二者并没有不可逾越的界限。"⑥西欧封建生产方式的形成是沿着自由农民农奴化的道路进行的，而中国则主要是通

---

① 林甘泉：《林甘泉文集》，第27—39页。
② 林甘泉：《林甘泉文集》，第44—58页。
③ 林甘泉：《林甘泉文集》，第58页。
④ 林甘泉：《领主制与地主制：封建生产方式的两种类型》，原载于《历史研究》1962年第2期；后载入《林甘泉文集》，第64页。
⑤ 林甘泉：《林甘泉文集》，第65页。
⑥ 林甘泉：《林甘泉文集》，第66页。

过奴隶大众身份的提高和地位的改善而转变到封建制[1]。他还从阿拉伯和印度等王朝封建化过程,印证了不同国家和民族进入封建社会具体途径的多样性和复杂性[2]。这一看法对于我们认识中国封建社会的类型与性质具有很大的帮助。

第五,史学界长期以来对春秋战国之际社会关系变动性质的理解分歧较大。林甘泉结合出土的有关文物,对这一问题作了深入思考。他指出,"春秋战国之际,农村公社瓦解以后,并没有出现类似古代希腊罗马那种自由的土地所有者。以一家一户为一个生产单位的广大个体农民,绝大多数是具有封建国家佃农性质的授田制农民,其次则是耕种地主土地的封建租佃制农民。这两部分劳动者的数量,无疑要比从事农业生产的奴隶多得多。就发展的趋势来说,当授田制农民所带有的公社农民的痕迹逐渐消失之后,封建租佃制在农业中也日益成为支配的形态。基于这样的历史事实,我们有理由认为战国是封建社会形成的时代。"[3]在社会形态分期上,林甘泉赞同郭沫若的观点,他的这篇文章就是利用新的出土材料,再次论证战国封建说的合理性。

(三)社会经济史研究

社会经济史的研究涵盖了生产、分配、交换和消费的诸多领域,林甘泉以秦汉为个案,进行了多方面的深入探讨。如《汉代的土地继承与土地买卖》一文对中国封建社会地产

---

[1] 林甘泉:《林甘泉文集》,第72页。
[2] 林甘泉:《林甘泉文集》,第73—74页。
[3] 林甘泉:《从出土文物看春秋战国间的社会变革》,原载于《文物》1981年第5期;后载入《林甘泉文集》,第116页。

的某些特点进行了分析，指出中国封建地产具有运动的、非垄断的性质，不同于欧洲中世纪地产非运动性质[1]。《养生与送死：汉代家庭的生活消费》一文，对汉代家庭生活消费及其所反映出来的某种文化传统进行了探讨，指出在以家庭为本位的中国古代社会，个人的消费不占重要地位，生活消费通常集中表现为家庭消费，而"养生"与"送死"则是家庭消费的两大项目，这也从一个侧面揭示了汉代社会危机产生的深层次因素[2]。

他对中国古代自然经济与商品经济的内在关系作了深入思考，提出了独特看法。长期以来，中国学术界对封建社会自然经济与商品经济的关系问题处于一种两难的境地：肯定中国封建社会自然经济占统治地位，却解释不了商品经济相当发展的事实；反过来，承认中国封建社会商品经济比较发达，又难以认定自然经济的统治地位。这个问题，不仅涉及对"自然经济"本质特征的理解，而且关系到对中国封建社会经济结构的重新认识。林甘泉通过深入考察认为，中国封建社会自然经济的本质特征是自给性生产而非自给自足，自然经济和商品经济的根本区别，就在于前者是自给性的生产而后者是商品性的生产。"男耕女织"自然分工下的小农的自给性生产，是中国封建自然经济的特色。文献记载和考古

---

[1] 林甘泉：《汉代的土地继承与土地买卖》，原载于《中国历史博物馆馆刊》1989年第13—14期；后载入《林甘泉文集》，第160—189页。

[2] 林甘泉：《"养生"与"送死"：汉代家庭的生活消费》，原载于《中国考古学与历史学之整合研究》，台湾中央研究院历史语言研究所会议论文集，1997年7月；后载入《林甘泉文集》，第250—274页。

发现，都可说明耕织结合的小农经济在封建经济结构中的重要地位①。所以说，"自然经济和商品经济相结合，而以自然经济占统治地位，这是中国封建社会经济结构的一个重要特点。这种结合不是一种简单的并存关系，它不仅表现为封建经济既有自给性生产的单位，也有商品性生产的单位，而且表现为自然经济和商品经济这两种经济运行形式能够互补和互相制约。"②中国封建社会经济生活和政治生活的诸多现象，都可从这种封建社会经济结构中作出合理的解释。

二、中国政治文化史：丰富的政治文化遗产

基于对中国古代社会经济史的深刻认识，林甘泉对中国古代政治文化史也十分关注，是他学术研究的重要旨趣，提出了诸多富有理论创见的认识。

（一）关于中国古代国家的政治体制

针对学术界的认识分歧，林甘泉充分运用文献和考古资料，在唯物史观的指导下，对中国古代国家政体进行了深入探讨和理性分析。他从周天子与诸侯的君臣名分、政治制度与宗法的关系、忠君观念、朝议制度的性质等四个方面对此做了深入研究③。他还专门就《左传》中有关国人、卿大夫、诸侯和周天子地位与作用的记载，进一步对西周和春秋

---

①林甘泉：《秦汉的自然经济与商品经济》，原载于《中国经济史研究》1997年第1期；后载入《林甘泉文集》，第222—249页。

②林甘泉：《林甘泉文集》，第245页。

③林甘泉：《中国古代政治文化论稿》，第22—28页。

的城邦政治体制作了深入分析①。他指出,"世界各国的历史发展有共同的规律,但又都会有其自己的历史特点。城邦作为早期国家的一种形式,有一定的普遍性。但并非所有国家和民族的历史发展,都必须经过城邦阶段。……而不同国家的古代城邦,其所有制形态、阶级结构和政治体制,也未必都是一个模式。中国古代城邦的政体是一种等级制的君主专制,而不是民主制或共和制。这个历史特点,是决定中国这个文明古国较早在秦朝建立封建专制主义中央集权国家的重要因素之一。中国封建社会只有开明专制的君主和民本思想的传统,而缺乏民主共和的政治条件,这不能不说与古代城邦的君主专制政体也有一脉相承的关系。"②他还进一步提出,君主专制制度作为一种上层建筑,绝不是偶然出现的历史现象,它有特定的经济基础和阶级基础,中国封建专制主义也不例外。中国封建专制主义的经济基础,既不是个体小农经济,也不是封建土地国有制,而是封建地主土地所有制③。

(二)关于政治权力与经济发展的关系

政治与经济的关系,不同时期不同形势下,表现形式是不同的。林甘泉通过分析秦汉时期封建国家农业政策产生的

---

①林甘泉:《从〈左传〉看中国古代城邦的政治体制》,原载于《庆祝杨向奎先生教研六十年论文集》,石家庄:河北教育出版社,1998年;后载入《中国古代政治文化论稿》,第34—53页。

②林甘泉:《中国古代政治文化论稿》,第52页。

③林甘泉:《秦汉封建专制主义的经济基础》,原载于《秦汉史论丛》,西安:陕西人民出版社,1983年;后载入《中国古代政治文化论稿》,第122—155页。

历史背景、主要内容以及它所起的作用,阐释了政治权力与经济发展的深层关系。他认为,"中国封建专制主义中央集权国家的经济职能对封建社会经济的发展起过一定的促进作用,并且导致了历史上一些所谓'盛世'的出现。但我们如果不是单纯着眼于封建王朝的盛衰,而是从生产力和生产关系的发展变化来探讨这个问题,就不难发现,封建国家对于经济发展所起的促进作用,没有也不可能超越经济条件所允许的范围。而且,如果说政治权力对于经济发展既可以起促进作用也可以起破坏作用的话,中国封建专制主义中央集权国家对经济发展所起的破坏作用,有时比促进作用更大。中国封建社会延续的时间很长,王朝盛衰周而复始,与这一点有很大的关系。"①这一揭示的意义如同他自己所说的那样,"政治权力对于经济发展所起的作用,有时甚至会使人们对它们之间的关系产生一种头足倒置的错觉:似乎是政治在决定经济,而不是经济决定政治。唯物史观的重大贡献就在于,它在承认经济、政治、思想诸因素交互作用的同时,指出政治和思想的发展都以经济发展为基础。政治的和思想的因素对历史进程无疑也起着重要作用,但历史进程的决定性因素是经济的发展。"②

(三)关于学术思想与政治文化的关系

林甘泉较早地以出土的云梦秦简为材料,结合传世文献

---

①林甘泉:《秦汉封建国家的农业政策》,原载于《第16届国际历史科学大会中国学者论文集》,北京:中华书局,1985年;后载入《中国古代政治文化论稿》,第174页。

②林甘泉:《中国古代政治文化论稿》,第156页。

来探讨秦朝封建政治文化的特色。他指出，无论是从秦制或秦政的总体来看，都很难简单地将其归结为"法家政治"。法家思想在秦朝虽然处于支配地位，但并不排斥儒家思想在一部分官吏（特别是原东方六国地区）中有广泛的影响[①]。通过考察封建专制政治的人格化问题，他对秦始皇作了重新认识[②]。他还提出，汉初的"清静无为"并非道家所专有的思想，实际上这种思潮乃是秦亡以后对秦朝暴政的一种反弹，是汉初相当普遍的社会心理的反映。从汉初"无为"政治的实质来看，当时儒家与道家是有共识的，即都强调"从民之欲，而不扰乱"（《汉书·刑法志》）。只不过对于用什么手段使封建国家在新形势下得以长治久安，儒家和道家则有不同的认识。道家主张"独任清虚可以为治"（《汉书·艺文志》）；儒家则主张定制度、兴礼乐，以教化为大务。针对有人把"清静无为"说成是汉初封建国家政治生活的指导原则，他认为这也不完全准确。因为尽管有些封建统治者崇尚黄老"无为"的学说，但国家作为一种阶级统治的工具，是不可能无所作为的。事实上，汉初六七十年间，发生过多次惊心动魄的政治斗争[③]。他还就战国至西汉前期儒家思想演变的几个重要环节，以及这种演变和封建政治的关

[①] 林甘泉：《云梦秦简所见秦朝的封建政治文化》，见《中国古代政治文化论稿》，第54—78页。

[②] 林甘泉：《论秦始皇：对封建专制政治人格化的考察》，见《中国古代政治文化论稿》，第79—120页。

[③] 林甘泉：《"马上"得天下，不能"马上"治天下——传统思想对历史经验的总结》，原载于《中国社会科学院研究生院学报》1997年第1期；后载入《中国古代政治文化论稿》，第212—215页。

系，探讨儒家思想是怎样成为封建社会的统治思想。他指出，儒家思想从战国到西汉的历史命运及其本身的演变，也只有从这个时期的经济条件以及由这些条件所决定的社会关系和政治关系去加以说明，才能得到合理的解释。具体来说，儒家思想在封建国家政治生活中的地位和作用的变化，是由它在多大程度上能满足当时封建统治阶级的政治需要来决定的。同时，我们又要看到，政治权力对于意识形态的干预和改造，如果违反了意识形态自身规律，是必然要失败的[1]。

（四）关于历史经验的理论总结

西汉陆贾在总结秦亡历史教训时提出的"马上"得天下不能"马上"治天下的历史经验，对封建社会政治生活的影响特别深远。林甘泉对此进行了深刻阐释，指出这个历史经验的总结从一定意义上来说，代表了封建统治阶级的一种反省和自觉，是封建统治阶级从不成熟开始走向成熟的表现[2]。民本思想是中国传统政治文化中源远流长的珍贵历史遗产，随着社会历史的发展，它的内涵也在不断丰富和有所演变。林甘泉对中国古代民本思想的历史渊源、政治理念、演变及其政治实践等作了考察，指出氏族制度的古老传统正是文明社会"民为邦本"的思想渊源。"民本"思想与封建剥削制度有着天然的矛盾，这就决定了"民本"思想必然由

---

[1] 林甘泉：《从百家争鸣到独尊儒术——战国至西汉前期儒家思想与封建政治的关系》，原载于《中国史研究》1979年第3期；后载入《中国古代政治文化论稿》，第236—263页。

[2] 林甘泉：《中国古代政治文化论稿》，第209页。

于"二律背反"而受到种种限制,并且最终变成一种根本无法实现的政治空话。当然,我们不能否认它对于中国历史的发展产生过一定的积极作用。"民为邦本"这个思想命题在近代中国就被注入了新的理论内容,成为推动社会进步的重要思想武器[①]。

林甘泉就传统文化中的夷夏之辨与民族文化认同的关系进行了探讨,指出以儒学为代表的传统文化,除了讲夷夏之防外,还讲"王者无外""四海一家",而正是后一种思想,成了维系和加强华夏族和汉族与少数民族之间联系的重要纽带[②]。如何认识中国历史上的分裂与统一,也是学术界不可回避的一个重要问题。他对此也作了考察,指出尽管经历了许多次的改朝换代,也曾出现过分裂割据的局面,但国家的统一始终是历史的主流。这在世界文明古国中,可以说是绝无仅有的。他发出了这样的自信之语:"回顾我国历史上统一和分裂的局势变迁,我们从中可以得出一个认识:中国这个伟大的国家是不会长期处于分裂状态的,统一的历史潮流是不可阻挡的。"[③]他还从历史学角度对中国传统文化性格作了思考,认为中国传统文化的封闭性和开放性是一定社会经济形态的产物,传统文化除了封建性的糟粕之外,也有民主

[①] 林甘泉:《中国古代的"民本"思想及其历史价值》,原载于《光明日报》2003年10月28日;后载入《中国古代政治文化论稿》,第224—234页。

[②] 林甘泉:《夷夏之辨与文化认同》,原载于《传统文化与现代化》1995年第3期;后载入《中国古代政治文化论稿》,第333页。

[③] 林甘泉:《中国历史上的分裂和统一》,原载于《人民日报》1985年5月27日;后载入《中国古代政治文化论稿》,第344—345页。

性的精华①。

三、中国史学理论：建设有中国气派的史学理论体系

林甘泉对史学理论与史学史也作了比较深入的研究，提出的一些史学理论认识，对史学理论建设与发展有着重要意义。

（一）唯物史观是最科学也是最有生命力的史学理论

林甘泉曾说："作为一个史学工作者，我愿意多学点西方资产阶级的史学理论，弥补自己这方面知识的不足。但我也要说，我仍然信仰唯物史观。因为和其他史学理论比较，我认为还是它最正确。"②他从历史研究的三个层次来说明这一理论坚持。他把历史认识分为记述、实证和诠释三个层次。史学从记述、实证到诠释，是一个认识不断深入和提高的过程。记述和实证可以复原历史过程的某些表象，但历史的本质、价值和规律只有通过诠释才能得到说明。马克思主义唯物史观的产生使历史研究真正成为一门科学，就是因为唯物史观为历史的诠释提供了一个最科学的理论和方法③。他多次提出，唯物史观是一种开放的、发展的学说。就唯物

---

①林甘泉：《文化性格与历史发展》，原载于《历史研究》1990年第1期；后载入《中国古代政治文化论稿》，第346—360页。

②林甘泉：《我仍然信仰唯物史观》，原载于萧黎主编《我的史学观》，广州：广东人民出版社，1997年；后载入《林甘泉文集》，第469页。

③林甘泉：《林甘泉文集》，第470—473页。

史观的这种本质来说，它永远要随着时代的发展而发展，而不会使自己陷入落后于时代的危机。

（二）中国史学主流问题

林甘泉对20世纪中国历史学进行了总结与分析，并指出，20世纪的上半叶，近代实证史学是中国史学的主流；20世纪下半叶，中国的史学主流则是马克思主义史学，其中20世纪30至40年代是中国马克思主义史学获得迅速发展的时期。对中华人民共和国成立后的十七年史学，他不同意学术界有人竭力贬低这一时期中国史学所取得的成就，同时也认为这十七年史学发展存在着许多不足和失误。至于1978年改革开放后的新时期史学，则充满生机与活力[①]。

21世纪马克思主义史学能否在中国保持自己的主流地位？林甘泉对此的看法是肯定的。他认为，马克思主义史学在中国的主流地位是历史形成的。马克思主义史学在20世纪下半叶之所以成为中国史学的主流，首先是由它的科学性所决定的。同时，中国国家的性质为马克思主义史学的主流地位提供了根本保证[②]。当然，"马克思主义在历史学中指导地位的确立，只能靠信仰马克思主义的学者用自己的实践来证明这一理论的科学性，赢得人们对马克思主义的信任。舍此没有别的办法。"[③]

关于史学理论体系建设，林甘泉提出了三方面的建议：

[①] 林甘泉：《20世纪的中国历史学》，原载于《历史研究》1996年第2期；后载入《林甘泉文集》，第346—384页。

[②] 林甘泉：《林甘泉文集》，第397—399页。

[③] 林甘泉：《林甘泉文集》，第399页。

一是对于历史学的性质和特点尽可能求得一个共识。二是"能不能得出结论"不能作为判断人文学科"真""伪"的标准；只要有学术价值和有利于学术发展的问题，就是"真问题"；只有纯粹玩弄概念、对学术发展毫无价值的文字游戏才是"伪问题"。针对有人把"五朵金花"问题说成是"伪问题"，他认为这是对历史学的性质和特点缺乏正确的认识。他说："如果没有古代史分期、土地所有制、资本主义萌芽等问题的讨论，就没有五六十年代历史学向深度和广度的发展，也没有今天一些断代史和专门史的繁荣局面。"[①]三是马克思主义要发展，必须与各个国家历史和现实的国情相结合。唯物史观要发展，也有一个中国化的问题。他指出："在对中国古代历史发展的许多重大问题做出理论概括时，我们既不要照搬马克思、恩格斯的有关论述，也不要套用西方学者基于外国经验材料所得出的结论。应该在唯物史观基本原理的指导下，根据中国的历史实际，做出自己的理论概括。"[②]他觉得今天我们应该是有条件也有义务，建设一个从中国历史实际出发，又是在马克思主义指导下的有中国气派的史学理论体系[③]。

（三）史学认识论问题

针对学术界把历史主义与阶级观点对立的现象，林甘泉

[①] 林甘泉：《关于史学理论建设的几点意见》，原载于《史学理论与史学史学刊》2002年卷，北京：北京师范大学出版社，2003年；后载入《林甘泉文集》，第429—434页。

[②] 林甘泉：《林甘泉文集》，第437页。

[③] 林甘泉：《林甘泉文集》，第435页。

不仅作了批判，还提出了自己的理论认识。他认为，在马克思主义的理论中，阶级观点和历史主义是完全一致的、统一的。如果离开了阶级观点，就不可能历史主义地看问题，就会被历史的一些非本质的现象所迷惑，乃至陷入唯心主义的泥坑。对马克思主义来说，不存在没有历史主义的阶级观点，也不存在没有阶级观点的历史主义。把阶级观点与历史主义割裂或对立起来，它们就不会是马克思主义的阶级观点，也不会是马克思主义的历史主义。他从农民战争史研究、历史人物评价标准两个方面对这个问题作了具体说明[1]。

关于史与论的结合，他指出，马克思主义历史科学不完全等同于历史唯物主义。历史唯物主义主要是阐明社会历史发展的一般规律，而历史学科不但要探索各个国家和民族之间历史的共性，还要了解各自的个性。在历史研究中运用历史唯物主义的原理原则是完全必要的，可是如果不结合特定对象的具体情况进行具体分析，那么这些原理原则就只能是一些抽象的社会学的公式而已。反过来，如果不能通过历史研究使历史唯物主义的一般规律具体化，也就谈不到真正掌握了历史发展的客观规律。他对史学界存在的"以论带史"和"论从史出"进行了批判，指出史与论，"二者本就不是相互对立，而且不应该有任何偏废的"[2]。

---

[1] 林甘泉：《历史主义与阶级观点》，原载于《新建设》1963年5月号；《再论历史主义与阶级观点》，原载于《新建设》1963年10月号；二文后均载入《林甘泉文集》，第275—311页。

[2] 林甘泉：《关于史论结合问题》，原载于《人民日报》1962年6月14日；后载入《林甘泉文集》，第312—317页。

关于历史文明遗产的批判继承，他认为，既要看到文明的时代特征，又要看到文明的历史承续性；既要看到不同的阶级有不同的文明，又要看到有些文明对于各个阶级是一视同仁的。历史文明遗产中，除了精华和糟粕外，还有一些属于中间状态的东西。对于历史文明遗产，不能采取"抽象继承"，而是要批判地继承①。

四、中外史学思潮：理性的批判

林甘泉不仅关注自身学术领域的研究，还对中外史学思潮十分关注，他的一些认识、评判和分析，彰显出深邃的理论见解。

（一）如何看待魏特夫的《东方专制主义》

1990年，美国德裔历史学家魏特夫《东方专制主义》一书中译本出版，引起国内外史学界的关注和研究。林甘泉也参与了这场讨论，并提出了自己的认识。在他看来，魏特夫对亚洲社会的认识，从一开始就偏离了马克思主义的基本观点，如"自然界居首位的思想"，是对马克思主义关于历史发展和自然界关系的一种曲解。所谓"单线的社会发展概念"，是魏特夫对马克思关于社会发展理论的概括，但这并不符合马克思的原意。在魏特夫所构筑的理论体系中，"亚细亚生产方式"就是"治水社会"。而在林甘泉看来，一方

---

① 林甘泉：《论历史文明遗产的批判继承》，原载于《中国史研究》1983年第2期；后载入《林甘泉文集》，第327—345页。

面马克思并没有说由于水利灌溉工程的需要,必然产生专制主义。况且,专制主义作为一种国家政体和统治方式,并不是东方社会所独有的。另一方面,从中国古代专制主义与水利灌溉工程的关系、中国古代的阶级构成及其与所有制的关系等方面来看,魏特夫的《东方专制主义》把中国当作"治水社会"的一个标本,这是对中国历史的牵强附会或随意编造的解释[①]。

(二)如何认识西方学者关于中国前近代经济结构与发展水平的分析

1991年,美国华裔学者黄宗智发表《中国经济史中的悖论与当前的规范认识危机》一文,回顾了数十年来中国和西方学者有关中国经济史研究的一些主要理论模式和认识,并对"封建主义论"和"资本主义萌芽论"都提出了质疑。林甘泉既肯定了黄宗智某些认识的意义,如主张中国经济史的研究"目标应立足于建立中国研究自己的理论体系",以及他所提出的城市工业化与乡村不发展长期并存的悖论现象等。同时,他也对黄宗智的一些看法提出了商榷,如明清时期商品生产和交换的发展,没有导致封建生产方式的解体和走上资本主义的发展道路,其原因显然不是用人口压力导致劳动生产率下降就能说清楚的。黄宗智指出了中国近代史的一种悖论现象,但他并没有解决为什么中国只出现稀疏的资

[①] 林甘泉:《怎样看待魏特夫的〈东方专制主义〉》,原载于《史学理论研究》1995年第1期;后载入《中国古代政治文化论稿》,第361—382页。

本主义萌芽而没有走上资本主义近代化道路的难题①。

继黄宗智之后,美国华裔学者王国斌出版了《转变的中国——历史变迁与欧洲经验的局限》(1997年)、德国学者贡德·弗兰克出版了《白银资本——重视经济全球化中的东方》(1998年)、英国学者麦迪逊出版了《中国经济的长远未来》(1998年),这几本书都从一个新的视角对中国前近代的经济结构和发展水平提出了一些值得重视的看法,引起了中国经济史学者的巨大兴趣。对此,林甘泉也发表了自己的见解。他认为,将西方学者所提出的"原始工业化"或"早期工业化"的理论,应用于我国前近代经济史的研究,显然有助于我们突破过去"资本主义萌芽说"的局限,摆脱"欧洲中心论"的影响,但它的一个最重要的缺陷,是回避了对"原始工业化"生产方式性质的分析。只是用一个"原始工业化"或"早期工业化"的概念来代替封建社会经济结构是否发生松懈和变化的历史过程的研究,显然不能真正解决传统经济是如何向近代经济转型的问题②。对于弗兰克等提出的所谓"中国中心论",林甘泉也作了理性批判③。

通过对黄宗智等人关于中国前近代经济结构与发展水平研究的辩证剖析,林甘泉指出,"我们以往的经济史研究,偏重于生产关系的分析,对生产力重视不够。西方学者在生

---

① 林甘泉:《世纪之交中国古代史研究的几个热点问题》,原载于中国史学会、云南大学编《21世纪中国史学展望》,北京:中国社会科学出版社,2003年;后载入《林甘泉文集》,第421—423页。

② 林甘泉:《林甘泉文集》,第423—425页。

③ 林甘泉:《林甘泉文集》,第425—426页。

产力研究方面有许多长处，值得我们学习和借鉴。但是研究生产关系这方面的比较优势我们不能丢，还是要从生产力和生产关系的互动中揭示中国传统经济结构的发展变化。对传统经济结构要一分为二，既要看到它还能容纳生产力发展的一面，也要看到它束缚生产力发展的另一面。"①

（三）如何认识中国古代知识阶层

1987年出版的余英时所著《士与中国文化》一书，对中国古代知识阶层作了深入考察，堪称是研究中国古代知识阶层的一部力作。林甘泉一方面肯定了书中不少富有启发性的见解，另一方面对书中若干重要问题的论述提出了商榷。针对中国古代知识阶层的原型和价值取向问题，林甘泉通过研究指出，"春秋战国时代的士已不再是贵族阶级的一部分，而是'四民'（士、农、工、商）之首。它的成员既有没落的贵族子弟，也有掌握了文化知识的平民乃至奴隶。这个在社会转型时期来自不同阶级的士阶层，就是中国传统社会新兴知识阶层的原型。新型的士具有开放性和流动性，他们虽有文化知识但没有'恒产'，虽有精神追求但价值取向并不一致。他们或靠文化知识作为仕宦的敲门砖，或者靠一技之长独立谋生。总之，不受身份贵贱限制，依靠知识谋生或仕宦，在价值取向上呈现多元化的趋势，这才是新兴知识阶层基本的性格特征。"②针对战国时代新兴知识阶层与当世王侯的关系问题，林甘泉认为，"所谓'道尊于势'的传统，不

---

①林甘泉：《林甘泉文集》，第427页。
②林甘泉：《中国古代知识阶层的原型及其早期历史行程》，原载于《中国史研究》2003年第3期；后载入《中国古代政治文化论稿》，第281—282页。

但在百家争鸣的战国时代是不存在的，即便是在汉武帝'独尊儒术'之后的历代封建社会，也是不存在的。把儒家弟子称颂其师'贤于尧舜''宜为帝王'的言论，理解为'道尊于势'的政治文化生态，这其实是把儒家弟子的自恋情结，误解为客观的存在。"针对"秦吏只知有政治秩序，不知有文化秩序"的论点，林甘泉通过考察出土文献资料，指出："秦朝'以吏为师''以法为教'，既是一种'政治秩序'，也是一种'文化秩序'，只不过它是以法家思想为指导的封建专制主义的文化秩序罢了。"针对政治权威与文化力量的关系问题，林甘泉详尽考察后认为，汉武帝之所以尊儒并不是"政治权威"对文化力量的"妥协"，而是出于加强封建专制主义中央集权统治的政治需要①。

（四）如何认识孔子在20世纪中国的命运

最足以代表中国传统文化的历史人物，恐怕非孔子莫属。20世纪对于中国来说是一个风云变幻的世纪，相应地对于孔子及其思想的历史定位与价值判断也是毁誉交错、起伏不定，并且常常与复杂的政治斗争纠结在一起。如何回顾和总结20世纪孔子的中国命运，从中吸取一些经验教训，是史学界进入21世纪后亟须探讨的一大课题。林甘泉主编的《孔子与20世纪中国》②，运用马克思主义史学方法，以历史事实为出发点，唯物辩证地总结和分析孔子及其思想在20世纪的命运历程，"解答了不少长期以来悬而未决的议题，在很

---

① 林甘泉：《中国古代政治文化论稿》，第286、288、296页。
② 林甘泉主编：《孔子与20世纪中国》，北京：中国社会科学出版社，2008年。

大程度上弥补了史学界对这一问题研究的历史缺憾"①。经过对辛亥革命前后尊孔与反尊孔的政治论争的回顾,林甘泉指出,"儒家学说作为封建社会的意识形态,在两千多年中是随着封建统治阶级的需要而有所发展和演变的。封建礼教、儒家学说和孔子思想三者虽然有密切的联系,却不可以完全混为一谈。"②针对学术界有人提出"五四"新文化运动中批孔批儒的激进思潮导致中国传统文化的"断裂"这一认识,林甘泉站在马克思主义史学发展的高度上,依据历史事实,对这一偏见进行了批判。他认为,"事实上,新文化运动并没有也不可能全面破坏传统文化。20世纪中国学术史的发展,恰巧说明正是'五四'新文化运动的兴起,使传统文化的整理和研究开创了前所未有的新局面。"③通过对袁世凯和孔教会所发动的第一次尊孔复古高潮、蒋介石和南京政府发动的第二次尊孔复古高潮、"文化大革命"的"批孔"高潮的回顾和反思,林甘泉指出,"它们并不是在一般语义上对孔子的尊崇与批判,也不是学者们通过学术研究得出的正常价值判断,而是现实的思想政治斗争借助孔子亡灵所演出的闹剧。"④如何认识孔子思想的当代价值与21世纪的世界文明,林甘泉也有很深入的思考和独到看法。他提出:"以儒

---

① 叶瑞昕:《孔子及其思想在20世纪的命运——评林甘泉主编的〈孔子与20世纪中国〉》,见《高校理论战线》2009年第6期。作者还指出,林甘泉的写作占了全书的四分之三,全书的主要观点、重要评判主要出自林甘泉手笔,总体上看,这是一部以林甘泉教授为主创作的学术专著。

②③ 林甘泉:《孔子与20世纪中国》,见《哲学研究》2008年第7期。

④ 林甘泉主编:《孔子与20世纪中国》,北京:中国社会科学出版社,2008年,第473页。

家思想为核心的传统文化,在历史长河中对我国民族性格的形成起了重要的积极作用,孔子思想在这方面所起的作用尤其值得我们重视。儒家所强调的群体观念和责任意识、人格尊严和德性修养、天人调适和社会和谐,在孔子那里都可以找到它们的思想源头。但是,孔子的思想既有积极和具普遍性的因素,也有消极和具局限性的因素。而且,传统文化是在已经消失的历史环境下形成的,随着时代的发展,它的价值和作用也会发生变化。我们认真总结孔子的思想遗产,是为了古为今用,而不是为了崇古和复古。对包括孔子思想在内的传统文化要有全面的认识,采取批判继承的态度。"[1]所谓以"新儒家"自命的学者,打着弘扬传统文化和复兴儒学的旗号,公然提出要改变马克思主义在我们国家的指导地位和中国人民对社会主义道路的选择,这种认识和主张是逆历史潮流的,只能以失败而告终。西方一些人士认为以儒家思想为核心的中国传统文化可以为化解世界各种危机提供一条出路,我国一些学者甚至提出孔子思想将会引领21世纪世界文明的潮流。针对这两种言论,林甘泉站在21世纪世界经济全球化、政治多极化和文化多元化这一新格局上,客观、理性地作了分析和批驳。他指出:"以孔子为代表的儒家思想,曾经是推动中国历史发展的重要文明元素,它对东亚一些国家的历史进步也曾起过重要的作用。儒家思想的一些精华,诸如以人为本、尊老爱幼、重视诚信、和而不同、追求人和自然的和谐等等,在21世纪和以后世界文明的构建中,

---

[1] 林甘泉:《孔子与20世纪中国》,见《哲学研究》2008年第7期。

都可以发挥积极的作用。孔子已经成为中华文明的标志性历史遗产,我们应该珍惜这份文明遗产,让世人更多地了解孔子及其思想。但如果认为孔子可以充当世界文明的教主,并为此而粉饰美化孔子,则完全是一种错误的观念。研究孔子及其思想要以马克思主义理论为指导,宣传孔子及其思想也要以马克思主义理论为指导。只有这样,才是对待孔子及其思想的正确的、科学的态度。"①这一分析对我们今后深入研究、宣传孔子及其思想有很好的启示意义和理论指导意义。

五、治学方法:马克思主义理论与中国实际相结合

林甘泉上述史学成就与理论成就的取得,与其正确的治学方法是分不开的。概括起来,主要有以下几点:

(一)坚持以马克思主义基本理论为指导,力图把马克思主义理论与中国实际相结合,尽可能作出符合中国历史实际的解释。在论述亚细亚生产方式与中国古代社会这一主题时,林甘泉就指出,"在研究中国古代社会的时候,我们既不能削足适履,按照马、恩的论述来套中国的历史;也不能因为二者不尽符合,就忽视马、恩的论述的指导意义。"②在探讨封建生产方式的两种类型(领主制与地主制)这一问题时,林甘泉强调指出,"我们应当记住,不要把经典作家关

---

① 林甘泉:《孔子与20世纪中国》,见《哲学研究》2008年第7期。
② 林甘泉:《林甘泉文集》,第12页。

于个别问题的结论僵化,不要滥用规律。重要的事情是要运用这个理论,深入研究历史实际;不仅要研究中国的历史实际,也要研究其他各国的历史实际。没有这种比较研究,既探索不出世界各国在从奴隶社会向封建社会过渡中的共同规律,也发现不了它们在这一过渡中所表现出来的各自的特点。但是在这里,同样要记住:不能作机械的比附,具体问题要具体分析。"[1]他特别强调,"从中国的具体历史实际出发,正确地掌握历史发展的统一性和多样性的规律,是我们在研究古代史分期问题时必须遵循的一条原则。"[2]

(二)按照历史研究的三个层次,史论结合,辩证理解,从中引出带有理论性和规律性的结论。林甘泉提出,历史研究有三个层次,即事实判断、认识判断和价值判断。事实判断,是历史研究的基础和出发点。这也就是傅斯年所说的有一份材料说一分话。中国传统的考据学,也属于这个层次。认识一些历史事件的因果关系,透过历史现象看本质和一些深层次规律性的问题,这就是认识判断。探讨各种历史事件和历史人物在当时所起的作用及其对后代的影响,这是价值判断[3]。他对秦始皇的认识和评价,就是这三个层次的典型运用。他指出,对历史人物的评价,在很大程度上不属于事实判断而是属于价值判断的问题。我们应该坚持历史评价和道德评价的统一,实事求是地对秦始皇的历史地位和作

---

[1] 林甘泉:《林甘泉文集》,第82页。
[2] 林甘泉:《林甘泉文集》,第122页。
[3] 林甘泉:《林甘泉文集》,第429—431页。

用作具体分析①。

（三）关注现实，注意从当代中国现实需要提出历史研究的课题。他所写的《中国历史上的分裂与统一》《夷夏之辨与文化认同》，关注的是中国国家的统一和民族团结，批判历史上遗留下来的大汉族主义和地方民族主义。他指出："近年来，在弘扬传统文化的讨论中，论者对于传统文化增强中华民族凝聚力的作用作了充分的肯定，但多数文章似乎偏重于就汉族自身的凝聚力而立论，对于汉族和各少数民族之间的凝聚力问题则注意不够。"②所以，他撰文就传统文化中的夷夏之辨与各民族文化认同的关系进行探讨。《历史遗产与爱国主义教育》阐明了如何运用历史遗产进行爱国主义教育，《论历史文明遗产的批判继承》从理论和方法为当代中国如何继承历史文明遗产提供了学术思考。在说明为何撰写《中国古代的"民本"思想及其历史价值》时，林甘泉明确指出："中国共产党批判继承历史遗产，赋予'民本'思想以全新的理论内容。梳理'民本思想'的文化内涵及其发展衍变的历史脉络，对于建设有中国特色社会主义的政治文化有重要的借鉴意义。"③

（四）主张用开放和百家争鸣的视野和胸怀看待古今中外学者的学术成果，批判地继承与发展。在总结20世纪的中国历史学时，林甘泉指出："一个时代有一个时代的学术，历史学当然应该随着时代的前进而不断有新的发展。我们不

---

①林甘泉：《中国古代政治文化论稿》，第84、85页。
②林甘泉：《中国古代政治文化论稿》，第311页。
③林甘泉：《中国古代政治文化论稿》，第224、234页。

能老是以中国有得天独厚的丰富史学遗产而沾沾自喜，也不能老是以外国人研究中国历史终究不如中国人而自我安慰。中国史学要走向世界，不仅需要从外国史学的最新成就中吸取营养，而且在研究手段和研究方法上需要跟上当代科学技术和哲学社会科学发展的步伐。'有容德乃大'。一切有用的知识，我们都应该欢迎和吸收，使我国史学永葆青春和活力。"[1]在谈到未来世纪中国历史学是否也面临竞争问题时，林甘泉指出："要让中国史学以无愧于我们国家在国际上地位的崭新面貌屹立于世界史坛，我们必须加强对外国史学的了解，在坚持马克思主义理论指导的前提下，吸收一切对我有用的东西作为自己的营养。"当然，"从根本上说，我们借鉴外国史学理论和方法，吸收外国一切优秀的学术成果，目的是要建设有中国特色的马克思主义史学。"[2]在剖析中外史学思潮时，他总是肯定他人某些认识的积极意义，然后对其中存在的不足进行商榷和辨析。

（原载《学术界》2018年第10期）

---

[1] 林甘泉：《林甘泉文集》，第382页。
[2] 林甘泉：《林甘泉文集》，第396页。

李学勤：一生与历史所结缘

李学勤先生从1954年开始，在历史所（原中国科学院历史研究所，后为中国社会科学院历史研究所，现更名为中国社会科学院古代史研究所）工作近五十年，见证了所里的发展变迁、沧桑辉煌。2003年，因为心系母校，他重新回到清华大学。在历史所的欢送会上，他动情地表示："我的一生都与历史所分不开，我成长在历史所，我的一切成绩都是在历史研究所取得的。"我觉得这绝不是在公开场合的虚应之语，而是他发自肺腑的感受。李先生到清华大学之后，仍然还是历史研究所的兼职研究员，并且对所里的工作一如既往地支持和关心。

一生与历史研究所结缘的李学勤，向来以学识渊博、思维敏捷著称，在甲骨学、青铜器与金文、战国文字、简帛学、先秦史、学术史、文献学、考古学等诸多领域都有卓越建树，提出了一系列影响深远的新说，独著、合编了多部有分量的学术著作。用新时代的评价标准看，他无疑是著作等身也是著作等心的杰出学者。以出土文献研究为例，他很早辨析了"非王卜辞"类别，首次鉴定出西周甲骨，重定"历组卜辞"的年代，并由此主张和完善了甲骨分期的"两系说";他开启了战国文字的综合研究,比如非常重要的战国文字分域五系说,可以溯源至他1956年在《历史学习》这本内部刊物上发表的《战国器物标年》一文,从而促进了战国文字学科的建立。他利用简帛资料对先秦秦汉时期的学术史进行了深入细致的梳理,其中《周易经传溯源》这本专著,在1996年中国社会科学院第二届优秀科研成果奖评选中荣获专著类优秀奖,易学大家金景芳先生对这本书给予高度评价。

李学勤的科研成绩当然远远不止这些,如果要全面地展现其学术气象和格局,我认为下面这三点是值得学界重视和发扬的。

第一,秉承重视理论的学术传统,提倡宏观视野和理论创新。

众所周知,历史研究所的几任所长都是史学理论方面的大家,例如郭沫若先生、侯外庐先生、尹达先生、林甘泉先生。历史研究所的优势就在于运用马克思主义基本理论指导历史研究,并形成了理论探索与专精考证并重的可贵学风。李学勤多次在不同场合指出,要重视理论在历史研究中的作用,他本人更是身体力行,以过人的学识与勇气倡导理论创新,围绕早期古史研究提出了"重新评估中国古代文明""走出疑古时代""重写学术史"、倡导比较考古学等一系列新说,引发了学界重视和热议,也充分显现了他的学术视野和理论高度。2005年,中国社会科学院为每位院学术委员策划了一本论文集,李学勤在"自序"中谈道:揭示历史文化的真相,需要实的研究和虚的指引,后者就是指理论,中国古代史研究之所以有现今的局面,首先是有了马克思主义的理

李学勤先生在庆祝历史所成立60周年大会上发言

论,其次是有考古学的发现,这是能够超过前人的根本原因。

李学勤一生奉行的这个观点,与他当年担任马克思主义史学家侯外庐先生的助手,得到系统的理论学习与训练有关系。因此,李学勤的论著表面上看以实证居多,但细究起来,却有非常宏观的视野和深厚的理论功底,尤其是对历史规律性问题的认识和新的问题意识发现上总能够给人启迪。我本人在学习秦汉史过程中,就深受其《东周与秦代文明》一书中许多问题意识的影响。

第二,尽心于党和国家交给的任务,促进多学科交叉融合。

李学勤来历史所工作后不久即参加《中国思想通史》《中国史稿》等集体合撰项目,在20世纪70年代后期又被借调到国家文物局投入新出简帛的整理工作,为学界贡献了高质量的整理报告。在完成国家交办任务这一点上，我们历史研究所的同仁从来都是尽心尽力，李学勤更是其中的突出代表。

1996年，他作为夏商周断代工程专家组组长和首席科学家，主持大型团队联合攻关三代年代学，这是国内首个文理学科合作的大型科研项目，2000年11月正式公布了"最有科学依据"的《夏商周年表》，提供了先秦三代王朝较为可信的年代框架。因此，2001年他获"'九五'国家重点科技攻关计划突出贡献者"称号，2002年又获"全国杰出专业技术人才"称号。

在断代工程项目中，历史所是排名第一的参加单位。这一项目使历史所相关学科得到了很好的锻炼和发展，这得益于李学勤在其中发挥的主导作用。今天我们谈历史研究的多学科交叉与融合，一定绕不开断代工程的先导作用。

第三，推动史学基础课题规划与建设，悉心培养史学人才。

自1979年开始，李学勤通过海外访学的经历，意识到中外学术相互沟通的必要性，积极推动中外学界交流，呼吁重视并将"汉学研究"作为一个学科来推动。所以1992年他在清华大学创办了国际汉学研究所，做了很多实际工作，被专家推许为"把冷板凳坐热"。实际上，他在历史研究所也在推动汉学研究。举个例子，1995年，历史研究所在海南举办了中国国际汉学研讨会，来自海内外的国际著名汉学家济济一堂，成为中国本土在汉学研究方面的首次盛会，在国际上产生了良好的影响，作为时任所长的李学勤在其中发挥了重要的作用。

李学勤历来重视基础研究，并能从长远的角度考虑学科建设和发展规划。1995年3月，由他与张政烺先生、谢桂华先生共同倡议和推动，中国社会科学院简帛研究中心成立。放眼国际简帛学界，该中心也是最早建立的简帛研究专业机构之一，定期出版《简帛研究》杂志和主编"简帛研究文库"丛书。该中心和刊物目前茁壮成长，已经成为简帛研究的专门园地和重镇。

学科的发展离不开后备力量，自20世纪70年代末，李学勤开始担任中国社会科学院研究生院历史系导师，培养硕士、博士研究生和博士后近20名（包括外国留学生、80年代与张政烺先生共同指导了一批硕士研究生），其间还指导访问学者。其中的佼佼者都已经成为学界的中坚力量。他们从不同方向继承、光大李学勤的学问，这就是薪火相传。

李学勤到清华大学后，把主要精力放在整理清华简上，为学界提供了简帛整理研究的又一批范本。他主编的《清华大学藏战国竹简（壹—柒）》荣获第五届郭沫若中国历史学奖唯一的一等奖，这是对他学术工作与卓越贡献的肯定。

李学勤不仅是光耀后世的一代学术大家，同时也是将做人做事做学问相统一的楷模。他一生不仅在治学上勤奋努力，在做人上也高风亮节、淡泊名利、与人无争。他的一生并非一帆风顺，也遇到不少坎坷和风雨，但他始终能够泰然处之，不做无谓的争论，把整个身心放到学术研究、人才培养上，放到历史学学科建设上，放到党和国家交给的事业上，这种精神值得我们学习。

（原载《中国社会科学报》2020年5月20日）

张传玺与他的翦伯赞研究

张传玺，山东日照人，北京大学历史系教授，1927年2月出生，先后就读于山东大学中文系、历史系，1957年进入北京大学历史系攻读博士，师从著名马克思主义历史学家翦伯赞先生，是翦老招收的第一批研究生，毕业后担任翦老助手。在翦老的指导教诲下，长期从事中国古代史研究，尤其在秦汉史、土地制度、契约制度等领域造诣深厚，成果丰硕。除了历史研究和教学方面的成果外，张传玺对翦伯赞还进行了系统全面的研究。关于翦老的研究，学术界也多有著述，但内容相对零散单一。张传玺对翦老的研究，素材收集之丰富、涉猎范围之广泛、时间跨度之长久，在学术界无人出其右。数十年来，关于翦老的研究，张传玺发表了百余万字的研究成果，不仅向后人传承了这位史学大家的治学精神，也为翦伯赞研究打下了坚实的基础。

一、研究资料丰富扎实

翦伯赞是我国当代著名史学家，马克思主义史学的主要奠基人之一，为推动新中国马克思主义史学的形成和发展做

张传玺先生2013年于北大蓝旗营寓所（图片采自张传玺：《做翦伯赞的学生至今得益》，《外滩画报》2013年5月16日—5月22日，总第540期）

出了杰出贡献。在翦老身边求学和工作的经历让张传玺受益颇深,也为他全面深入研究翦伯赞提供了得天独厚的机会,在此过程中张传玺搜集了大量丰富的一手材料。比如20世纪80年代中学语文课本里节选历史学家翦伯赞的《内蒙访古》,很少有人知道文章里的许多资料,包括地名的汉译,都是张传玺查找、整理的。在陪同走访的过程中,张传玺还充当了记录员和调查员:"一群大人物围着翦老给他介绍,他不能记,我就使劲往里靠,听见什么赶快记。吃饭的时候,我也拉着人问东问西。"①正是这种亲身经历和长期点滴积累,为张传玺的翦老研究拥有了别人无法比拟的翔实资料。

史料是史学研究的前提,对翦老的研究同样也是如此。《翦伯赞传》②是张传玺全面研究翦老的一部重要著作。在撰写《翦伯赞传》之前,张传玺用了十多年的时间进行相关材料的整理与搜集,主要做了以下四方面工作:一是基本通读了翦老自1930—1966年间所发表或出版的全部论著,约有400万字;并参加整理出版了其中的大部分。二是比较全面地查阅了有关翦老在各个时期的政治、社会和学术活动的新闻报道。三是访问翦老自"五四运动"前后至解放战争时期的战友、亲朋三十余人。四是访问翦老的故乡及生活、工作过的地方,如湖南、重庆、北京等地。此外,还阅读了郭沫若、范文澜、吕振羽、侯外庐等许多当代人的传记、年谱、

---

① 张传玺:《做翦伯赞的学生至今得益》,见《外滩画报》2013年5月16日—5月22日,总第540期。

② 张传玺:《翦伯赞传》,北京:北京大学出版社,1998年。

回忆录等，将其与翦老有关的史事相印证。自1978年9月开始准备，至1996年动笔写作，长达18年的准备，张传玺为《翦伯赞传》积累了最丰富、翔实的一手资料。2006年，应北京大学出版社之约，张传玺又出版了《新史学家翦伯赞》①。与《翦伯赞传》相比，该书删繁就简，更新内容，又加入了一些关于翦老的珍贵照片、手迹、文物等一手材料，具有相当高的学术价值，许多材料是第一次公之于世。

研究翦老50多年来，张传玺一直保存着翦老的一些书稿和信札等珍贵遗物，具有很高的史料价值和收藏价值。2018年，张传玺把这些重要的文物史料捐献给了北京大学国学研究院，这批资料在时间上从民国跨越到新中国，种类上不仅有翦老的著作稿本，也有翦老与张元济、柳亚子、郭沫若、周建人、胡绳等人的往来书信，直接反映了翦老的治学之路以及与学界和政界的交流情况，不仅对翦伯赞的研究至关重要，也是中国史学界重要的文物史料。

二、研究维度全面精细

史学研究并不以复原细节为目的，但细节又是史学研究的灵魂，特别是人物研究尤其如此。张传玺对翦老的研究内容涉及范围广，从传记传略、著述评价到书信往来和生活轶事，还有对翦老治学精神的学习以及对翦老冤案的记录，向我们展示了一个真实、细致、全面的翦伯赞。

---

①张传玺：《新史学家翦伯赞》，北京：北京大学出版社，2006年。

（一）传记传略

关于翦老传记的主要代表作为《翦伯赞传》和《新史学家翦伯赞》，由北京大学出版社分别在1998年和2006年出版；其他在各个期刊、书籍中所出的传略、评传和大事年表等10余篇，共计100余万字。

《翦伯赞传》较详细系统地记述了翦老的生平事迹，向读者介绍翦老这位维吾尔族伟大儿子传奇式的革命生涯、在开创中国马克思主义史学上做出的主要贡献，以及在教育战线上的巨大成就。全书共16章，50余万字，从翦老的家族历史、求学经历到投身革命、创新史学，详细记载了翦老富有传奇色彩的一生，也向世人展示了这位马克思主义史学家救国救民的伟大抱负、追求真理的坚强意志、探索学术的执着精神和宁死不屈的高尚品德。

1978年发表的《翦伯赞同志革命的一生》，不仅记述了翦老为革命奋斗奔走的一生，更为"文革"后党中央对翦老冤案的平反提供了重要的依据[①]。

（二）著作评介

通过系统阅读翦老的全部论著，张传玺对翦老在各个时期的学术成就、学术思想及其发展变化有比较清晰的了解，对翦老的一些重要著作进行评介和解读，如《翦伯赞〈先秦史〉校定本序》《翦伯赞〈秦汉史〉评介》《翦伯赞〈历史哲学教程〉评介》等文。由于参与了翦老大部分著作的整理工

---

①《张传玺：做翦伯赞的学生至今得益》，见《外滩画报》2013年5月16日—5月22日，总第540期。

作，评介时张传玺不仅能够全面准确地总结书稿的内容和特点，还会对成书的时代背景和过程进行梳理，使我们能够更加深入地认识这些著作的历史价值和社会价值。

《先秦史》是翦老在抗日战争中期所著，原题为《中国史纲》第一卷《史前史、殷周史》，所论述范围是秦以前的中国古史，是翦老的名著之一。在《翦伯赞〈先秦史〉校订本序》中，张传玺对翦老写作此书的时代背景、成书过程以及主要特点进行了叙述和总结，指出"本书是以马克思主义为指导，比较严格地按照历史唯物主义的原理原则论述史事、评价人物的。但并不空发议论，做到史料与理论统一，即所谓'史论结合'"①。翦老在此书中采用"西周封建论"的观点著书，把商朝后期看作是奴隶制度的没落时期，"武王伐纣"与"前徒倒戈"，不仅推翻了商王朝，也最后摧毁了存在600余年的奴隶制度。西周王朝的建立，也是中国封建制度开始的时间。直到今天，"西周封建论"还为许多史学家所坚持，是关于"中国古代史分期问题"讨论中的一种重要观点，至今对先秦史乃至史学界都影响甚大。1984年始，由张传玺主要负责，对这本《先秦史》重新进行了整理和校对，至1987年完成校订本。他说："1988年4月26日是翦老诞辰90周年，12月18日是翦老忌辰20周年。我们以菲薄之力，区区之诚，敬献此校订本，以表达仰慕缅怀之情。"②

《秦汉史》是翦老在抗战时期的又一力作，在此之前，中国史学界还没有一部完整的"秦汉史"专著。面对当时生

---

①②张传玺：《翦伯赞〈先秦史〉校定本序》，见《文史哲》1988年第1期。

活艰苦、身体病弱、特务纠缠等困境，翦老立场坚定，勇往直前，仅用时一年就完成这部近五十万字的著作，使中国史学界有了第一部"秦汉史"专著。这部专著具有三个重要特点：一是观点鲜明。严格以马克思主义的历史唯物主义为指导，对当时的经济、政治、文化、民族等各个方面，都进行了深入细致的剖析。翦老还在本书中用了三个专节讲述各有关民族的历史和社会，内容翔实，一反长期处于统治地位的大汉族主义历史观，为以民族平等的态度撰述多民族国家的历史树立了榜样。二是资料丰富。翦老在这部书中不仅充分利用四史等传世文献，还用了很多考古资料，如汉简、石刻画像、碑刻、封泥、遗址和墓葬的发掘报告，等等。把考古资料从旧的金石学的狭小天地中解放出来，用以说明社会历史问题，翦老是开创者之一。三是文章生动。翦老在书中分析一些历史原理、讲述一些制度条令时，文笔生动而引人入胜。除此之外，还在书中插入了二十幅地图和五十幅绘画，文图并茂，这种做法在当时的史学著作中亦不多见[1]。1981年，张传玺等学者对此书重新进行整理出版。

《历史哲学教程》是翦老在20世纪三四十年代所著，以中国社会性质问题大论战为背景，以马克思历史唯物主义和辩证法为指导思想，阐明了中国半殖民地半封建的社会性质，初步建立了中国马克思主义历史学体系。张传玺在为《历史哲学教程》再版所作的前言中，不仅对全书六章所谈

---

[1] 张传玺：《翦伯赞著〈秦汉史〉核定本序》，见《晋阳学刊》1982年第3期。

及的主要问题进行总结提炼,还交代了此书中所收15篇论文各自的写作背景和目的,强调在民族危亡之时,文化界和学生都为突然出现了这样一本充满批判的、革命的、战斗的豪情之作而为之一振的现实意义。最后指出了《历史哲学教程》的重要价值:"研究历史需要正确的理论做指导,没有正确的理论指导,寸步难行。史学界至今仍需要这样观点鲜明的、有科学性的理论撰述。"

除了翦老的这些重要著作外,对历史教学颇有心得的张传玺还对翦老的一些普及性读物进行介绍,以帮助青年学生更好地学习和研究历史。比如《翦伯赞的〈史料与史学〉》①详细介绍了《史料与史学》的成书过程,指出原著是基于翦老在1945年5月为重庆北碚复旦大学所作的《历史材料与历史科学》讲演稿。后应书店之约,准备整理出版,但当时已处在抗战后期,全国政治形势诡谲多变,翦老在重庆谈判期间为国共双方居中联络,并参与政治协商会议,为国家和平民族命运积极奔走。如此繁忙的情况下,翦老还是在1946年4月10日发表了《史料的收集与辨伪》一文;同年10月1日,在生病住院期间,翦老坚持伏床写作,发表了《略论收集史料的方法》一文。可见,翦老心中仍未放下《史料与史学》一书。新中国成立后,百废待兴,翦老也席不暇暖,历任北京大学历史系教授兼系主任,还兼任政务院文教委员会委员、中央民族事务委员会委员等。但在1954年春,他在参观了文化部举办的"全国基本建设工程中出土文

---

① 张传玺:《翦伯赞的〈史料与史学〉》,见《文史知识》2005年第10期。

物展览会"后,很快写出了《考古发现与历史研究》一文,至此,《史料与史学》一书设计的原始蓝图已基本实现。张传玺对此书写作过程的详细介绍,不仅向我们展示了那个时代历史工作者的特殊使命,也让我们深刻体会到翦老对史学研究的热忱与执着。

(三)信札轶事

作为翦老的助理,张传玺不仅很好地保留了翦老与郭沫若、刘亚子、张元济、胡绳等人的书信往来,还记录了翦老与他们的革命和学术情谊,如《郭沫若与翦伯赞的学术友谊》《翦伯赞与侯外庐的兄弟友谊与学术分歧》等。

在《郭沫若与翦伯赞的学术友谊》[1]中,张传玺介绍了他们长达四十余年的学术交往和革命友谊,指出两位大家之所以交往时间长,且友谊日渐加深,主要有三方面的原因:一是有共同的文化观,都主张用历史唯物主义指导学术研究,对旧文化要批判继承,推陈出新;二是有多方面相同的爱好,如史学、戏剧、诗歌等;三是长期为邻,如同在重庆、上海、香港、北京,时长二十七年。文中张传玺还分新中国成立前后两个时期详细介绍了他们两位在史学、戏剧和诗歌三方面的交往内容。1949年前,二人在重庆的白色恐怖之中,响应党中央"勤业、勤学、勤交友"的号召,闭门读书,提高业务,郭沫若重点研究先秦诸子和殷周社会,翦伯赞则潜心撰写《中国史纲》,郭沫若经常邀请翦伯赞做学术演讲,并对翦老撰写《中国史纲》一书十分重视,认为这将

---

[1] 张传玺:《郭沫若与翦伯赞的学术友谊》,见《文史知识》2007年第4期。

是我国以历史唯物主义为指导撰写的最早的大型中国通史。此书的撰成不仅为中国人民提供一部观点正确、内容系统、资料翔实的中国通史，而且对批判旧史学、创建新史学将起巨大的作用。同在重庆这段时间，虽处在国民党的黑暗统治之下，郭、翦二人却在史学、戏剧、诗歌方面多有交流往来，相互勉励，学术友谊日渐深厚。1948年12月4日，郭沫若和翦伯赞等文化人士应中共中央之召北上，二人在大连口外惜别，郭沫若赋诗《送别伯赞兄》："又是别中别，转觉更依依。中原树桃李，木铎振旌旗。瞬见干戈定，还看槌铿挥。天涯原咫尺，北砚共良时。"1949年之后，郭沫若担任了国家重要领导职务，翦伯赞虽在大学教书，但也兼有许多领导职务，工作都很繁忙，但二人的学术交往不曾间断，反而更加密切。张传玺对二人为创建马克思主义史学、建立中国史学会，反对极"左"思潮、教条主义等做出的努力做了详细介绍。这篇文章不仅让我们对郭沫若和翦伯赞四十年的学术交往有了清晰、深刻的了解，也让我们体会到老一辈马克思主义史学家间友谊的真挚、纯粹。

《翦伯赞与侯外庐的兄弟友谊与学术分歧》一文，记录并阐释了两人长达三十年的革命友谊和学术分歧："翦老和外老的友谊是深厚的；可是他们在学术见解上，却长期存在严重分歧。"在中国古代史分期问题上，翦伯赞主张"西周封建论"，侯外庐则持"秦汉封建论"；在封建土地所有制问题上，翦伯赞持"土地私有制说"，而侯外庐则认为"土地国有制"，两人的观点可谓是针锋相对，在辩论时各有根据，互不相让，外老甚至还有"要奉陪西周封建论者辩论到底"之语,可见其激烈程度。但二人的分歧只在于学术方面,辩论之后,两人情感如初,亲密无间。后外老提出"土地所有制形式"问题,推动了中国史学界的大讨论,翦老虽对外老的观点仍持不同意见,但却认为外老"善于提出重大学术问题",繁荣了中国史学,"与外老讨论问题,他的史料、理论和逻辑方法会迫使你不得不去重新学习理论,研究史料。这就帮助你去深入地解决问题,不管外老是怎样解决问题的,他的对手解决问题,确实也有他的一份功劳"①。由此可见,二人虽在学术观点上存在严重分歧,互为对手,但却在内心深处相互钦佩,惺惺相惜,他们在对待学术分歧的态度上至今值得我们学习。

除了记录翦伯赞与他人的信札往来以及学术友谊,张传玺还遍访了翦老工作、生活过的地方,追寻翦老的踪迹,撰写了《翦伯赞同志在北京二三事》《翦老访问内蒙纪事》《寻访翦伯赞先生在香港的踪迹》《翦伯赞故居的沉浮——为纪念翦伯赞先生诞辰110周年而作》等文,以期给世人呈现出一个最全面、真实的翦伯赞,此处不一一介绍。

(四)治学精神

追随翦老学习、工作十余年,张传玺对翦老的治学精神与处世之道深有体会,也受益颇深,先后写作《学习翦伯赞同志的治学精神》《做翦伯赞的学生至今得益》《求真求实、尊师爱生——翦伯赞教授的治学处世之道》《翦伯赞对建立

---

① 张传玺:《翦伯赞与侯外庐的兄弟友谊与学术分歧》,见《江汉论坛》1989年第7期。

中国新史学的贡献》等文,把翦老的治学精神传承下来。

《学习翦伯赞同志的治学精神》[1]从理论学习、史料研究、文章撰写三个方面,结合治学过程中的往事和观点,介绍了翦老严谨的治学精神和宝贵的研究经验。作为一名马克思主义史学家,翦老在历史研究中最强调对理论的学习和运用,一直坚持用马克思主义理论指导自己的历史研究。《历史哲学教程》一书,就是他早期宣传历史唯物主义基本原理的一部专著,也是他学习马克思主义理论的一个总结。对于经典理论著作,翦老自己不仅重点读、反复读,还推动学生钻研马克思主义理论,为宣传和捍卫马克思主义鞠躬尽瘁。在对待史料方面,翦老不仅重视对史料的收集、整理和使用,还对史料学进行深入的研究。面对1949年后史学界某些概念多于史实、轻视史料的不良风气,翦老以马克思主义为例,提醒大家史料运用的重要性:"我们和资产阶级的区别,不是史料占有的问题,而是站在什么立场,用什么观点、方法来分析史料的问题。"[2]在文章撰写方面,翦老有三个重要的特点:逆风而行,坚持实事求是,敢于同有害于党的文化、教育事业的歪风邪气进行坚决的斗争;史论结合,既反对"不分析具体的历史情况,只根据经典著作中的一二文句便作出结论"的做法,也反对史料堆积,主张"要把史料溶解在理论之中,使观点与材料统一,让读者自己从史实的叙述和分析中看出理论";文笔生动,文章"既要生动,又要准确、严肃;既要说明问题,又要

---

[1] 张传玺:《学习翦伯赞同志的治学精神》,见《晋阳学刊》1981年第1期。
[2] 翦伯赞:《目前历史研究中存在的几个问题》,见《江海学刊》1962年第5期。

简明扼要"。张传玺对翦老治学精神和研究方法的总结与介绍，使得这些宝贵的经验得以传承，对于史学工作者教益良多，更是史学界一份可贵的遗产。

除了传承翦老的治学精神，张传玺还对翦老的史学贡献做了系统总结。在《翦伯赞对建立中国新史学的贡献》①中，张传玺认为翦老的史学成就主要体现在以下四个方面：一是宣传并坚决捍卫历史唯物主义基本原理。作为忠实的马克思主义者，坚持运用历史唯物主义贯穿了史学研究的始终，对于史学界一些违反乃至歪曲历史唯物主义的倾向，翦老进行了严厉的抨击，划清了一些重要是非的界限。二是建立中国史学的新体系。不同于封建史学和资产阶级史学，翦老按照历史唯物主义基本原理，运用正确的观点和科学的方法，对中国各个历史阶段的经济、政治、文化、民族、中外关系，以及重要人物，等等，进行全面深入的研究，以求得出符合实际的结论，进而探讨中国社会历史发展的基本规律及其特点，成为建立中国史学新体系的主力。三是大力提倡组织研究少数民族历史。作为一名坚定的马克思主义史学家，翦老主张各民族一律平等的原则，既要反对大汉族主义，也要反对地方民族主义。作为中央民委委员、全国人大常委会民委委员、中央民族历史研究指导委员会副主任委员，翦老倡导和组织对少数民族的历史研究，尤其重视对民族史资料的整理、编纂和研究，多次到民族地区考察、访

---

①张传玺：《翦伯赞对建立中国新史学的贡献》，见《历史教学》1999年第6期。

问,《内蒙访古》就是这一时期所写,体现了他对少数民族历史的重视和对少数民族的热爱。四是坚决主张马克思主义史学家必须重视史料。翦老的著作以资料翔实著称,重视史料的搜集和编纂,为在我国长期、大规模、有组织地搜集、发掘、整理古代文献和考古资料,还倡议、筹建考古专业和古典文献专业,抵制和批判了"理论挂帅"及"以论带史"等极"左"思潮。

翦老于1968年12月18日去世,在史学战线上奋斗了整整四十年。他的史学成就巨大,建树很多,仅已出版的《翦伯赞全集》就有600余万字,而同样可贵的是翦老遗留下来的精神财富,张传玺在《翦伯赞与新中国历史学》[1]中从三个方面对此进行了总结论述:一是坚持唯物主义历史观,并为捍卫马克思主义的纯洁性而坚决斗争。翦老自踏上史学战线即以历史唯物主义为指导,不搞教条主义,坚持从历史和社会实际出发,走史论结合、马克思列宁主义中国化的正确道路。直到他去世的前夕,仍牢牢坚守最后一条防线:"在真理的问题上决不让步!"二是主张要重视史料,但史料必须在历史唯物主义的指导下正确使用。翦老向来反对"史料即史学"的说教,尤其认为把此说雅化为"史料唯物论"更为荒谬。同时他也反对片面强调理论重要而轻视史料的态度。他认为:"应该肯定史料是重要的,研究历史没有史料是不行的。史料是弹药,没有弹药专放空炮是打不中敌人

---

[1] 张传玺:《翦伯赞与新中国历史学》,《中国社会科学报》,2009年10月8日第9版。

的。""但是马列主义理论的学习更为重要。没有马列主义理论的指导,决不能在科学研究中作出任何创造性的成就。"三是坚持不懈地促进史学界的团结,努力培养史学接班人。翦老一贯反对文人相轻的恶习,主张礼貌待人、互相尊重,学术上有不同的意见,应当互相切磋、以理服人。为了改善青年教师和老教师的关系,还首倡在教师之间建立导师制度。按专业对口,年轻教师拜老教师为导师,以加强对青年教师的培养,时称"对号入座"。翦老还提倡"尊师爱生",建立"家人父子关系",老教师要"传衣钵"。这些做法都得到了大家的积极响应。得益于此,北京大学历史系虽屡有政治运动的干扰,但总体来说,上下同心,老少和睦,师生团结,积极向上,学风良好。翦老为新史学的创建而艰苦奋斗的精神和为捍卫马克思主义原理原则而宁死不屈的品德,是中国史学界一份珍贵的精神遗产,永远值得我们学习和发扬。

(五)冤案平反

作为"文革"时期翦老冤案的亲历者,"文革"结束后,张传玺不仅为翦老冤案的平反积极奔走,还发表了《翦伯赞同志革命的一生》《翦伯赞冤案的形成和平反》,与邓广铭合写《要翻千年案——翦伯赞同志在史学战线上的战斗》,对这段历史进行了详细的回忆。

"文革"期间翦老被迫害的主要原因正是由于他为了捍卫马克思主义的原则,1959年至1963年对正在泛滥的极"左"思潮进行了坚决的斗争,因而以"资产阶级反动学术权威"的"罪名"在"文革"中被打倒,还被"清除出党"。1968年12月18日,翦老夫妇服药自杀。这位为马克思主义理想奋斗终身的史学家在晚年竟罹难如此，不禁让人唏嘘、痛心，这也正是翦老"实事求是""坚贞不屈"，用生命捍卫马克思主义原则的体现。"文革"后，在邓广铭、张传玺等专家学者以及党和国家领导人的关心下，翦老的冤案才得以平反。张传玺在整个平反的过程中起到了重要作用，这不仅是出于对翦老深厚的师徒之情，也是一个马克思主义工作者应当做出的斗争。

三、研究历经半生的时间跨度

从1961年在《北京大学校刊》发表《我校翦伯赞教授等到内蒙古自治区参观访问》，到2014年再次回忆翦老的《求真求实、尊师爱生——翦伯赞教授的治学处世之道》，张传玺对翦伯赞的研究一直没有停歇，时间跨度长达半个多世纪，其间出版专著2部，公开发表的相关传略、学习、记录文章50余篇，共计百余万字。一部《翦伯赞传》张传玺就花了18年来整理、收集和熟悉材料，可见其对翦老研究的态度之严谨、功夫之深厚。

纵观张传玺对翦伯赞的研究历程，主要可以分为四个时期，不同时期的研究侧重点有所不同。"文革"前，更多的是作为助理的角色，记录翦老的日常工作轨迹，比如1961年的《我校翦伯赞教授等到内蒙古自治区参观访问》。从20世纪70年代末到80年代初期，主要集中在对翦老整个革命生涯的回顾和治学精神的学习，比如1978年《翦伯赞同志革命的一生》、1979年《要翻千年案——翦伯赞同志在史学战线上的战斗》、1982年《翦伯赞传略》、1981年《学习翦伯赞同志的治学精神》等,这一时期主要是为翦老冤案平反和恢复名誉,故而主要总结翦老在革命和学术两方面的贡献。从80年代中后期直至新千年是对翦老研究的高峰期,开展了对翦老学术成果、个人传略、生平轶事等方面全面系统的研究,代表作有1998年的《翦伯赞传》、1988年《一代史学家与出版家的革命情谊——记翦伯赞与金灿然的交往》、1989年《翦伯赞与侯外庐的兄弟友谊与学术分歧》、2006年的《翦伯赞〈秦汉史〉评介》《翦伯赞〈历史哲学教程〉评介》等。2010年以来的十年,耄耋之年的张传玺仍不忘写文追忆翦老,如2013年的《做翦伯赞的学生至今得益》、2014年发表《求真求实、尊师爱生——翦伯赞教授的治学处世之道》,可见翦老就像一座灯塔,在人生路上始终指引着张传玺,他也时刻谨记翦老的教诲,人到暮年仍笔耕不辍,把这些宝贵的精神财富通过自己的研究一代代传承下去。

在六十多年的教学及研究生涯中,张传玺成果丰硕,主要分为三个方面:一是历史学及秦汉史方面的研究;二是历史教学及方法方面的研究;三是翦伯赞生平事迹与学术影响研究。在这三个方面张传玺可谓倾尽了一生的时间和心血,尤其是翦伯赞研究,是张传玺倾入心血最多的领域之一,这不仅是由于翦老在中国史学界举足轻重的地位和学术影响力,更是因为翦老是张传玺进入史学研究的引路人,其史学理念和治学精神对张传玺整个学术生涯都具有深刻的影响。今天我们构建中国特色历史学学科体系、学术体系、话语体系,翦老的史学遗产是我们必须学习继承的宝贵财富,得益于张传玺的研究，我们不仅可以看到一个有血有肉、真实客观的翦伯赞，更能够从中学习一位马克思主义史学家博大精深的史学思想。

（原载《张传玺先生纪念文集》，中华书局待刊。靳腾飞同志参与了本文写作）

"仰之弥高，钻之弥坚"：怀念朱绍侯先生

今天是我国著名历史学家、教育家、中国秦汉史研究会顾问、河南大学教授朱绍侯先生逝世五七祭奠日，大家举行一个追思会，缅怀朱先生的学术贡献、总结先生的学术思想和学术精神，是件很有意义的事情。

朱先生的一生都贡献给了中国历史学的学术事业，即使在耄耋之年也还孜孜不懈地坚持学术研究，在90岁高龄时还能坚持每天读书写作六个小时，这甚至是我们不少中青年人都有所不及。直到94岁高龄，先生还坚持读书写作，每年都有学术论著发表。这都是我们学习的典范和楷模。

朱先生治秦汉史，最令人钦佩的就是那种抓住问题长期坚持、深入开拓的学术韧性，他的许多重大研究，都是穷毕生之精力而坚持不懈的结果，最为人称道的就是关于战国秦汉时代的军功爵制研究。从上世纪50年代到本世纪的2017年，先生这项研究坚持了六十年，发表了几十篇论文，出版了《军功爵制试探》（上海人民出版社1982年）、《军功爵制研究》（上海人民出版社1990年）、《军功爵制考论》（商务印书馆2008年）、《军功爵制研究（增订版）》（商务印书馆2017年）四部著作，做出了国内国际学界都瞩目敬仰的成

2021年4月27日，作者赴开封探望朱绍侯先生

果，建树了巍峨的学术丰碑。大家知道日本学者西嶋定生先生曾著有《二十等爵制》一书，影响很大，而朱先生的爵制研究，则体现了中国学者在爵制研究上的最高成就，意义十分重大。我本人从朱先生的爵制研究中，也受益很多，比如关于楚汉之际的楚爵与汉爵的关系问题，我较早曾经有过研究，但不如朱先生看得清楚。朱先生是一位马克思主义史学家，注重从社会经济史的角度看待历史变法，他的秦汉魏晋南北朝土地制度与阶级关系研究、名田制研究，不仅是持续几十年的研究，也都渗透着唯物史观的指导。这种学术方向、学术精神、学术韧性都堪称典范，永不过时。

朱先生古史研究的另一特色是他坚持宏大问题研究，坚持从具体的实证研究入手解决重大历史问题。除了军功爵制、名田制研究之外,他在户籍制度史研究、治安制度史研究方面,也都有开拓性的贡献。这种重视重大历史问题探讨的学术特色,体现着他的治学宗旨,体现着他研究历史为现实服务的情怀。这些,对今天的学界来说,也极具宝贵的示范意义。

朱先生一生尤重教书育人,重视历史学科的教材建设,他所主编的十院校本《中国古代史》,五次再版,数十次印刷,发行140万册,惠及几代学人,享誉学界。这方面所体现的仍然是他锲而不舍、持之以恒、精益求精、追求卓越的精神。十院校本《中国古代史》以及它的编纂、修订、再版的几十年历史,给我们留下了高校教材建设的宝贵财富。

朱先生还是一位文献学家,他所主编的《今注本二十四史》中的《宋书》,是他文献工作的卓越成果。从发凡起例到成功编纂,从孜孜不倦地一遍遍修改定稿,到600万字巨著的样稿校对,历时二十余年,为学界留下了极其宝贵的财富。在这项文献学工程中,朱先生所表现出的精湛学识和敬业精神,令后学敬仰。

朱先生的学术名扬学界,而同时也是平凡的教学岗位上的"老师"。他人淡如菊,心素如简,从不以名家自恃。他曾说过:"有人说我是名教授,作出了很大贡献。这话好像有点夸大,我就是个老师。"为人师表,身先垂范,朱先生将教学和科研结合起来,把培养学生当作自己的主业,他认真对待每一堂课,用心教授每一位学生,教之以事而喻诸德也,堪称真正的"师者"。

大智者谦和，大善者宽容。朱先生的大家风范不仅体现在教书育人上，还体现在为人做事上，他低调谦逊、待人宽厚、淡泊名利，从不苛责别人，是一位心中有丘壑、眉目作山河的长者。就先生在秦汉史学界的地位而论，他是秦汉史学会的发起人之一，连续多年担任学会的副会长职务；就影响力而论，他的军功爵制研究享誉海内外，他的《中国古代史》誉满天下。但先生从来是那么谦和，不以名家自居，没有些大学者的架子，对后学晚辈总是循循善诱，扶持提携，永远是一位温文尔雅、可亲可敬的长者。做人做事做学问，朱先生都做到了极致。《史记·孔子世家》中，颜渊谈论他的老师孔子说："仰之弥高，钻之弥坚。瞻之在前，忽焉在后。夫子循循然善诱人，博我以文，约我以礼，欲罢不能。既竭我才，如有所立，卓尔。虽欲从之，蔑由也已。"朱先生在我们后学心中，大概就是像孔子这样的人。

先生的逝世，是中国史学界的重大损失，是我们秦汉史学界的重大损失，但先生却给我们留下了丰厚的精神财富。我们秦汉史学界同仁，一定会把先生的精神和思想发扬光大，把先生的学术事业继承下去，永远以先生为榜样，努力前行。这就是我们纪念先生的意义！

（原载《朱绍侯先生逝世一周年纪念文集》，河南大学出版社2023年待版。本文系2022年8月26日在河南大学主办的朱绍侯先生追思会上的发言）

后 记

2022年11月中旬，收到我的好友，浙江大学刘进宝教授的信息，告诉我甘肃文化出版社拟出一套学者随笔型的文丛，将已经发表的一些学术短文编一本集子，邀请我也加入。因为工作忙，再加上过去也没有怎么整理过这类文章，心中无底，就回复不考虑了。但进宝教授继续鼓励我还是参加这个集子的编纂，并告诉我过去发表的哪些文章很适合这个集子，在他的热心督促和关心下，我答应试试。随后我把我几十年来除了专业文章之外的各类文章目录进行了整理，并初步统计字数有四十多万字，这与文丛所要求的十五万字左右相差太多。如何删减，又是让我为难的问题，编纂再次放下来了。这其中的原因不是我不想出版，也不是我懒散，而是我的工作特别是行政工作年底年初太多，难以集中哪怕几天的时间。春节之后，进宝教授再次督促我"必须"按时完成，文丛十集一个也不能少。在进宝教授的感召下，我鼓起精神，在我的博士后张玉翠的大力协助下，在古代史所齐继伟同志和博士生张心怡、王箬翾的帮助下，于2023年2月底完成了初稿编纂，取名《悦己集》。

我1980年进入安徽师范大学历史系读书，先后获得学士硕士学位，1987年分配到安徽大学历史系工作。1992年考入中国社会科学院研究生院历史系读书，1995年获博士学位，进入中国社会科学院历史研究所（2019年1月更名为古代史研究所）工作至今。我工作学习的经历很简单，都与历史教学与研究有关。在四十多年的历史学习、教学、研究和科研管理的生涯中，我对史学充满着敬意与感情，虽然做的工作十分有限，但都是发自于内心。所撰写的文章，无论水平高低，都是内心世界的真实表达，集子取名"悦己"，就是认为几十年所从事的史学工作，是自己最热爱最喜欢的一项工作，是取悦于己的工作，没有后悔，至今依然！

集子分为四个部分，各部分按照发表先后排列。"史论篇"选取的是关于历史理论和史学理论的部分文章，也包括对一些历史研究中存在的思潮和动态的评析，从中反映出我对史学研究的若干理论看法。"史鉴篇"选取的是关于史学如何经世致用的一些理论与实践探讨文章。由于我的工作岗位性质，从事这方面的工作比较多一些，比如党的十八大以后我曾三次给中央政治局集体学习讲解等。这些文章反映出我对以习近平同志为核心的党中央在新时代的治国理政中如何汲取历史智慧的若干认识，也包括我对一些古代历史上治国理政经验教训的归纳总结。"史评篇"选取的是我对新中国成立以来史学发展历程的总体认识，大体分为三个时间段，新中国70年、改革开放30年和新时代的10年，从中可以看到我对新中国建立以后中国史学成就与演进的若干规律性问题的认识。"缅怀篇"选取的是我纪念缅怀已经去世的老一辈史学家的文章。在我的学术生涯中，受惠于很多老师，他们是引领我成长的恩师，我有责任去研究宣传他们的学术思想和学术精神，以及他们对中国历史学建设和古代史所建设所做的贡献。上述这些文章除了少数在《与领导干部谈历史》(中共中央党校出版社2020年)中收入外，大都是首次集结出版。文章基本保持了原貌，只有个别错字句做了修改。为便于查阅，又增加了一些注释。当然，文章中一定还存在很多不足甚至错误，希望读者朋友给予批评指正！

最后，再次诚挚感谢刘进宝教授，感谢张玉翠和齐继伟、张心怡、王箬翾同志的帮助！感谢读者出版集团党委书记、董事长梁朝阳同志对本书的关心支持和帮助！

卜宪群
2023年5月26日于北京寓所